예수의 이야기

예수의 이야기

- 지 은 이 ｜ 이 상 훈
- 펴 낸 이 ｜ 이 선 교
- 펴 낸 곳 ｜ 도서출판 현대사포럼
- 초판인쇄 ｜ 2009년 2월 25일
- 수 정 판 ｜ 2018년 1월 20일
- 등   록 ｜ 제7-340호 (2007년 5월 14일)
- 주   소 ｜ 01037 서울시 강북구 삼양로 486 (수유동)
- 전   화 ｜ 010-5320-2019
- E-mail ｜ adsunlight@hanmail.net

- 총   판 ｜ 영상복음 (대표 최 득 원)
- 주   소 ｜ 04549 서울시 중구 을지로 18길 12
- 전   화 ｜ 02-730-7673 / 010-3949-0209
- 팩   스 ｜ 02-730-7675
- E-mail ｜ dwchoi153@naver.com
- http://www.media153.kr
- 입 금 처 ｜ 국민은행 009-01-0678-428

※ 절찬리에 전국서점 판매중. 잘못 만들어진 책은 교환해 드립니다.

ISBN 978-89-959647-6-7   값 12,000원

예수의 이야기

●

이상훈 지음

도서출판 **현대사포럼**

'예수의 이야기'는 무엇인가

오늘까지 신학교육의 요구는, 지극히 다양한 전공교육의 과정만을 이수하는 데도 참으로 많은 시간과 노력이 있어야 충족된다. 신학교육 4년 과정에서 그런 다양한 전공에 해당되는 개론학만 가지고도 포화되는 형편이다. 그런 이유에서 학부 전 과정에서 예배행위를 제외하고는 그 모든 전공의 근원인 예수 언어를 들어보지 못하고 지나간다. 그것도 저학년의 관심사일 뿐 고학년으로 진입하면서 교회 시작과 성장, 설교의 이론과 실재, 선교의 이론과 현장교육 등 실천신학 쪽으로 집중이 되고 만다. 언제부터 이렇게 되었는가를 따질 새도 없이 과거의 조급한 현장적 요구에 부응하다 보니, 아직도 신학교육의 큰 틀은 그런 사정에서 별로 달라진 것이 없다. 이러한 신속한 과정교육에서는 많은 중요 관심사가 간과되기 마련이다. 그 중에서 가장 심각한 상실은 모든 신학의 기초이며 또한 전부여야 하는 예수 연구가 거의 없다고 하는 것이다. 이러한 지적은 30여 년을 교수로 봉직한 사람의 깊은 곳에서 우러나는 고백이고 아쉬움이다.

신학도의 지식 수용에 있어서 첨예화한 전문지식은 용이하게 접촉이 되나 이와 같이 가장 기본인 예수 이해(理解)에 있어서는 아는 바가 깊지 않다고 하는 사정은 부실한 신앙인격만이 아니라 목회현장에 있어서 확신에 찬 예수신앙의 정열 없이 여러 문제들을 씨름하겠다는 것이어서, 마치 아무런 기본 훈련 없이 그리고 맨손으로 백병전에 나서겠다고 하는 격이다. 나는 강의시간에 이런 점을 누누이 언급하며 30년 동안 '예수 연구'를 강의해 왔다.

예수의 인격, 생애, 교훈, 기사와 이적, 십자가의 처형과 부활, 그리고 승천을 조목조목 진솔하게, 그러나 전문지식을 최대한 활용하여 이 책을 저술했다.

신학도 제군, 성직자 여러분! 2000년의 새 역사를 시작하는 위기감마저 느껴지는 시발점에서 예수를 응시하시라. 그리고 주를 설교하시라. 지금 우리 모두의 크리스천 인격이 새 힘을 얻어 전대미문의 홍수같은 도전과 맞서야 한다고 나는 기도한다. 주 예수께 찬양과 영광.

한 예수 신학자의 그동안의 강의 노트가 한 권의 책으로 나오게 된 보람은 종로서적 성서출판사의 배려와 우정이다. 깊이 감사 드린다.

2000년 2월
신촌, 연구실에서 이상훈

차 례

'예수의 이야기'는 무엇인가? ·················· 4
자료, 배경, 시간 ································ 9
예수 그리스도 오늘날과 어떤 관련이 있는가? ········· 21
동정녀 탄생의 이야기 ····························· 29
동방의 현자들과 별 ······························· 41
베들레헴의 어린이 학살 ··························· 51
예수의 청소년 시절 ······························· 59
예수의 교육 ····································· 67
예수의 언어 ····································· 73
예수의 외모에 관하여 ····························· 79
예수의 사역이 세례요한의 사역 안에 머물러 있을 때 ········ 85
예수의 세례 ····································· 97
광야의 시험 ····································· 105
사마리아의 체류 ·································· 111
10개월의 침묵기 ································· 117
갈릴리 사역 ····································· 123
민심의 이탈과 반예수 운동 ························ 131
장막절의 예수 ··································· 139

첫번째 파문과 출교 ·· 147
선한 목자 ··· 155
진정한 하나님의 아들 ·· 159
산헤드린 결정 ··· 171
예수의 대결 ··· 183
정죄받으심 ··· 205
예수의 부활에 관한 신약의 증언은 역사적 사실인가? ········ 223
예수의 승천 ··· 231
예수의 이적 ··· 245
예수의 사회관 ··· 255
하나님의 나라 ··· 265
참고 도서 ·· 286

Foreword
자료(資料), 배경(背景), 시간(時間)

　슈타우퍼(Ethelbert Stauffer)는 예수에 관한 여러 시각의 자료들을 어떻게 정리할 것인가에 관하여 도움이 되는 다음과 같은 말을 하였다.
　"나에게 있어서 정도를 이끌어 주는 것은 시간문제(chronology)이다. 내가 할 일은 시간구조 속에 사건들을 일치시키는 일이며, 창조하거나 추리하지 않을 것이다. 내가 역사적 관점에 따른 이해라고 하는 것은 바로 이 시간문제의 정당한 이해이다."(참조 Ethelbert Stauffer *Jesus and His Story*, p.Xiii).
　우리는 역사적 방법(歷史的 方法)에서 원인상관(原因相關)의 규명(糾明)(Causal relationships)이 끝나고 해석이 시작하는 그곳에서 그 이상 전진을 할 수 없다고 인정해 버린다. 그 이상의 전진은 기독교 변증론(Christian apology)이 이끌어 가기 때문이다. 그러나 이 해석에서 우리가 소중하게 취급해야 할 국면이 있다. 그것은 예수 자신의 자기 해석(自己解釋, Jesus' own interpretation of himself)이다. 여기에 속하는 중요한 자료는 예수가 예루살렘의 산헤드린 앞에서 행한 자기 증언(自己證言)이다. 왜냐하면 아무리 기독론적 고백을 주장할지라도 예수 자신의 이 자기 증언과 일치하지 않는다. 이것은 신빙성(信憑性) 있는 자료에 근거한 지식으로서 심각한 타격이기 때문이다.

그러나 여기에서 조심해야 할 것은 예수의 자기 증언을 정당하게 이해하기 위한 방법은 심리학적인 전개나 추상이어서는 안 된다는 점이다. 그러한 오류에 빠지면 그것은 정당한 자료에 근거한 지식이 아니라 소설의 장르(genre)가 되고 말기 때문이다. 이러한 시각에서 볼 때, 정당하고도 유일한 학문적 방법 (scientific method)은 복음서 안에서 읽어낼 수 있는 예수의 자기 증명을 어학적 방법 (the method of philology)으로 확인하는 길이다.

이와 같이 어학적 방법(語學的 方法)으로, 산헤드린 앞에서 행한 예수 자신의 자기 증언을 확인함으로 그 시대의 맥락 (its contemporary context)을 명확히 할 수 있다. 그러나 그 결과에 대해서는 수용하든지 아니면 거부하든지 (accepted or rejected) 하는 길만이 남아 있게 된다. 결국 예수 지식과 예수 이해(理解)의 과제는 신앙을 결단하는데 있어 최후의 단계이다.

우리는 예수의 생애와 관련한 시간구조에 접근하기 앞서, 예수 시대의 시대적 배경과 전반적인 그 종교성을 파악해야 한다. 이스라엘 사람들의 장구한 역사는 두 가지의 핵(核)으로 강력한 상호작용을 해 온 역사이다. 하나는 여호와 하나님을 지향하는 간절한 소원으로, 이러한 기본적인 갈구 때문에 이스라엘 민족은 여호와 하나님과 만나는 위대한 역사적 경험들을 간직할 수 있게 되었다. 다른 하나는, 여호와 신앙의 산 종교적 경험을 율법으로 구체화시키려고 부단한 노력을 경주하여 왔다는 사실이다. 구약의 문서로 분류하면, 전자는 예언서와 시편 등에 열렬한 소원과 간구와 탄식으로 응결되어 표시되고 후자는 율법과 계율로 묶어져 나온다.

예수가 성장한 갈릴리 지역은 당시에 보수성이 짙은 향토, 그리고 주권 쟁취의 본고장이었다. 종교적으로는 남부 유다에 비해 개방적이고 이방인들과의 접촉이 빈번하여 "이방인의 뜰"이라고 하는 별명이 있었다. 예수는 이러한 고장에서 성장하였다. 예수 이전, 이미 에시기야(Ezeachia)나 유다(Judas)와 같은 독립운동의 지도자들이 갈릴리에서 투쟁의 봉화를 일으킨 일이 있다. 예수가 교훈을 할 때마다 경구적 표현(警句的 表現)으로 "연자 맷돌을 목에 걸고 깊은 바다에 던지운다"고 말한 일이 있거니와 이것은 예수가 어린 시절부터 당시의 독립운동의 지도자들이 체포당하면 로마 병정들이 많은 유대인들에게 보여 주기 위한 경고의 수단으로 죄수들을 배에 태운 후 깊은 곳으로 가 목에 연자 맷돌을 걸어 물 속으로 산채로 수장(水葬)하는 처형(處刑)을 직접 목격하였거나 들어서 알고 있었다는 증거가 된다.

갈릴리의 환경에서 예수의 성장 과정은 많은 변경적(邊境的) 사정이 제공하는 삶에 노출되는 유형이었다. 가령 어린 시절부터 그 곳 동네 장로들의 많은 지혜와 접하면서 이스라엘 민족의 긍지와 정열을 간직하며 성장하였을 것이다.

한 유대인으로 존재한다고 하는 말의 뜻은 그 개인이 반드시 종교적으로 유대인이라고 하는 것과 같은 의미이다. 유대인으로서 유대 종교를 버린다고 하는 것은 그의 조상의 종교를 버리는 것이고 교사가 유대 종교를 비판하면 그것은 비애국적 행위이며 그는 거짓 교사로 낙인이 찍힌다. 예루살렘에서 행한 스데반의 설교나 비시디아 안디옥에서 행한 바울의 설교가 바로 초대교회의 크리스천들이 그 사회에 어떻게 노출이 되었는가를 짐작하게 하는 좋은 예이다.

또 하나, 예수 시대의 배경을 서론적으로 이해하기 위해서 우리는 당시의 팔레스타인 전역, 엄격히 말하면 남부 유다가 그들의 활동 본거지이지만 그 수가 약 6,000명으로 추정되는 바리새파 사람들의 존재를 이해해야 한다. 비숍(Jim Bishop)은 그의 『그리스도 운명의 날』(*The Day Christ Died*, p.52. 참조)에서 다음과 같이 바리새인의 비판자들인 사두개인의 안목에 비친 바리새인의 유형에 대해 언급했다.

(1) 직업상 바리새인이 된 경우.
(2) 허리를 구부린 외형만의 겸손.
(3) 여자를 보지 않으려고 눈을 감고 다니다가 벽에 부딪혀 이마에서 피가 흘러 마를 새가 없는 유형.
(4) 빠른 걸음걸이로 늘 바쁘다고 과장하는 유형.
(5) 나에게 바른 의무를 말해 달라는 유형.
(6) 친구가 바리새인이니까 자기도 바리새인이 된 유형.
(7) 여호와를 두려워하는 바리새인의 유형.

또 다른 시각에서 당시의 유대인 사회의 배경을 이해하기 위해서는 불가피하게 로마 영지의 사정을 정확히 이해해야 한다. 당시 방대한 지중해연안 제국의 통수자였던 로마 제국은 제 영지의 소국들이 정치적인 반란을 일으키거나 항거하지 않는 경우에는 비교적 관용을 베풀었다. 구체적인 예로 그들의 종교, 그들의 화폐 그리고 그들의 사정에 알맞는 법의 질서와 운영이 간과되었다. 그러므로 로마 제국에서 팔레스타인의 유대인들이 누린 특권도 다음과 같이 지극히 관용스러운 것이었다.

(1) 유대 청년들이 로마 군단의 병역 징집에서 면제되었다는 것.
(2) 유대인은 안식일에 법정에 출두하지 않아도 좋았다고 하는 것.
(3) 팔레스타인에 주둔하고 있는 로마 군인들은 황제의 상이 그려져 있는 군기를 사용하지 않았다고 하는 것(거리에서 들고 행진을 하지 않았다).
(4) 팔레스타인에서 사용한 로마 제국의 화폐에는 시저(Caesar)의 흉상이 아닌 상징적인 기록으로 대신한 것을 사용했다고 하는 것.

비숍(Jim Bishop)은 그의 『그리스도 운명의 날』(참조 p.49)에서 이상과 같이 유대인 사회가 그들의 독특한 종교적 이유 때문에 놀라운 정도로 관용을 베푸는 대우를 받았다고 지적한 바 있다. 이러한 설명으로 짐작하면 유대인들이 당시 로마 제국의 통치자에게 순응할 시에 로마로부터 정치적으로 파격적인 대우를 받았었음을 알 수 있다.

이상과 같이 전체적인 파악으로 그 당시의 시간구조를 이해한 후 구체적으로 예수의 생애와 관련하여 분석해 본다. 베드로의 구성(Petrine formulae)에 의한 공관복음으로 보면 예수의 공생애는 세례 요한의 체포 후 약 1년반쯤 계속하는 구성이다.

그 이유는 마가복음 2장 23절에 "안식일에 예수께서 밀밭 사이로 지나가실 새 그 제자들이 길을 열며 이삭을 자르니……" 하였으므로 그 시간은 봄이다. 다시 마가복음 14장 1절에 보면 예수께서 체포당함으로 처형될 최후의 유월절, 즉 '죽음의 유월절'이 나온다. 여기에 표시된 계절 두 봄은 마가복음의 구성에서 처음과 마지막 부분에 위치하기 때문에 예수의 공생애가 약 1년반쯤 되는 것으로 계산된다 (Stauffer, *Jesus and His Story*, p.6).

그러나 요한복음에서의 시간구성을 살펴보면 사정은 달라진다. 왜냐하면 요한복음 안에서는 유월절이 네 번 또는 다섯 번 나오며, 그 사이에 4년이 경과하기 때문이다. 그리고 세례 요한의 체포는 이 시간의 중간쯤에서 발생한다. 요한복음에 근거하여 시간구조를 음미하면, 다음과 같은 사실들에 주목할 수 있다.

(1) 요한복음 1장 29절과 41절 이하에 나오는 "하나님의 어린 양"(29절), "우리가 메시아를 만났다"(41절), "예수께서 갈릴리로 나가려 하시다가"(43절), "무화과나무 아래서"(50절) 등의 언어적 표현을 종합하면 이 때가 유월절 기간이라고 짐작된다.

(2) 요한복음 2장 13, 23절에 보면, 두 번째의 유월절이 나온다.

(3) 요한복음 3장 24절에 보면 "요한이 아직 옥에 갇히지 아니하였더라" 하는 말씀이 아직 세례 요한이 활동중임을 말하고 있다.

(4) 요한복음 4장 35절에 보면, "너희가 넉 달이 지나야 추수할 때

가 이르겠다 하지 아니하느냐" 하였으므로 계절은 겨울이다.

(5) 요한복음의 저자는 그 해의 세 번째의 유월절에 관하여 언급하지 않는다.

(6) 요한복음 5장 1절에 의하면 계절이 가을에 해당하며 슈타우퍼 교수는 여기에 나오는 "유대 명절"이 초막절 (The feast of Tabernacle)이라고 본다.

(7) 요한복음 6장 4절에 보면 "마침 유대인의 명절인 유월절이 가까운지라" 하였으며, 이는 예수의 공생애 기간에 나오는 네 번째의 유월절이다.

(8) 요한복음 10장 22절에 보면 "예루살렘에 수전절이 이르니 때는 겨울이라" 하였고 다시 겨울의 시작이 새로 설정된다.

(9) 요한복음 11장 55절에 보면 "유대인의 유월절이 가까우며" 이렇게 시작되는 다섯 번째의 유월절이 기록된다.

이상과 같이 요한복음의 자료에 의하면 정밀하게 3년 이상 아니 충분히 4년의 시간이 구조적으로 정립된다.

여기까지의 복음서의 자료들을 근거하여 예수의 공생애 기간에서 정립할 수 있는 중요 사건이나 중요 대목들을 슈타우퍼 교수의 견해로 다음과 같이 정리하여 본다. 그에 의하면, 예수의 공생애가 기원 28년의 연초부터 32년의 봄까지로 전개될 수 있다고 하는 가정을 세워 놓을 수 있다. 그의 시론(試論)에 의하면,

(1) 28년 봄, 예수의 세례 (막 1:9 이하, 요 1:32 이하).

(2) 29년 유월절, 성전의 청결 (요 2:13 이하).

(3) 29년 11월, 사마리아를 통하여 북쪽으로 여행 (요 4:1 이하, 35).

(4) 29년 12월~30년 가을까지의 10개월의 조용한 기간.

(5) 30년 가을, 세례 요한의 체포 (막 1:14, 요 5:35).

(6) 30년 10월, 예루살렘에서 맞는 수전절 (요 5:1).

(7) 30년 가을, 갈릴리에서 새로운 사역 시작 (막 1:14 이하).

(8) 31년 봄, 갈릴리의 유월절 (요 6:4, 막 2:23).

(9) 31년 10월, 예루살렘에서 맞는 장막절 (요 7:14).

(10) 32년 유월절, 예수의 생애 최후의 유월절 (막 11:1 이하, 요 12:12 이하).

위의 시간표는 앞서 언급한 바와 같이 슈타우퍼 교수의 시론(試論)이다. 또한 그의 시간구조에 의하면 예수의 활동기간을 양분하여 첫 단계는 세례 요한의 그늘에서 주로 요단강을 중심으로 한 활동기로 보고 두 번째의 단계는 그에게서 완전히 독립하여 북쪽 갈릴리와 남쪽 유다, 예루살렘에서 활동한 후에 십자가에 처형까지로 본다.

예수 이해(理解)와 지식 중에서 시간의 설정이 그렇게 용이하지 않은 것은 복음서 저자들의 시간이해 개념과 오늘날 우리가 일반적으로 이해하는 시간이 판이하기 때문이다. 예수의 생애를 기술함에 있어서도 오늘의 전기문학(傳記文學)의 통념으로 쓴 것이 아니라, 이미 독자들이 잘 알고 있는 예수의 생애와 예수의 십자가의 죽으심과 부활 사건에 관한 그들의 지식을 구원론 신학(救援論 神學)으로 확인하고 강조할 목적으로 쓴 글이기 때문에 [참조 Morna D.Hooker, *The Christology of Mark*, p.6 (1983, London)] 신학적 동기가 통제되며 따라서 시간의 문제가 많은 경우에 밝혀지지 않았거나 모호해진 것이다.

지금도 많은 학자들은 공관복음과 요한복음의 기사만으로 추정하면 예수의 십자가 처형일이 하루의 차이가 있다고 생각한다. 왜냐하면, 공관복음에서는 다락방의 만찬을 이미 유월절의 안식이 시작된 후의 유월절 식사로 표현하고 있으나 요한복음에 보면 다락방의 모임이 유월절의 하루 전날인 "예비일"(豫備日, 참조 요 13:1, 19:14)이라고 설정되어 있기 때문이다. 요한복음의 구성으로 예수의 공생애를 진행시키는 경우 그의 십자가 처형이 안식일 전날이므로 처형에 무리가 없다. 당시의 유대인들에게 유월절은 가장 소중히 여기는 안식일로서 유월절의 축복에 참여하기 위하여 옥에 갇힌 자를 풀어주고, 죄인의 처형을 집행하는 일도 없고, 또한 부정한 시체를 보는 일을 매우 기피하여 무덤까지도 백회(白灰)로 칠하는 관례가 있다. 이런 것들로 미루어 볼 때, 안식일에 군중들을 동원하여 예루살렘 성 밖의 근거리에서 예수를 처형하는 일과 그러한 잔인행위를 집단적으로 목격하게 하는 부정행위(不淨行爲)의 강요가 가능한가 하는 극복하기 곤란한 난제(難題)가 제기되는 것이다.

그러나 예수의 처형을 간단히 안식일 전으로 고정시킬 수 없는 사정이 있다. 왜냐하면 공관복음에 그날이 무교절의 첫날이라고(막 14:12) 정립하고 있기 때문이다. 그리고 이와 같이 예수의 처형일을 정립한 공관복음의 기사도 그 사건의 설정과 다락방 만찬의 기사와 동일 맥락에 있어서 모순이 없다는 사실을 아래와 같이 주목해야 한다.

(1) 예수께서 제자들과 예루살렘 성내(城內)에서 갖게 될 이 만찬을 위하여 위험을 무릅쓰고 준비한 사실이다. 제자들도 그 장소를 미리 알지 못하였고, 친히 준비하신 후에 제자들을 그리로 인도하신 일이 주목된다. 유대인들은 유월절의 축복인 그 식사를 반드시 예루살렘 안에서만 취하기를 원한다.

(2) 그 다락방의 식사가 한밤중까지 진행되었다는 점에 주목해야 한다. 평일의 유대인의 석식은 한 시간이면 족하다. 그러나 이 다락방의 식사는 한밤중까지 진행되었으며, 좌석도 편하게 앉는 자세(reclining)였다.

(3) 이 다락방의 식사에는 붉은 포도주가 나왔다. 유대인의 평일 식사에 붉은 포도주가 나오는 경우는 거의 없다. 반드시 유월절의 식사에서 이 붉은 포도주가 나오며, 네 번 잔을 나눈다. 첫잔은 출애굽

을 감사하며, 두 번째의 잔은 시내 산에서 계명을 주신 것을 감사하며, 세 번째의 잔은 광야에서 40년간을 먹여 주신 것을 감사하며 마신다. 그러나 네 번째의 잔인 유대인들이 약속의 땅으로 정착한 것을 감사하는 의미의 잔은 예수께서 엎으셨다. 예수는 하나님의 나라에서 새 포도주로 마시기까지 그 잔을 유보하신다고 하였다.

예수님은 이 전통에 따라 새로운 언약의 피와 그리스도의 몸에 관한 교훈을 하셨다. 일상적인 유대인의 식사에서는 유대인 가족들은 거의 음식을 조용히 먹는다. 그것이 관례이며 미덕이다. 그러나 다락방의 만찬에서는 "하가다"의 형식을 따른 예수의 교훈이 있었을 뿐 아니라 거의 예전적(禮典的)인 정중함이 있었다.

(5) 끝으로 다락방의 식사가 유월절의 식사였다고 보아야 할 근거로 유월절에는 반드시 구제금을 지출하는 전통이 있다.

예수께서 자기의 조각을 받아먹는 자가 자기를 팔 자라고 하는 말씀을 하셨을 때에 가룟유다가 가슴에 찔려 신속히 밖으로 빠져 나갔으나 제자들은 그가 구제금을 베풀기 위하여 나가는 줄 오인하였다. 더구나 예수께서 "네 하는 일을 속히 하라 (요 13:17)" 말씀하신 것을 그러한 구제행위를 신속하게 진행하라고 들었을 가능성이 크다.

여기까지의 다락방 식사의 특징을 묶어 생각하면 분명히 그 최후의 식사는 일반적인 것이 아닌 유월절 식사라고 해야 한다. 그렇다고 하면 공관복음의 전통 그대로 이 다락방의 만찬은 무교절 첫날에 행한 유월절 식사라고 할 수밖에 없다.

이 다락방의 식사 시간을 추정하여 요한복음과 공관복음 사이에 하루의 차이가 생긴다고 하면 그것으로 이어지는 예수의 겟세마네의 기도, 체포와 철야심문 그리고 이어질 낮의 십자가 처형 등이 연결된다. 그러므로 그 처형의 날짜가 무교절의 첫날밤이 지난 절기 인가 아니면 요한복음의 전통과 같이 예비일인가 하는 하루의 격차를 놓고 아직도 성서 신학과 예수 연구는 예수의 처형일에 관하여 명쾌한 결론과 해명이 되지 않은 채 신비에 싸여 있는 것이다. 양분된 양론에 근거한 성서신학의 이론이 피차 보강되며 또한 두 가지 견해에 대한 조절의 시도가 없지는 않으나 아직껏 명쾌한 답이 없는 상태이다.

예수의 처형일을 정립하기 위해서는 다음과 같은 사실들이 함께 고증이 되어야 한다.

(1) 그 날이 금요일이며 만월이었다.
(2) 공관복음에 의하면 니산(Nisan)월 15일이고, 요한복음에 의하면 니산월 14일이다.
(3) 빌라도가 총독일 때.
(4) 가야바가 대제사장일 때.

예수의 생애에 관한 시간문제에 있어 구체적으로 그의 공생애나 십자가 처형을 꼭 짚어 결정하기가 그리 용이한 것이 아니라는 예를 위에서 대충 설명하였다.

그러나 예수의 공생애의 시작이 언제인가 하는 시간의 문제는 비교적 누가의 자료에 의해 정확을 기할 수 있다고 학자들은 얘기한다. 그 이유는 누가가 뜻밖에, 예수의 공생애의 선구자인 세례 요한의 출현을 누가복음 3장 1, 2절에서 다음과 같이 설정하고 있기 때문이다.

"디베료 가이사가 위에 있은 지 열다섯 해, 곧 본디오 빌라도가 유대의 총독으로, 헤롯이 갈릴리의 분봉왕으로, 그 동생 빌립이 이두래와 드라고닛 지방의 분봉왕으로, 루사니아가 아빌레네의 분봉왕으로, 안나스와 가야바가 대제사장으로 있을 때에 하나님의 말씀이 빈 들에서 사가랴의 아들 요한에게 임한지라."

위에서 누가가 설정한 6가지의 시간을 알려 주는 주변사정(周邊事情)은 비교적 정확하게 세례 요한의 세례 운동(洗禮運動)의 시작을 알려 준다. 그리고 예수께서 본격적으로 공생애를 시작한 신호(信號)

가 되는 사건이 세례 요한의 순교이다. 신약이 설정한 그날은 또한 헤롯 안티파스의 생일이었다. 여기에서 예수의 생애를 이해하기 위한 결정적인 중요성을 지닌 예수의 탄생 (the nativity of Jesus)의 시간구조를 어떻게 설정할 것인가를 언급해야 한다.

첫째로 마태복음 2장 1절에 보면, "헤롯 왕 때에 예수께서 베들레헴에서 나시매"라고 하였다. 헤롯은 기원전 4년에 사망하였다. 그러므로 위의 문절이 주는 뉘앙스에 의하면 헤롯이 생존하며 아직 그에게 사망의 전조(前兆)가 없을 때여야 한다. 그러므로 적어도 주전(Annus Domini) 5년 이상으로 보아야 한다.

둘째로 누가복음 2장 1, 2절에 보면 "이 때에 가이사 아구스도가 영을 내려 천하로 다 호적하라 하였으니 이 호적은 구레뇨가 수리아 총독 되었을 때에 첫번 한 것이라"라고 함으로써 예수의 모친 마리아와 요셉이 그들의 고향인 왕도(王都) 베들레헴으로 호적을 하러 찾아가는 모습을 보여 주며, 거기에서 예수께서 탄생하신다.

그런데 이 호적이 무엇인가가 논쟁의 초점이 된 바 있었다. 우선 이 호적이 불가능한 기사로 비평한 학자는 스트라우스(David Friedrich Strauss)로 1835년 『예수의 생애』(Das Leban Jesus)라는 저서를 출판하기도 하였다. 그는 누가복음의 호적령에 관한 다음과 같은 반론을 제시하였다.

(1) 아구스도(Augustus) 시대에는 호적이 실시된 일이 없었다.

그러나 이 스트라우스의 견해는 정확한 것이 못 된다.

지금은 그의 반론이 제기된 지 150여 년이 흘러 더욱 발전한 고증에 의하면 아구스도가 애굽을 정복한 해가 B.C.30이고 그곳에서 정치 체제의 변혁을 B.C.27부터 시작하였다. 같은 해에 고울(Gaul) 지방에 호적을 시작해서 그것을 완결짓는데 40년이 걸린다. 수리아의 호적은 그 다음 차례의 호적이다. 그러니까 고울 지방의 호적이 어느 정도

마무리 단계에 있을 때에 수리아 지방의 호적을 지역순으로 실시하였다고 보아야 한다.

(2) 헤롯 대왕의 영토에서는 호적의 실시가 불가능했다는 반론.

당시의 로마 제국의 속국왕(屬國王)들은 동남부의 페트라(Petra)에 근거지를 둔 아랍 왕 나바디안(Nabataean), 그리고 오란테스(Orantes) 평원에 위치한 아파메아(Apamea) 왕이 통치한 수리아의 여러 도시국가, 끝으로 팔레스타인의 헤롯 1세였다. 아구스도(Augustus)의 호적은 모든 속국에서 실시되었다.

(3) 헤롯 왕의 치세 시에는 구레뇨(Quirinine)가 수리아 도의 통치자가 아니었다는 반론.

그러나 사실상 수리아의 실권자는 구레뇨였고 그곳에 주둔한 로마 병단의 사령관이었다는 것. 실질적으로 B.C.12~A.D.16에 실권 제1인자였었다.

(4) 요셉이 베들레헴까지 찾아간 일은 불가능한 기사이다.

스트라우스 교수의 견해는 당시의 호적령이 무엇을 포괄적으로 명령하는 중대한 사건인가를 간과하였다. 당시의 호적은 단순한 인구조사가 아닌 조세(租稅)가 주목적이었다. 그러므로 엄격하고 냉혹하게 재산과 가족 조사를 받아야 하는 것이며, 토지세를 납입하는 경우에는 자기 토지가 있는 원 주소로 가야 했다.

(5) 마리아가 호적을 하러 가야 함은 무리한 기사이다.

이 반론에 대한 답변을 한다면, 로마 제국의 호적의 제1단계는 인구조사(apographa)로써 팔레스타인에서는 B.C.7년에 시작이 되었으며, 그래서 아마도 요셉이 마리아와 함께 베들레헴으로 가야 했을 것이다. 제2단계는 노역(apotimesis)을 위한 동원이다. 기원전 7년에 시작한 인구조사는 가족이 모두 동원되며 고문이나 무서운 형벌이 흔히 있었다(Ethelbert Stauffer, *Jesus and His Story*, p.21).

Jesus-1
예수 그리스도, 오늘날과 어떤 관련이 있는가
Jesus Christ, His Relevance Today

한 세대에서 다른 세대로 진행하면서 인간의 생활 양태와 의식이 변하고 가치판단의 기준과 철학이 변한다. 시간의 간극과 진행은 정치, 문화, 사상, 그리고 신앙에 영향을 주면서 흐른다.

그와 같이 모든 것이 상대적으로 변화를 겪고 있는 맥락 안에서 복음주의 기독교의 핵심이 변하지 않고 또 그러한 변화를 거부한다고 하면 그러한 주장에 상당한 설득력과 정당성을 인정해야 한다.

물론, 복음주의 신학을 겨냥한 도전이 없다고 하는 뜻이 아니라 그럼에도 확고불변이라고 하는 것이다. 그러나 현대의 심각한 도전은 기독교 교리의 정당성에 관한 시비가 아니다. 현대주의의 도전은 그 교리의 논리성이 과연 오늘날과 어떤 상관이 있는가 하는 질문인 것이다. 기독교 복음주의의 교리가 오늘의 지성과 현대인의 다양한 문제와 관련하여 과연 충족할 만한 해답이 될 수 있는가, 아니면 무관심하게 방관해 버리는 게 마땅한가 하는 것이다.

이러한 상관성의 문제(Relevance)는 오늘날 모든 설교가의 기본적 관심이기도 하다. 설교는 오늘의 문제에 직접 관련하여 처방되어야 하기 때문이다. 그러나 이러한 상황의 요구가 진리의 판단 기준이라는 말이 아니라 그 가치가 오늘의 요구와 얼마만큼 밀착되어 있는가 하는 상관성의 문제임을 혼동하지 말아야 한다.

설교 행위는 부단히 복음의 정당성과 오늘의 요구와의 사이에 긴장으로 존재하는 법이다. 다시 말하면 현대인이 수용하든 거부하든 관계없이 하나님의 계시는 충족적인 권위로 서 있다는 확신과 함께, 끊임없이 오늘의 요구 또한 염두에 두어야 하기 때문이다.

　히브리서 기자는 "예수 그리스도는 어제나 오늘이나 영원토록 동일하시니라(히 13:8)" 하였다. 어떠한 이유에서 예수가 21세기인 오늘의 우리와 상관이 있는 것일까?

　현대인의 지식은 경이적이다. 오늘의 산업은 격동기적 변혁을 경험하고 있다. 이러한 급격한 변화의 속도 속에서 나사렛 예수가 오늘 우리와 어떤 관계가 있는 것일까? 거의 2,000년 전 팔레스타인의 농경사회(農耕社會)에 속하여 살며 유대 종교 내부에서 야기된 갈등의 접촉 속에서 외쳤던 예수의 교훈이 오늘 이 '하이테크'의 신공업사회 속에서 어떤 의미를 지니는 것일까?

　1. 예수의 인격(人格)은 사상적 변화(思想的 變化)나 상황(狀況)의 이동(移動)에 의해 변하지 않는다. 그러므로 그리스도는 현대 신학의 관심사와 계속 관련이 있는 것이다.

　예수의 살아 있는 인격은 인간에게 영원한 동시적(同時的)인 것이며 (He is man's eternal contemporary), 예수가 가르치시고 친히 모범을 보이신 진리는 비록 시대와 인간 조건에 의하여 적용은 고려되나 언제나 관련이 있는 것이다.

　그리스도의 인격은 인간의 상상력에 의한 작품이 아니다. 또한 어떤 이상(理想)의 신화적 의인화(神話的 擬人化)도 아니다. 예수는 정확한 역사적 시간과 장소에서 출생하였고, 다른 사람들과 같은 슬픔을 경험하였으며 확실한 시간에 처형된 후 분명히 부활하였다. 역사의 그리스도와 신앙의 그리스도는 동일 인물인 것이다.

이 그리스도를 통해 하나님이 인간 경험 속으로 개입하셨으며, 그리하여 하나님의 삶이 인간 사이에 나타나신 바 되어 세대(世代)로 이어갈 새로운 계시(啓示)가 되었다. 이러한 진리를 간결하게 요약한 히브리서 기자는 "자녀들은 혈육에 함께 속하였으매 그도 또한 한 모양으로 혈육에 함께 속하심은 사망으로 말미암아 사망의 세력을 잡은 자 곧 마귀를 없이 하시며 또 죽기를 무서워하므로 일생에 매여 종노릇 하는 모든 자들을 놓아 주려 하심이니(히 2:14, 15)"라고 천명하였다.

위의 문절에서 히브리서의 언어는 역사적 사건을 말한다. "함께 속한다"(partook)의 동사 시제(動詞時制)와 그 동사(動詞)의 뿌리는 참여의 구체적 행위를 의미한다. 그리스도 사건은 하나의 차원에서 다른 또 하나의 차원으로 이동하는 행위, 곧 하늘에서 땅으로 이동한 것을 의미한다. 그러므로 "말씀이 육신이 되어 우리 가운데 거하시매(요 1:14)"라고 증언하였다. 다시 히브리서 기자의 언급으로 돌아가 보자. 그의 천명하는 바는 그리스도의 역사적 사실이 모든 사람을 "놓아 주시는" 영원한 근거라고 하는 확언이다. 사람은 누구나 죽음의 두려움에 매인 종이다. 그런데 그리스도는 모든 사람을 놓아 주신다. 15절의 "모든 사람"이란 모든 시간과 공간의 모든 영역을 의미한다. 이러한 모든 종족과 모든 세대에 미칠 구원은 그리스도의 성육신(成肉身) 사건의 역사적 사실성에 걸려 있다.

2. 그리스도는 참다워야 하는 인간 본성의 모델이다. 모델이란 언제나 그 본성의 재창조와 관련이 있다고 하는 것이다.

고전적 교육론(古典的 教育論)에 의하면 습자(習字)의 방법은 철저한 모방의 반복이었다. 이때에 본이 불완전하면 학습은 불가능해진다. 그리스도는 인간의 불완전한 결격사유가 간섭해서는 안 될 희생적 사랑의 완전한 표준이다. 그 표준에서 인간이 필요로 하는 형제애(兄弟愛)와 친절한 사귐과 바람직한 평화(平和)가 무엇인가 하는 본질(本質)이 제시되었다.

그리스도는 적대감이 팽배(澎湃)한 곳에 형제 우애를, 갈등이 있는 곳에 평화를, 친절이 메마른 곳에 은혜를 주신다. 그리스도의 본은 정지된 표준이 아니라 역동적(力動的)으로 작용(作用)하며, 창조적으로 동질의 본질을 심어 주신다.

3. 그리스도는 부활 사건(復活事件)으로 역사 속에 변증(辯證)된 하나님의 권능이다.

하나님의 본성에 관한 자기계시는 율법의 표준인 십계명 안에 나타나신 것이 아니다. 또는 자연법을 간섭하시는 이적 속에 나타난 것이 아니다. 하나님의 본성이 가장 절정적(絶頂的)으로 계시된 사건은 죽음을 이기시고 생명을 살리신 예수의 부활(復活)이다.

부활의 예수는 가장 확실한 승리자(勝利者)의 모습이다. 부활이 증명한 예수의 권능은 우리의 연약함을 족히 채우신다. 예수께서는 "이는 내가 살았고 너희도 살겠음이라(요 14:19)"라고 말씀하셨다. 이는 예수의 생명이 모든 세대에 관련됨을 선언하신 것이다.

4. 그리스도는 오늘 우리의 경험(經驗)에 개입(介入)하심으로 오늘과 관련이 있다.

시대의 흐름을 살펴보라. 살아 계신 예수는 결정적인 계기에 어떤 때는 조용히, 어떤 때는 극적인 사건으로 인간의 행위에 개입하신다. 그리스도는 기회를 열고 기회를 닫으신다. 임박(臨迫)한 파국(破局)으로부터 종들을 건지시고, 반역자(叛逆者)와 반대자들을 그의 사랑으로 감동시켜 돌아오게 하신다.

5. 그리스도는 오늘의 교회(敎會)에 감독자(監督者)로 개입(介入)하심으로 관련을 지으신다.

사도행전 13장에서는 수리아 안디옥 교회가 모인 기도회를 언급하고, 날로 새로운 신자들이 더하여 왕성해지는 과정에서 성령이 말씀하여 "내가 불러 시키는 일을 위하여 바나바와 사울을 따로 세우라 (13:2)"고 하신 부분이 나온다.

오늘의 교회 같은 상황이라면 어떻게 그들을 부흥일로(復興一路)에 있는 목회의 책무를 버리고 떠나야 할 가장 좋은 적임자라고 할 수 있겠는가. 찬반 양론이 비등할 것이지만 안디옥 회중은 주의 명령에 순종하였다. 그들은 바나바와 바울을 놓아 선교자가 되게 함으로 드디어 복음을 유럽으로 파급하는 역사의 문을 열었다.

6. 그리스도는 중보(仲保)의 기도(祈禱)로 오늘의 우리와 관련이 있다.

그리스도가 당신 백성의 중보자이심에 관한 명확한 본문은 히브리서 7장 25절 하반절의 "그가 항상 살아서 저희를 위하여 간구하심이니라" 하는 구절이다. 예수께서 베드로에게 권면하여 "시몬아, 시몬아, 보라 사단이 밀 까부르듯 하려고 너희를 청구하였으나 그러나 내가 너를 위하여 네 믿음이 떨어지지 않기를 기도하였노니 너는 돌이킨 후에 네 형제를 굳게 하라 (눅 22:31~32)" 하셨다. 베드로의 안정은 본인의 결의가 아니라 그리스도의 계속적인 도우심 때문이었다.

그리스도는 오늘 우리의 중보자이시다. 그리스도의 권능과 중보는 지금 우리를 넘어지지 않게 세워 주신다. 다시 히브리서 기자는 2장 10절에 "많은 아들을 이끌어 영광에 들어가게 하시는 일"이 지금도 그리스도의 하시는 일이라고 하였다.

세상의 운명론에서는 장기판 위에 있는 말들이 제 구실을 다하면 쏟아내는 것과 같이 사람의 모진 운명을 절대자가 가볍게 노리개로 사용한다고 체념을 하지만, 그리스도는 피의 구속으로 생명을 주시고 그의 생애가 계속적으로 도우심을 받아 "영광에 들어가게 하신다"라고 약속하신다.

7. 그리스도는 우리의 미래와 관련이 있다.

히브리서 9장 27, 28절에 보면 "한 번 죽는 것은 사람에게 정하신 것이요, 그 후에는 심판이 있으리니 이와 같이 그리스도도 많은 사람의 죄를 담당하시려고 단번에 드리신 바 되셨고 구원에 이르게 하기 위하여 죄와 상관 없이 자기를 바라는 자들에게 두 번째 나타나시리라" 하였다.

구원은 죄와 저주로부터의 구원인 부정적 측면뿐 아니라 충실한 성숙과 완성으로의 성장을 의미한다. 성서적(聖書的)인 구원(救援)은 한 번 물에서 건져낸 사람을 둑에 그대로 두는 것이 아니다. 구원받은 자들로 공헌하게 하며, 궁극적으로 그들을 영광되게 한다. 요한일서 3장 2절에 보면 "사랑하는 자들아 우리가 지금은 하나님의 자녀라 장래에 어떻게 될 것은 아직 나타나지 아니하였으나 그가 나타내심이 되면 우리가 그와 같을 줄을 아는 것은 그의 계신 그대로 볼 것을 인함이니" 하였다.

그리스도는 우리의 미래와 관련이 있으며, 그는 당신의 백성을 당신의 영원한 하늘의 도성(都城)으로 인도하여 주실 것이다. 히브리서 13장 14절에 "우리가 여기는 영구한 도성이 없고 오직 장차 올 것을 찾나니" 하였다. 이 땅의 도성은 정치나 사회나 서서히 와해되어 결국은 무질서와 무정부적인 혼란 속에 지나갈 것이다. 그러므로 하나님의 백성이 영원히 거할 곳이 아니다.

"그러나 너희가 이른 곳은 시온 산과 살아 계신 하나님의 도성인 하늘의 예루살렘과 천만 천사와 하늘에 기록한 장자들의 총회와 교회와 만민의 심판자이신 하나님과 및 온전케 된 의인의 영들과 새 언약의 중보이신 예수와 및 아벨의 피보다 더 낫게 말하는 뿌린 피니라(히 12:22~24)"

그리스도의 목적은 하나님의 도성(都城)을 세우며 하나님이 백성의 기쁨이 되시는 것이며, 그곳에서는 예수 그리스도가 통치자가 되신다. 그 곳에서 비로소 모든 인간의 소원이 성취된다.

그리스도가 우리와 어떤 관련이 있는가? 과거의 역사적 성육신과 속량의 사역, 그리고 하나님의 변증인 예수의 부활, 오늘에 도우시는 성령의 역사와 구원의 효험 등을 통해 본 바대로 그리스도는 구원받은 자의 미래적 성취이며 영광이시다.

"이러므로 우리에게 구름같이 둘러싼 허다한 증인들이 있으니 모든 무거운 것과 얽매이기 쉬운 죄를 벗어 버리고 인내로써 우리 앞에 당한 경주를 경주하며 믿음의 주요 또 온전케 하시는 이인 예수를 바라보자 저는 그 앞에 있는 즐거움을 위하여 십자가를 참으사 부끄러움을 개의치 아니하시더니 하나님 보좌 우편에 앉으셨느니라(히 12:1~2)"

Jesus-2
동정녀 탄생의 이야기
The Virgin Birth of Christ

　성서적 기독교에서 동정녀 탄생의 교리는 일반적인 종교사유나 문학사상에서 생각하는 의인화(擬人化)와 엄격하게 구별되어야 한다. 보편적인 종교사유나 문학사상에서는 숭고한 이념과 원리를 인격화하거나 의인화하여 더욱 밀착된 지식 형태로 파악한다. 그러한 의인화의 과정에서는 역사적인 객관성에 대한 질문은 하지 않는다. 역사적 객관성(歷史的 客觀性)의 변증(辨證)에 대한 질문은 이미 의인화의 성격에 위배되기 때문이다.

　그러나 기독교의 교리에서 언급하는 예수의 동정녀 탄생의 사실은 역사적으로 일어난 사건이 아니라면 성립이 불가능하다는 데 중요한 의미가 있는 것이다.

　성서의 하나님은 말씀하고 명령하는 하나님이시며 역사적으로 행동하시는 하나님이시기 때문에, 성서 안에는 제언적 진리(提言的 眞理)만이 아닌 역사적 사건이 함께 기록되어 있다.

　성서 안에는 역사가 있다. 만일 이 역사가 진실이 아니라면, 성서의 권위는 실추되고 성서의 근거 위에 세운 신앙은 소극적인 주관적 관념이나 그러한 관념의 유희로 끝난다.

　다시 말하면 성서는 하나님께서 무엇을 말씀하시는가 하는 범주와 함께 무엇을 행하시는가를 증언하고 있는 소중한 기록이기 때문이다.

기독교의 요구는 감정의 카타르시스 (emotional catharsis)와 엄격히 구분되는 사실과 생명으로 성취될 구원인 것이다. 기독교 신앙의 본질 중에 논리적으로 분리될 수 없는 두 가지 요소가 있다. 그것은 예수의 초자연적 인격(超自然的 人格)과 그의 구속적 사역(救贖的 事役)이다. 그 두 가지 요소를 단절시키거나 그 중 하나를 무시하면 다른 나머지 하나도 위축되어 무의미해진다.

다시 말하면, 동정녀 탄생을 경시하면 논리적으로 십자가의 의미도 무의미한 희생이 되고 만다. 예수의 십자가가 만민의 죄를 사하여 주시는 구속론적인 하나님의 사건이라고 하면 마땅히 예수의 동정녀 탄생을 사실적으로 수용해야 한다.

성경의 본문에 의하면, 예수의 동정녀 탄생 기사는 마태복음 1장 18~25절과 누가복음 1장 34~35절에 나온다. 위의 두 문절의 내용을 가리켜서, 진본(眞本)의 것이 아니라는 가정을 세운 후 처녀 탄생의 사실을 흔들어 보려고 했던 일체의 현대주의 비평이 실패하였다.

예를 들어, 누가복음 1장 34~35절의 "마리아가 천사에게 말하되 나는 사내를 알지 못하니 어찌 이 일이 있으리이까 천사가 대답하여 가로되 성령이 네게 임하시고 지극히 높으신 이의 능력이 너를 덮으시리니 이러므로 나실 바 거룩한 자는 하나님의 아들이라 일컬으리라" 하신 말씀의 내용을 저자 누가는 누가복음을 집필하던 중 훗날에 삽입(揷入)하였으며 사실이 아니라고 하는 가정을 세운다. 이러한 견해는 예수의 동정녀 탄생 기사가 훗날에 추가한 문절이라고 보기 때문에 삽입설(揷入設, an interpolation theory)이라고 한다.

그러나 이러한 삽입설은 훗날에 추가한 문절이기 때문에 그 문절이 빠져도 복음서의 구성이 그대로 완전하다고 해야 한다. 그러나 위의 누가복음 1장 34, 35절은 있으나마나 한 부수적인 추가 문절이나, 삽입된 문절이 아니라 전체가 이 문절에 걸려 있다고 해도 과언이 아니다. 그러므로 누가복음의 구성에서 1장 34, 35절의 동정녀 탄생의 기사는 없어도 상관 없는 문절이 아니라 중추적 골격을 이루는 부분이며 결코 무시될 수 없는 결론이다.

또 다른 삽입설은 누가가 여러 자료를 묶을 때에 처음부터 이러한 동방종교 내지는 원시 종교적 설화가 기독교 문서 안에 끼어들었다고 하는 해석이 있다. 그러나 이러한 비교종교학적(比較宗教學的)인 가정은 전혀 근거가 없다.

왜냐하면 누가가 복음서를 집필하고 있을 무렵은 초대교회가 예수 신앙의 공동체를 집결하기 시작한 지극히 원초적 단계이며, 예수 지식과 예수 신앙의 순수성(純粹性)을 철저하게 고수하고 있을 때이다. 좀더 설명하자면 아직 예수의 인격이 생동적으로 신앙공동체 안에 간직되고 있을 때이기 때문에 그러한 시기에 이질적인 동방종교의 신화나 설화나 타락한 종교의 개념들이 기독교와 접목(接木)될 가능성은 절대로 있을 수 없으며, 더구나 그러한 혼합 종교적인 문서가 신약의 정전 안에 자리잡을 수 있는 기회는 절대로 불가능하기 때문이다.

내증적(內證的)인 시각으로 언급해도 같은 결론이다. 왜냐하면 누가복음 중에서 가장 히브리적이고 가장 지성소(至聖所)라고 할 수 있는 1, 2장 안에 그러한 혼합 종교의 흔적이 존재한다는 이론은 너무나 상식에 어긋나는 것이기 때문이다.

누가복음은 예수의 초자연적인 탄생 사건을 세례 요한의 역시 초자연적인 탄생 기사와 함께 교차법(交叉法)에 의하여 전개하고 있어서 주목된다. 누가는 의도적으로 예수의 탄생과 요한의 탄생을 병행적으로 비교하고 있는 것이다. 세례 요한의 부모는 이미 단산의 때를 넘긴 때에 일어난 기적으로, 지성소에서 천사의 고지를 받은 아버지는 세례 요한이 태어날 때까지 벙어리가 되고 만다. 만일 예수의 탄생이 평범한 사건이었다면 이 대목에서 누가가 누구의 복음을 집필하려고 하였는가 의심할 수밖에 없는 주객전도(主客顚倒)가 빚어진다. 왜냐하면 누가는 결코 세례 요한의 복음을 집필할 목적이 아니었기 때문이다.

또 하나 이 시점에서 언급해야 할 변증이 있다. 그것은 지금까지 예수의 동정녀 탄생의 기사가 탈락된, 다시 말하여 그러한 삽입이 있기 전의 예수의 생애를 구성한 사본이 결코 발견되지 않았으며 그러한 가능성은 절대로 없기 때문이다.

이번에는 동정녀 탄생의 사실이 현대주의 신학자들이 추리하는 것과 같이 훗날에 예수의 부활과 일치하는 종교사변의 발전이라고 하는 해석이 얼마나 맥락적으로 그리고 시간적으로 적절하지 않은 가정인가를 복음서의 내증(內證)으로 살펴야 한다.

요한복음 2장 3절에서 "저희에게 포도주가 없다"고 한 권유는 예수의 탄생 사건의 신비를 홀로 알고 있는 모정(母情)과 일치한 언사 행동이다. 마태복음 11장 19절과 누가복음 7장 34절에 나오는 "먹기를 탐하고 포도주를 즐기는 사람"의 관용구적(慣用句的) 표현은 바리새인들이 예수께 사용한 중상이며 그 진의는 "출생을 알 수 없는 자"라고 하는 뜻이다.

마가복음 6장 3절에 나오는 "이 사람이 마리아의 아들 목수가 아니냐 야고보와 요셉과 유다와 시몬의 형제가 아니냐 그 누이들이 우리와 함께 여기 있지 아니하냐"의 설명적인 질문은 예수가 고향의 회당에서 가르치실 때 고향의 사람들이 한 말이다. 그런데 그 질문 속에서 특히 "마리아의 아들"이란 대칭(對稱)은 유대인의 풍습에서는 절대로 사용하지 않는 관용구적 어구이다. 심지어는 당사자가 출생하기 전에 부친이 사망한 경우에도 모친의 이름으로 자기의 신분을 제시하는 일이나, 남들이 그와 같이 부르는 경우는 절대로 없다. 그러나 마가복음 6장 3절에 보면 동향인(同鄕人)인 사람들은 예수를 불러 "마리아의 아들 (Jeshua ben Miriam)"이라고 불러 댄다.

훗날 반기독교 운동(反基督 敎運動)을 적극적으로 전개한 유대인의 랍비들은 예수를 가리켜서 "판데라의 아들 (Jesus ben Panthera)"이라고 중상한다. 그 "판데라"는 희랍어로 Parathenos, 곧 "처녀"의 의미인 낱말을 고의로 와전(訛傳)하여 남성의 성명으로 조작한 흔적이 역력하다. 예수의 처녀 탄생의 사실이 실상은 초대교회 초기부터 공동체의 의식 속에 있었음을 엿보게 해 준다. 다시 말하면 위에서 말한 여러 가지의 근거로 보아 예수의 공생애 기간에 이미 처녀 탄생의 이적 때문에 반대자들의 공격이 있었음을 알 수 있다(참조 Stauffer, *Jesus and His Story*, p.15f.)

그러면 예수의 동정녀 탄생의 사실에 관한 부정적인 이론의 가설을 하나 하나 예로 들어 복음서의 기록이 사실임을 그대로 수용하여야 함을 변증해야 한다.

첫 번째 가정은 위장된 처녀 탄생의 기사 내용이 유대주의와 기독교적인 소지(素地)에서 나왔으며, 경건한 유대인 기독교도들이 이사야 7장 14절의 본문인 "보라 처녀가 잉태하여 아들을 낳을 것이요"에 제시된 예언이 성취된 것으로 확신하는 나머지 그러한 처녀 탄생의 기사가 출현했다고 하는 해석이다.

신약에 나오는 동정녀 탄생의 신조적 지식이 이러한 배경에서 형성되었다고 하는 가정은 별로 지지를 얻지 못한다. 이사야 7장 14절의 예언이 메시아의 탄생에 관한 예언임에 틀림없다. 그러나 사실이 역사적으로 일어난 후에 구약의 예언을 회상(回想)한 것과 순수한 예언이 성취할 것을 미래적으로 기다리면서 성취 사실을 경험한다는 것과 사이에는 큰 차이가 있다.

신약의 '예언과 성취'는 거의 전부가 구약의 성취를 증명하기 위하여 만들어 낸 신화가 아니라 정반대로 초자연적인 사건을 경험한 후에 회상적으로 구약 예언의 본문을 연구하는 해석의 순서였었다.

두 번째 가정은 구약에 있는 이삭의 이적적인 출생의 기사가 약간 수정된 후에 예수의 처녀 탄생론이 되었다고 하는 견해이다. 이삭이 출생할 때는 부모가 몹시 연로하여 출산의 희망이 전혀 없을 때였다. 아브라함은 믿을 수 없는 일이라며 천사의 고지를 당혹해 했다. 사라는 웃었다. 이렇게 유명무실한 그들에게서 이삭이 출생하였다. 이 이삭의 출생 기사에서 기왕 유명무실한 아버지를 제거(除去)하면 그것이 곧 신약의 탄생 기사가 되는 것이 아니냐 하는 간단한 유추이다.

그러나 이 해석은 유대인의 결혼과 부모와 자녀관계를 완전히 무시한 타당성 없는 비약이다. 유대인의 가족관계에서는 부부관계에 관한 금욕적 교훈이나, 가족제도의 질서를 경솔히 생각하는 교훈이나 그러한 경향은 전혀 없다.

이삭의 경우, 아버지와의 관계가 유명무실하기는커녕 아브라함의 부친으로서의 존재가 정신적으로나 물리적으로나 엄연하였다. 이삭의 이야기에서는 아브라함의 부권(父權)이 절대적인 실재로 강조되고 있다. 그러기에 이삭을 모리아 산에서 제물로 드린다. 그러므로 부권이 무시되고 부성(父性)이 탈취된 이삭의 존재란 불가능하며, 여기에서 처녀 탄생의 기발(奇拔)한 착상이 떠올라 예수의 생애와 상관된 탄생 기사로 발전될 여지는 전혀 있을 수 없다. 무리하게 그러한 착상을 가정한다면 그것은 이미 비유대적(非猶大的)인 이질적 논리(異質的 論理)일 뿐이다.

세 번째 가정은 예수의 동정녀 탄생이 사실과 다르며 기독교 초기에 유입된 이질 종교의 영향이라고 하는 해석으로, 그 소지를 알렉산드리아 필로(Philo)의 철학적 유대사상에서 찾을 수 있다고 하는 생각이다.

그러나 필로가 구약의 아브라함이나 이삭 등을 알레고리나 비유적으로 해석한 바는 있으나 그의 해석의 어느 곳에서도 마태나 누가복음의 처녀 탄생 기사와 비교될 만한 분명한 기사가 없다. 필로의 분위기와 마태나 누가복음의 분위기는 엄숙한 차이가 있다.

이 세 번째의 가정이 타당성을 얻지 못하는 이유는 두 가지이다. 첫째로, 기독교가 초기에 가장 경계하고 증오(憎惡)한 것이 이교 사상과의 혼합이었다. 이교 사상 중에서도 범신(汎神)들의 부부행위는 가장 비도덕적인 요소이다. 이러한 가장 부패한 요소가 초기 기독교의 신앙본질 중에서도 핵심인 예수의 생애에, 그리고 그 소중한 출발 기사(出發記事)에 접목될 수 있느냐 하는 것이다.

다른 하나는 이러한 필로의 비유 해석의 유형으로 본 이질 종교의 접목이 이방 교회, 다시 말하면 기독교의 외곽지대(外廓地帶)에서 일어난 접합작용이 아니라 가장 보수적인 팔레스타인의 소지에서 가능했을 것인가 하는 반문(反問)이다.

이미 상술한 바 있거니와 삽입설(揷入說)이 성립될 수 없는 것처럼 이 필로의 비유 해석의 유형으로 본 접합이론(接合理論) 역시 성립되지 않는다.

네 번째 가정은 모든 종교가 창시자(創始者)의 신비한 출현을 미화하여 설명할 때에 처녀 탄생과 같은 유사한 기사가 그들에게도 있지 않았는가 하는 해석이다.

그렇다면 희랍신화 속에 동정녀 탄생과 흡사한 것이 있는가? 그러한 유사한 설화가 그들에게는 전혀 존재하지 않는다. 희랍신화의 영웅 가운데 인간의 아버지가 없이 태어났다고 하는 이야기가 더러 있기는 하나 그러한 이야기에서는 그렇게 해산한 어머니가 거룩한 동정녀가 아니다. 그러한 신화에 나오는 신인동형동성(神人同形同性, anthropomorphic)을 지닌 희랍신(希臘神)들은 인간의 욕정을 지닌 영웅들이며 타락한 인간감정(人間感情)의 관능적인 범죄를 일으킨다.

가령 제우스(Zeus)의 자녀는 여러 여인들과 여러 가지 연애행위를 계속하다가 태어났고, 그 여인들은 결코 동정녀가 아니다. 때로는 플라톤(Platon)이나 알렉산더 대제를 가리켜 신의 아들이라고 예찬하는 일이 있으나 그 경우는 신인동형동성의 연애를 생각하지 않고는 있을 수 없는 이야기이다.

그러나 마태복음이나 누가복음의 탄생 기사는 전혀 다른 경건한 개념을 준다. 마리아가 성령으로 잉태되었다. 성령의 인격은 희랍신화의 신인동형동성론의 방법으로는 생각할 수 없다. 어문학(語文學)의 입장으로 볼 때, 성령의 품성은 남성어(男性語)가 아니라 여성어(女性語)이다. 성서신학의 입장으로 설명한 동정녀 탄생론은 하나님의 우주 창조 행위의 동질적(同質的) 차원으로 외경(畏敬)의 대상일 뿐이다.

다섯째 가정은 원래의 유대적 소지에는 이 처녀 탄생의 기대가 전혀 없었으나 예수가 탄생하시기 전, 말기 유대사상이 동양적 이방 사상에 의하여 영향을 입어 메시아의 동정녀 탄생으로 확대되어 보편화한 것이 즉시 신약에 들어옴으로 신약의 기사 중에 자연스럽게 자리를 정하게 되었다고 하는 해석이다.

그러므로 유대주의의 전통주의 입장에서는 이러한 말기현상이 입은 변화에 대하여 아는 바 없고 또한 기독교 사상의 형성기에 자연히 계승된 구약의 약속과 함께 끼어들었기 때문에 아무도 그것에 관하여 이질감 없이 수용하게 되었다고 하는 해석이다.

그러나 이러한 가정은 성립될 수 없다. 왜냐하면 기독교 직전의 메시아 사상은 주로 이스라엘의 주권을 회복시키려는 정치적·군사적 메시아였으므로 동정녀 탄생의 신화가 형성되어야 할 아무런 이유가 없었다.

여기까지의 모든 고찰은 이 동정녀 탄생의 기사를 어떻게 받아들여야 가장 자연스러운가를 생각하게 한다. 만일 이 동정녀 탄생의 기사가 어느 고립된 문장으로만 있는 우연한 성격의 기사라고 한다면 상술한 여러 가정들 중 어느 것과 일치할 수도 있다고 본다. 그러나 이 동정녀 탄생의 기사는 결코 고립(孤立)된 기사가 아니라 복음서 형성의 중요 골격에 속하며, 그러므로 복음서의 저자가 제시하는 그대로 수용하는 것이 가장 자연스럽고 무리가 없는 해석이다.

끝으로 이 동정녀 탄생의 기사를 그대로 수용함이 왜 중요한가를 설명해야 한다.

(1) 성서의 무오(無誤)와 권위 문제와 관계되기 때문이다.

성서가 예수의 탄생에 관하여 구체적으로 명확하게 동정녀의 탄생 기사를 제시하고 있는가 아닌가 하는 문제는 경건한 신앙의 수사학적 묘사가 아니라 직접적으로 성서의 진실성과 관련이 되며 권위와 무오와 관계되므로 매우 중요하다.

현대주의의 신학자 중에는 동정녀 탄생의 교리가 예수의 부활 사건 이후 경건주의(敬虔主義)자들이 예수 생애의 출발을 그와 같이 신성시하여 균형을 잡았다고 생각하고 기독론의 본질 문제와는 상관없다고 말하는 사람들이 있다.

그러나 성서신학자 중에는 그러한 무책임한 말을 하는 학자가 많지 않다. 왜냐하면 성서의 권위문제와 직접 관계되기 때문이다. 만일 성서가 이 부분에서 소설적(小說的)인 허구(虛構)를 기술하였다고 하면, 성서의 계시론은 근본적으로 흔들린다.

(2) 성서적 계시의 진실성과 그 진리성(眞理性)의 정당한 이해는 바로 정당한 성서 해석학(聖書 解釋學)의 문제이다.

우리는 일반적으로 성서 이해와 성서 해석의 과제를 설교적인 방법으로만 받아들이는 편협성에 익숙하여 왔다. 좋은 성서 지식은 좋은 설교를 창조하는 것이 당연하다. 그러나 설교적인 이해가 바로 정당한 성서지식이라고 동질시(同質視)될 수는 없다.

그 이유는 설교의 의도는 실제적인 삶의 지혜쪽으로 응용된 권면과 공감편에 함께 하려고 하며, 전체성 있고 또한 심층적인 성서 해석을 위해서는 또하나의 충족적인 학문분야인 성서 해석학이 요구되기 때문이다.

그러면 이러한 성실한 해석학의 견지에서 예수의 동정녀 탄생의 기사를 어떻게 해석하는가를 알아야 한다. 우선 문장이 담고 있는 분위기와 상황적인 이해가 정확해야 한다. 우리는 이러한 분위기와 상황적인 이해를 위하여 마태복음 1장 18~25절을 조심스럽게 읽어야 한다.

"예수 그리스도의 나심은 이러하니라 그 모친 마리아가 요셉과 정혼하고 동거하기 전에 성령으로 잉태된 것이 나타났더니 그 남편 요셉은 의로운 사람이라 저를 드러내지 아니하고 가만히 끊고자 하여 이 일을 생각할 때에 주의 사자가 현몽하여 가로되 다윗의 자손 요셉아 네 아내 마리아 데려오기를 무서워 말라 저에게 잉태된 자는 성령으로 된 것이라……."

현대인의 생활에서는 약혼상태를 그처럼 심각하게 구속력 있는 법적 관계로 보지 않는다. 기원 1세기에 있어서도 희랍·로마 문화권에서 약혼 관계는 현대인과 별 차이가 없었다. 그러나 기원 1세기의 유대인의 맥락에서 약혼관계는 결혼과 동일시되는 심각한 관계였다. 그러한 심각한 유대인의 맥락 안에서 성령으로 잉태하신 예수의 동정녀 탄생이 증언되고 있으므로 매우 중요하다.

현대신학의 비평이 가정하는 것처럼 이방 종교나 철학이나 문화권의 낭만은 조금도 염두에 둘 수 없는 지극히 엄숙한 유대인의 맥락 속에서 성령의 잉태와 동정녀 탄생 기사가 자리잡고 있는 것이다.

두 번째로 현대주의 신학이 재해석을 하는 것과 같이 예수의 동정녀 탄생의 신앙이 초기 기독교의 후기에 형성된 교리인가, 아니면 처음부터 그러니까 예수께서 생존하신 그러한 시간구조 안에 이미 확인이 된 사실인가에 관한 해석학적 이해문제이다.

우리는 이 문제의 해결을 위하여 동방박사가 아기 예수를 예방한 기사인 마태복음 2장 10~15절을 조심스럽게 읽어야 한다. 11절에 "(동방박사들이)집에 들어가 아기와 그 모친 마리아의 함께 있는 것을 보고" 하였다. "아기와 모친 마리아"라고만 표시하였을 뿐 그 자리에 동석한 보호자 요셉의 이름이나 그의 존재에 대해 전혀 언급이 없다. 오늘의 일반적인 상식에 의하면 '요셉과 그의 아내 마리아와 그들의 아들' 이렇게 표현이 되어야 자연스럽다. 더구나 외국의 내방객이 찾아온 정중한 기사에서는 그러한 객관적인 표현이 더 자연스럽다. 그러나 복음서의 저자는 의도적으로 그렇게 하지 않았다.

이러한 정중한 증언은 다시 13절에서 "……주의 사자가 요셉에게 현몽하여 가로되 헤롯이 아기를 찾아 죽이려 하니 일어나 아기와 그의 모친을 데리고 애굽으로 피하여"라고 구성되어 있는 사실에 주목하게 한다. 생명의 위급을 알리는 가장 간결하고 직설적인 언어전달(言語傳達)이 요구되는 순간에 어찌하여 '일어나 네 아내와 네 아들을 데리고'라고 하지 않았는가. 여기에서는 그러한 상식적 관계가 사실이 아니었기 때문이다.

인간조건(人間條件)에서는 가장 급하고 가장 위태로울 때 숨겨진 사실이 언어로 노출된다. 그러므로 여기의 성서 본문은 역사적 사실을 그대로 정중하고도 간결한 표현으로 증언한다. 다시 14절에 보면 "요셉이 일어나 밤에 아기와 그의 모친을 데리고 애굽으로 피하여……." 하였다. 한밤중에 위난을 피하기 위하여 자기 가족을 급히 깨우고 집을 뛰쳐 나가야 할 위급한 상황의 기사에서 요셉이 급히 깨운 가족은 자기 아내와 자기 아들이 아니었다! 이같이 시간이 다급한 행동에 관한 묘사에서도 복음서 저자는 정중하게 '아기와 그의 모친 마리아'라고 기록하고 있다.

우리는 정당한 해석학의 원리에서 저자의 의도를 그대로 물어야 한다. 재해석(再解釋)은 원저자의 의도에 대한 부단한 간섭이고 왜곡이기 때문이다. 저자 마태가 예수를 이해한 그 원초적 시간(原初的 時間)부터 그에게 확실했던 사실은 예수의 동정녀 탄생이었으며, 그 사실을 그는 지극히 정중하게 증언하고 있는 것이다.

Jesus-3
동방의 현자들과 별

1. 역사적 설정과 저자의 의도

 현자(賢者), 또는 박사(Magus)는 마태복음에 4회 그리고 신약에는 6회 나온다. 비록 기독교의 캘린더나 예술에서는 한밤을 지키던 목자나 동방에서 온 박사들이 거의 동시적인 장면에 등장하는 소재로 사용되는 경우가 보통이지만, 복음서의 맥락으로 보면 그들 양자가 동시적으로 등장하거나 또한 양편이 서로 인지하며 서로 연관이 있는 것은 결코 아니다.
 누가복음 역시 크리스마스의 이야기를 앞에 두고 있어서 마가복음의 요단강이 시작이 아닌 크리스마스의 이야기로 시작하고 있으나, 누가가 동방박사나 이들 현자들의 방문을 알고 있는 근거가 적어도 누가복음의 내중으로는 발견되지 않는다. 이 이야기의 자료는 독특하게 마태의 의도와 일치하는 독자적인 것이다.
 마태의 맥락에서 살펴보면, 가톨릭 교회가 생각하는 것처럼 결코 그들의 신분을 왕으로 언급한 일이 없다. 그들은 점성학자나 현자라고 해야 정확하며 세 사람이라고 했거나 또한 그들의 이름이 언급된 일도 없다.
 매기(Magi)라고 하는 단어는 라틴어의 전승이다(복수형은

Magus). 그러나 근원적으로는 헬라어 '마거스'(Magos)에서 연유되었고, 본래의 의미는 마술사나 별과 꿈을 해석하는 박사이다. 고전사회의 문화적 이해에 따르면, 이들 박사는 지도급의 제사단에 속하며 기독교 전통에서는 그리스도를 경배하기 위하여 페르시아에서 온 현자들이라고 본다. 이들 현자들이 소아시아에서 온 것이 아닌가 하고 생각하기도 한다. 왜냐하면 2장 2절에 "동쪽에서 그 별을 보고"라고 했고, 만약 그들이 페르시아에서 왔다면 "서쪽 하늘에" 떠있는 별을 보고 왔어야 하기 때문이다. 2장 1절은 구체적으로 이들 현자들이 동방에서 왔다고 언급한다.

동방에서 내방한 현자들의 역사성에 관하여 부정적인 견해를 말하는 학자들은 동방의 지도자들이 한 유대인 촌부(村婦)가 출산한 아이를 찾아올 것인가에 대해 회의적이다. 그러나 이러한 입장은 과거 고전사회, 특히 페르시아와 근동지역에 발달한 점성학에 관한 확실한 문서적 증거와 기원 66년 동방의 점성학자 트리다테(Tridates)와 다른 매기(Magi) 일행들이 로마를 찾아 온 일이 있다는 기록 (cf. Dio Cassius 63, 7 : Suetonius, Nero 13) 등을 간과하고 있는 것이 아닌가 싶다.

당시는 위인의 출생 때 별들이 소식을 전한다고 하는 통념이 지배한 때이다. 그리고 사실적으로 스에토니어스(Suetonius)와 타키터스(Tacitus)는 1세기가 시작하려는 전환기였던 당시, 세계를 통치할 지배자가 탄생할 것이라고 하는 기대와 소문이 널리 가득하였더라고 언급한 바 있다.

더욱이 동방의 현자가 선물로 드린 품목들은 당시의 아랍이나 근동국에서 생산되는 널리 알려진 것들이다. 물론 첫 복음서 저자가 이 매기의 이야기를 선택하여 복음서 안에 다듬었을 때, 자기의 의도한 메시지가 있는 것이 확실하나 불가능한 허구라고 보는 행위는 속단이다.
 끝으로 이 매기의 이야기가 구약의 주해인 기독교적 "미드라쉬"라고 하는 주장은 이 본문이 간직한 간결성과 경건한 분위기와 특성을 설명하지 못한다.
 구약의 시편 72편 10, 11절과 사도행전 60장 1~11절의 내용은 왕들에 관한 것이며 매기가 아니다. 물론 잘못 와전된 기독교 전통에서 이 현자들을 왕들이라고 확대해석하는 일도 있으나 정도를 이탈한 비약이다. 열왕기상 10장에 나오는 방문자는 한 여왕이고 별들을 살피는 자들이 아니다.
 이러한 매기의 장르가 당시 존재한 일이 없다고 말하지 않는다. 그러나 저자 마태가 이러한 장르를 수사학적 의도에서 선택하여 헤롯왕이나 구약의 예언을 이해한 학자와 교사들이 예수를 영접하지 않을 뿐 아니라 살해하려고 하는 모의에 가담하였으나, 원국(遠國)에서 온 이방인들이 예수를 경배한 사실을 소재로 하여 마태복음 본체의 맥락에서 예수 자신의 동족들이 어떻게 그를 거부하였는가를 미리 키 노트로 제기하기 위한 중요한 '오버쳐(Overture)', 즉 서곡(序曲)이라고 하는 구성이 주목되어야 한다

2. 이야기 비평학으로 조명

 신약성서에 나오는 네 권의 복음서 중에서 마태복음과 누가복음만이 예수의 탄생 기사와 유년기의 이야기를 담고 있다. 그런 후에 후속적으로 마가복음과 요한복음에 나오는 예수의 공생애가 전부인 성년 예수의 이야기로 즉시 연결된다.
 그러나 최근의 해석학적인 관심사로 다시 중요 논제가 되고 있는 바는 이 탄생과 유년기사에서 무엇이 왜 탈락되고 있는가 하는 것보

다는 왜 이러한 형식으로 제시되었는가 하는 그대로의 이야기의 의도 즉 저자의 의도가 탐구되어야 할 것으로 주목한다.

가령 아구스도 황제의 경우와 비교하면 그 문제의 핵심이 더욱 명확해진다. 아구스도는 사망하기 전 베스터 제단을 지키는 처녀들이 (The Vesta Virgins) 안전하게 보존하도록 자기의 업적목록을 남겼는데 훗날에 그 내용을 동판에 기록해 로마에 있는 자기 능의 입구에 계판(揭板)으로 세우도록 하였다. 중앙 토이기, 앙카라에 있는 아구스도와 로마신전에서 발견된 이 본문에 보면, "내 나이 19세에 나의 책임과 개인의 비용으로 군대를 모집하여, 파벌이 독재를 자행할 때 공화국을 해방하는 일을 위해 선두에서 싸웠다"라고 명기된 부분이 나온다. 그리고 신이 된 아구스도의 업적문에는 그의 탄생과 유년기사가 언급되지 않는다. 즉시 44 BCE에 성년인 아구스도가 안토니를 패주시킨 사건을 언급할 뿐이다.

그러므로 문제의 초점은 마태복음과 누가복음 안에 나오는 예수탄생의 이야기의 분위기, 장소, 시간문제 등에 관해서 아니라 왜 이 복음서 저자들이 애당초 당시의 영웅 전기에 없는 형식, 즉 예수의 탄생을 언급하였는가 하는 그 자체가 질문이 되어야 한다. 두 복음서가 왜 이 예수의 탄생기로 시작되어야 하는가? 정확하게 지적하여 복음서 저자들이 왜 우리에게 이러한 이야기를 일러주고 있으며, 이 예수의 유아기와 어린 시절의 이야기가 의도하는 바는 과연 무엇인가 하는 것이 문제의 핵심이다.

지금까지는 이 예수의 탄생 이야기가 후속적으로 이어질 공생애 이야기를 이끌어 내는 제1장과 같은 성격의 것이라고만 생각하였다.

상식적으로 이 예수의 탄생 기사와 그 후의 공생애의 이야기 사이에는 많은 것이 상실되었거나 생략되었다. 그리고 마태의 탄생 이야기와 누가의 이야기는 서로가 너무나 이질적이어서 하나의 조화를 이끌어 낼 수 없다는 것이 정론이다.

예를 들어, 누가는 목자들과 천사들, 그리고 주막과 말구유의 자료로 탄생 기사를 엮은 후, 잃은 소년 예수를 성전에서 찾는 에피소드를 적고 있다. 마태복음의 경우에는 헤롯 왕과 동방박사들, 영아 학살과 애굽 피난이 에피소드로 나온다.

최근에 이르러 위의 상반된 두 가지의 이야기를 무리하게 하나로 조화하거나 아니면 시간순서를 결정하려는 절망적인 시도를 감행하는 작업보다는 그 이질감을 그대로 수용하면서 현재 대로의 이야기 안에서 전부를 찾는 방법론이 등장하였다.

다시 말하여 마태와 누가복음의 이질적인 두 탄생과 유년의 이야기를 그대로 수용하면서 각기 뒤따를 복음서 전체의 성격을 결정짓는, 마치 총주제(總主題)의 역할을 하는 서곡(序曲) 또는 '오버쳐(overture)'로서 이해해야 한다고 하는 새로운 이야기 비평 (the narrative criticism)의 접근에 기대를 건다.

'이야기 비평'의 시각에 의하면 저자 마태의 의도는 예수와 모세를 대비적으로, 그리고 이러한 전제를 서곡적(序曲的)인 위치에 구성한 점을 중시한다. 그래서 모세의 경우 그의 생명을 위협하는 맥락에서 태어났으며 이 모세의 이야기가 충분히 발전한 후기의 전승에 의하면,

(표적. 1) 바로가 꿈을 꾸니, 한 저울에 어린양 한 마리가 접시에 놓이고 다른 접시에는 애굽의 모든 귀족과 왕들과 장로들이 함께 놓이는데 어린양이 더 중량이 무거워 번민하다가 꿈을 깼다.

(공포. 2) 이튿날 바로가 모든 신하와 박사를 소집하여 이 꿈 이야기를 말하니 모든 사람들이 심히 두려워한다.

(상의. 3) 왕자와 상의하니 왕자가 건의하여 이스라엘 사람 중에서 한 아이가 나타나 그가 애굽을 멸망시킬 것을 일러준 꿈이라고 해석

하여 그 한 아이를 죽여야 한다고 상의한다.

(학살.4) 히브리 조산원들에게 명하여 모든 남아 신생아는 나일강에 던져 죽이라고 명한다. 그리고 이 전승은 출애굽기 1장 15절로 넘어간다. 이러한 이야기의 4단계는 그대로 마태복음의 동방박사의 이야기와 일치한다.

(표적. 1) 별을 보고 찾아온 동방박사들.

(공포. 2) 헤롯 왕과 온 예루살렘이 소동한다.

(상의. 3) 왕이 모든 대제사장과 백성의 서기관들을 모아 그리스도가 어디에 나시겠느냐 물으니 가로되 이는 베들레헴라고 이야기한다.

(학살. 4) 헤롯이 박사들에게 속은 줄 알고 심히 노하여 베들레헴과 그 주변지경에서 두 살 아래의 남아 신생아를 모두 학살한다.

이러한 이야기 비평학이 지적한 두 가지 패턴의 정확한 일치는 저자 마태의 의도를 말해 준다. 곧 예수와 모세의 비교이다.

3. 본문 주석

〈1절〉 예수의 탄생을 전제로 설정하는 형식으로 나온다. 2장 22절에 의하면 1절의 헤롯 왕은 헤롯 대왕이다. 그러므로 예수의 탄생 연대를 B.C.7경으로 추정할 수 있다. 이상한 별은 여기에 나오는 본문과 같이 하나의 큰 별이다. 이 시간 설정을 누가복음의 맥락과 비교하면 불가피하게 시간의 차질을 빚게 된다. 누가의 맥락에서는 구레뇨가 총독이었을 때 실시한 납세(納稅)를 위한 원적등기 (the tax enrollment)가 있었다고 하므로 B.C. 6/7가 된다. 개역성서에 나오는 동방박사는 동방에서 예방온 왕들이 아니다. 일부 서구 가톨릭 교회에서 그와 같이 전승을 지키는 기원은 짐작컨대 후에 일어난 변화이며, 시편 72장 10, 15절, 이사야 49장 7절, 60장 3, 6, 10절 등의 유추에서 온 것이다. 세 사람이라고 하는 가정은 선물이 세 종류라고 하여 고정된 관행이다. 그들은 점성학자들이었을 것이고 현자들(wise men)이라고 번역되어야 적절하다. 동방의 바벨론은 점성학의 본거지이며 지극히 보수적인 유대사상의 근거지라고 생각하는 학자도 있다. 가령, A.D.50년에 바벨론의 왕자가 유대교로 개종한 일도 있다 (Eduard Schweizer).

〈2절〉 세계를 통치할 위대한 왕이 출현하여 황금시대를 열 것이라고 하는 기대가 당시에는 보편화된 민심이었다. 그러한 일반적인 소망의 출처는 동방이었다. 민수기 24장 17절에 보면 그런 메시아를 별이라고 하였다. "경배하러 왔노라" 고전사회에서 왕의 어전에 나가는 자는 처음 동작이 땅에 부복하는 경배이다. 문자 그대로의 예배(worship) 동작이라고 해석된다.

마태복음의 서두에 나온 동방의 현자들의 예배는 종결부분인 28장 17절의 갈릴리의 예배와 일치하는 구성이다. 이와 같이 저자 마태의 의도는 서두에서 범세계적인 막중한 의미를 예수의 인격에 집중시킨다. 예수의 권위는 공중사역 이전에 존재한다.

〈3절〉 헤롯 왕의 동요는 사실적 상황에 대한 정확한 표현이다. 헤롯의 가장 큰 약점은 그가 에돔 사람이라고 하는 혈통문제이다. 그러므로 어떤 소문이건 메시아와 관련이 있는 것은 매우 민감한 반응을 보였다. "온 예루살렘이"라고 하는 정확한 표현은 이 중대한 사건이 몰고 올 위험부담을 암시한다.

〈4절〉 "왕이 모든 대제사장과 백성의 서기관들을 모아"는 저자 마태의 관용적(慣用的)인 표용이다. 역사적으로 당시는 제사장직과 서기관들의 반목이 심하여 같은 자리에서 의논할 가능성이 거의 없다 (E. Schweizer).

〈5절〉 다윗의 도시 베들레헴은 메시아의 출생지로 알려진 곳.

〈6절〉 저자 마태는 위의 사실을 구약의 인용으로 강조한다.

〈7, 8절〉 헤롯 정도의 노련한 독재자가 즉시 군병을 동원하거나 민활한 신하들을 동원하여 문제의 신생아를 추적하는 대신에 동방박사들에게 묻고 부탁하는 행위는 현실적으로 어떤 조치가 취해졌는가 라고 하는 정보가 아니라 이야기식의 전진 (storytelling movement)을 하기 때문이다. 여기에서 다시 상기하고자 하는 것은 가장 최근의 성서해석학의 접근법으로서 복음서에 대한 이야기(a story)라고 하는 당시의 커뮤니케이션의 문학적 맥락을 주목해야 한다.

〈9절〉 유대인의 사유에서는 아브라함이 이삭을 제물로 드릴 그 산 위에 구름이 서 있었다고 하는 전제를 자주 말한다. 여기에서는 그 이상한 별이 베들레헴으로 가는 길을 조명한 것이 아니라 아기 예수의 집 위에 머물렀다고 하였다.

〈10절〉 "저희가 별을 보고 가장 크게 기뻐하고 기뻐하더라" 동방에서 온 현자들의 기쁨이 강렬하게 묘사된다. 이것은 이야기를 엮는 화자(the narrator)에게 중요한 대목이기 때문이다. 누가복음 2장 10절에 보면 천사가 들판에서 양을 치키는 목부(牧夫)들에게 "보라 내가 온 백성에게 미칠 큰 기쁨의 좋은 소식을 너희에게 전하노라" 하였다.

〈11절〉 현자들이 드린 선물은 왕에게 바치는 경우의 물건에 해당한다 (시 72:10~11, 15, 45:7~9, 사 60:6, 아 3:6). 몰약은 아랍에서 나는 관목의 수지(樹脂)로 제조한 고급스러운 유향과 같은 향품이다. 여기에 나오는 세 가지의 귀한 선물들은 상징적인 의미가 있다. 황금은 왕에게, 유향은 하나님께 그리고 몰약은 장차 죽을 자에게 소용되는 예물이다(막 14:3, 4, 8, 15:23, 요 19:39).

〈12절〉 다시 한 번 꿈으로 나타나는 지시가 중요한 역할을 한다 (참조 1:18~25). 헤롯 왕과 관련하여 다른 길을 선택하여 돌아갈 필요가 있기 때문이다(왕상 13:9).

4. 메시지

이 맥락이 주는 메시지가 무엇인가를 질문하려면 전제적으로 저자 마태의 의도를 찾아야 한다. 그렇게 하는 유일한 방법은 보다 광역적으로 맥락을 이해할 필요가 있고 가장 정확한 방법은 마태복음 한 권을 읽고 도출하여야 한다. 이러한 방법은 불가피하게 해석학의 접근이 되며 구체적으로 해석학적 순환법(解釋學的 循環法)을 응용하게 된다.

저자 마태는 이 맥락에서 명확하게 구약의 모세와 바로 왕의 갈등을 아기 예수와 헤롯 왕과의 갈등과 비교함으로써, 예수가 새로운 모세인 것을 부각시키려고 하였다. 다시 말하면 자기 백성을 구하기 위하여 하나님이 보내신 모세가 처음부터 세상의 초강력자에게 생명을 위협받은 것과 같이 아기 예수의 생명을 헤롯은 노린다. 물론 지금과 과거의 차이는 동방의 현자들이 찾아와 온 세계의 왕이신 예수를 경배한다(25:32, 28:19)는 것에서 주목된다. 동방에서 온 대표는 별들이 주는 암시 외에 아는 바가 없고, 예수에게 경배하며 예물을 드리고 돌아가 여전히 그들이 누구인지 알려진 바가 없으나 자기 동족으로 잘 알려진 권력과 백성의 대표와 제사장들은 예수를 거부하였다.

이와 같이 자기 나라의 임금과 자기의 백성 이스라엘이 그를 저버리게 될 일과 메시아의 근거지인 베들레헴은 기다린 메시아를 지켜주지 못한다고 하는 이 짙은 풍자(諷刺)를 이미 서두의 이야기에서 저자 마태는 총주제로 깔아 놓는다. 그러한 이야기 비평의 소득은 이 서곡(序曲, overture)이 마태복음 전체의 총주제가 된다고 하는 정확한 메시지의 이해인 것이다.

Jesus-4
베들레헴의 어린이 학살(虐殺)

예수께서 세상에 탄생하신 그 해는 운명(運命)의 해 (a fatali annus) 였다. 인간의 역사에서 드물게 찾아오는 엄청난 전환의 계기였다.

(1) 하늘에는 목성(木星, Jupiter)과 토성(土星, Saturn)이 '물고기좌(the constellation of the Fishes)' 에서 회동하였다. 목성은 우주의 지배자를 뜻한다. 토성은 팔레스타인의 별이다. 그리고 '물고기좌'는 최후의 날을 의미한다. 이러한 상징을 종합하면 '유대나라에 세상 마지막 때에 오실 우주의 임금이 탄생하였다' 는 메시지가 되며, 마태복음에 나오는 동방박사는 바로 그러한 메시지를 인지하고 찾아와 예수께 경배한 것이다.

(2) 그러나 그 운명의 해가 로마제국에서는 아구스도(Augustus) 치세의 전성기였다.

(3) 티베료(Tiberius) 장군이 그의 부친을 위한 전투에서 대승리를 하였다.

(4) 나일강 유역의 여러 도시의 시민들은 목성의 출현을 보고 황제가 자유를 선물로 주는 수호자라고 하는 표시로 보고 예배하였다.

(5) 유프라데(Euphrate)의 도시에서는 마태복음의 기사 내용대로 동방의 박사들이 평화의 왕을 찾아 길을 떠난 때였다.

(6) 유다의 헤롯 대왕에게는 왕의 계급이 격하(格下)된 수모의 해

였다.

(7) 구레뇨(Quirinius)는 무력을 사용하여 강제로 인구초사를 도시마다 실시하였다.

(8) 명문 씨족(名門氏族)들의 대이동(大移動)이 있었다.

(9) 관료들은 포악했고, 민초(民草)들은 곳곳에서 봉기하였다.

(10) 아구스도 황제에게 충성을 보이기 위하여 헤롯 왕가는 6,000명의 바리새인들을 살해하였다.

(11) 왕의 계급이 강등된 헤롯은 심경이 예민하여, 세수(稅收)를 올리기 위한 로마의 인구 조사령에 적극 협력하였다.

(12) 사회에서는 온갖 불의를 다스리실 메시아의 출현이 임박하였다는 소문이 널리 유포되었다.

(13) 헤롯 대왕은 자기에게 반역하는 일체의 세력을 근절하기 위하여 사마리아에 있는 전처 하스모니아 가문의 왕자 둘을 살해하였으며, 예루살렘에서는 남동기사(男童騎士) 카르스(carus)와 함께 의심이 가는 모든 궁정인(宮廷人)들을 연루자로 몰아 살해하였다.

(14) 다윗의 왕도(王都)인 베들레헴과 그 주변에서 두 살 아래의 모든 남아들을 살해하였다. 이 사건의 기사는 마태복음 2장 16~18절에 나온다.

(15) 이러한 묵시 문학적(默示 文學的)시점, 다시 말하여 포악과 타락과 기대가 함께 여울처럼 혼란을 극한 격동기에 베들레헴 다윗의 왕성에서 다윗의 후손 예수께서 메시아로 탄생하였다.

예수께서 탄생하였을 때 위에서 언급한 상상을 초월할 묵시 문학적인 사건들이 연이어 발생하였고, 그 중에서 마태복음 2장 16~18절은 두 살 아래의 모든 사내아이들이 살해당한 일을 언급하고 있다.

위와 같은 상황을 연상하면 그 사건이 실제 사건이고 우화적(寓話的)인 작품이 아님을 이해하게 된다.

예수를 죽이려고 한 헤롯은 주변의 모든 사내아이를 무차별 살해하였다. 마크로비어스(Macrobius)의 기록이 정확한 것이라고 하면 당시 베들레헴에서 양육중이던 헤롯 자신의 왕자도 행동대의 칼에 죽었다는 것이다.

예수의 생애를 경건한 신앙으로 엮은 가톨릭의 파피니(Giovanni Papini)는 다음과 같이 말하였다.

"주 예수께 생명을 바치는 성도의 수는 그 후 그 수를 헤아릴 수 없다. 그들은 다 부활을 믿었기 때문이었다. 그러나 여기 이 영아들의 죽음은 예수께서 십자가의 죽음을 위하여 오신 것처럼 죽기 위하여 얼마 전에 태어난 어린이들이다. 뿐만 아니라 그들은 죽으면서 무엇 때문에 누구를 위하여 그 분을 한 번도 알아 볼 기회 없이 생명을 버렸다"(참조 G.Papini, Life of Christ, p.41).

마태복음은 별에 관한 기사의 뒤를 이어 즉시 베들레헴의 어린이 학살에 관한 이야기를 엮고 있다. 이 영아학살의 이야기에 대한 의혹이 다음과 같이 다양하게 제기된다. 그 기사가 사실인가 아니면 하나님의 아들의 탄생을 놓고 애굽 바로 왕의 고사(古事)를 따른 문학의 장르인가? 이 문제의 제기는 다음과 같은 네 가지의 초점에 모인다.

(1) 마태복음만이 이 사실을 언급한다.
(2) 헤롯이 한 왕으로서 이와 같이 잔혹한 명령을 내릴 수 있는가?
(3) 아구스도(Augusts) 황제가 이러한 잔악 행위를 용납할 것인가?
(4) 마태의 기사가 전통적으로 신화나 그러한 신화의 기술형식과 흡사하지 않는가?

첫번째의 문제제기에 관하여, 기원 6~15년에 쿰란사회에 동조한 유대인 저자가 저술한 한 묵시 문학의 문서인 '모세의 승천(Assumption of Moses)'에 보면, "하스모네아(유대왕국의 왕손)의 치세에 이어 제사장 가문이 아닌 교활하고 다혈질이며 신앙심이 없는 자 헤롯이 왕이 되었다. 그는 자주 자기의 부장(部將)들을 참수하여 암매장하였다. 그는 연로자나 젊은이나 무차별하게 살해하였다. 그에 대한 공포가 그 나라에 널리 유포되었고 과거에 애굽 땅에서 경험한 살인자와 같은 폭군으로 군림하였다"고 나온다 (Assumption of Moses 6:21ff.).

그러한 헤롯의 잔혹한 성격에 관한 언급이 베들레헴의 영아 살해와 어떤 관계가 있는가. 헤롯은 자기의 친자들을 셋이나 처형한 자이다. 애굽의 바로가 자기의 장자 이외의 모든 히브리 가족의 사내아이들을 죽인 일이 있기 때문에 똑같은 유형에서 잔인한 그 헤롯을 가리켜 새 바로 왕이라고 『모세의 승천』저자는 규정하였다.

또한 요한계시록 12장 1절 이하의 내용은 역시 마태의 영아 살해 기사의 울림으로 해석된다. 특히 '모세의 승천'이라고 하는 문서는 요한계시록보다 80년이나 앞선 문서이기 때문에 가치가 있다.

두 번째의 문제제기에 관하여, 동양사로 보면 고대 왕국에서는 이러한 잔악행위는 드문 예가 아니다. 다만 헤롯 대왕이 더욱 잔악했다고 하는 것뿐이다. 이미 헤롯은 25세 때에 갈릴리에서 봉기를 일으킨 히스기야와 그의 일당을 포위하여 남김 없이 처형한 잔인한 전력(前歷)이 있는 사람이다. 그후에도 갈릴리 은신동굴에 숨어 있던 패잔 가족들을 불을 피워 연기로 밖으로 나오게 한 후 집단 살해하였다.

기원전 37년 로마군의 도움으로 예루살렘 입성을 감행한 헤롯은 스스로 왕이라고 칭하였고 로마군으로 하여금 하스모니아 명문가의 일족을 참수하게 하였다. 그 다음 해에는 자기의 처 마리암네(Mariamne)를 처형, 하스모니아의 최후의 기둥격인 명문가계(名門家系)인 브나이 바바(Bnay Baba)를 쳤다.

기원전 25년에는 반란의 기미를 예감하고 그 하스모니아 당의 어린이까지 모두 고문으로 살해하였다.

기원전 7년에 아구스도(Augustus)의 허락을 받아 헤롯은 반역이라는 누명을 씌워 하스모니아 가계의 처 마리암네가 낳은 두 왕자 알렉산더(Alexander)와 아리스토브로스(Aristobulus)를 교살하였고, 그 왕자들을 따르는 300명의 장교들을 일시에 살해하였다.

같은 해에 6,000명의 바리새인 당원들이 일으킨 혹독한 내란을 겪었으며, 바리새인들이 잔인한 헤롯이 쓰러진 다음에야 최후의 메시아가 탄생한다고 하는 소문을 퍼뜨리자 헤롯은 무자비하고 무차별한 응수로 궁정 안의 많은 사람을 살해하였다. 그 중에는 자기가 총애하던 시종기사 카르스(Carus)도 포함되어 있었다.

3년 후 헤롯은 이미 불치의 병에 걸렸으나 반역의 기미만 보이면 여지없이 잔멸하였고, 바리새인들의 봉기를 근절하기 위하여 아구스도의 허락을 받아 자기의 왕자 안티파터(Antipater)를 처형하였다.

그뿐 아니라 헤롯은 자기의 임종이 가까워지자 여리고의 히포드롬(Hippodrome) 계곡에 모든 바리새인과 유지들을 소집하여, 자기가 운명하는 시각에 살해하여 전국에서 곡성이 울리도록 포위한 궁수(弓手)들에게 명령하였으나 다행히 그의 죽음과 함께 모두 풀려났다.

이렇게 극도로 잔인한 폭군에게 있어서 베들레헴의 어린이들이 살해된 일은 작은 에피소드였는지 모른다. 그는 항시 자기의 권력을 유지하기 위하여 극악무도하였다.

세 번째의 문제제기는, 아구스도 황제가 헤롯의 잔악행위를 용납하였는가 하는 질문이다. 그러나 아구스도 자신이 잔인한 황제였다. 그는 약관 19세 때 300명의 의원과 2,000명의 애국지사들을 살해하라는 밀명(密命)에 서명한 사람이다. 훗날에 그가 성년이 되면서, 로마 제국이 안정되자 그의 잔인한 성품은 온건한 성격으로 누그러졌으나 그는 절대로 아시아도의 내정에는 관여하려고 하지 않았다. 줄리어스 시저(Julius Caesar)와는 정반대로 그는 유대인들을 지극히 혐오하였다. 그러므로 아구스도 자신은 한 번도 예루살렘에 발을 들여 놓은 일이 없었고, 그의 조카 가이오스(Caius Caesar)가 동양권으로 여행을 할 때도 그에게 절대로 유대인의 수도에 접근하지 말라고 경고했다.

아구스도는 곧 아랍인인 헤롯에게 그 곳 치리를 위임한 후, 그가 자기 가족까지도 살해하는 광기어린 포악성을 보이는 데도 무관심하였다. 아구스도가 헤롯의 잔인한 행위에 대해 무관심한 것이나 그 후에 티베료(Tiberius)가 빌라도의 유혈치세에 무관심한 것이나 유사한 경우이다.

다시 아구스도는 지나가는 말로 헤롯의 잔인한 행위에 대하여 평한 냉소적인 언급이 기원 450년경의 것으로 보이는 중용주의자(中庸主義者) 마크로비어스(Macrobius)의 기록에 "유대인의 왕 헤롯의 명에 의하여 수리아도에서 일어난 두 살 아래의 사내아이의 교살에 관한 소식과 왕의 아들까지 살해되었다고 하는 소식을 들은 아구스도는 헤롯의 아들(huios)보다는 헤롯의 돼지(hus)로 태어난 것이 나을 것이다"라고 남아있다. 당시 헤롯 대왕 시대의 팔레스타인에는 그러한 속언(俗言)이 돌고 있었다. 유대인들이 돼지고기를 먹지 않기 때문에 오히려 돼지(hus)의 목숨은 보존되나 헤롯 왕자(huios)의 생명은 부지하기 어렵다는 풍자였다. 요는 아구스도의 정치가로서의 검은 냉소, 그의 잔인한 성품은 자기와 유사한 헤롯의 잔악행위에 관하여 관여할 필요가 없었다.

네 번째의 문제제기에 대하여, 어린 시절에 경험하는 파국과 구원을 통하여 위대한 인격으로 성장된다고 하는 고정관념이 세계 문학의 공통적인 줄거리가 아닌가? 그러니 구태여 따지면 역사적 신빙성이 있는 기사가 아니라는 견해이다.

모세의 전통은 잘 알려진 이야기이다. 아구스도의 어린 시절에도 이러한 에피소드는 있었다. 아구스도가 출생하기 몇 해 전부터 로마에서는 세상이 드디어 위대한 왕을 탄생시킬 것이라고 하는 꾸준한 소문과 그러한 의식(儀式)이 유행하였다. 당혹한 원로원에서는 그 해에 출생할 남아들은 모두 살해할 것을 결의한 바 있었다. 그러나 회의록에는 남겨 두지 않았다는 내용이다 (Suetonius, *Augustus*. 94).

그 해에 해당하는 63년 9월 23일에 개최한 원로원 회의에 지각 참석을 한 옥타비우스(Gaius Octavius)는 득남하여 회의에 늦었다고 보고하여 전자에 있었다는 그 해에 출생하는 남아는 모두 살해하기로 한 결의를 가볍게 무시해버렸다. 그 자리의 분위기가 묘하게 냉각되자 그 자리에 있었던 한 원로 피글러스(Nigidius Figulus)는 점성술(占星術)이 약간 있는 터라 그 생남의 출생시를 물은 후 천성도(天星圖)를 가리킨 후에 "오늘날 세상에 임금이 나셨다"고 소리를 쳤다.

당시에는 위대한 인물들의 어린이 시절에 반드시 환난이 개입하여 그의 생명을 위협하였다고 하는 어린 시절의 줄거리를 즐겨 쓰던 창작의 장르였다. 그러한 시각으로 베들레헴의 영아 살해를 사실 여부와 상관 없이 설화로 생각하는 비평학이 여전히 양보하지 않는다.

그러나 슈타우퍼 교수가 "헤롯이 어린이들을 살해한 기사는 아무리 우화적 설화라고 하는 주장이 있다고 하여도 역사적 사실이다."라고 한 견해는 귀담아 들어야 한다 (E. Stauffer, *Jesus and HisStory*, p.40). 그러한 근거로서 『모세의 승천』(*Assumption of Moses*)은 정확한 역사적 문헌이며 또한 그 문헌의 전제가 예수의 탄생 기사와 아무런 관계가 없는 문헌이다.

그러므로 (1) 모세의 승천, (2) 마태복음 2장, (3) 요세푸스(Flavius Josephus)의 언급, (4) 그 밖의 여러 문헌들 등과 같은 문헌자료를 통해 기원전 7년부터 5년 사이에 헤롯의 가혹행위가 있었고 이것은 예수의 탄생과 연유된 사건임을 정확하게 해둘 필요가 있는 것이다 (Stauffer, p.41).

Jesus-5
예수의 청소년 시절

1. 초기 (Early Years)

예수의 소년시절에 관한 구체적인 지식은 성서의 내증(內證)으로는 거의 찾아낼 길이 없으나 복음서에서 추린 자료의 요약은 다음과 같다.

그는 마리아와 요셉의 아들로서 나사렛에서 성장하였고(눅 2:40), 여러 명의 누이 외에도 형제가 넷이었다(막 6:3).

12세 때, 예루살렘 성전을 찾아가신 일이 있고 (눅 2:41~50), 그 후에 이어진 확실하지 않은 침묵기 (The Silent years)에 관해서는 정확히 알 수 있는 자료가 거의 없으나, 누가복음 2장 52절에 보면, "예수는 그 지혜와 그 키가 자라가며 하나님과 사람에게 더 사랑스러워 가시더라" 라고 함으로써 초대교회의 예수에 대한 지식(知識)에서 우리가 오늘 명확히 알 수는 없으나, 당시에 예수 초년기가 지극히 순결하며 모범적이었음을 모두가 알고 있는 사실이라고 지극히 적절하게 요약하고 있어서 중시되어야 한다.

기원전 7년에서부터 기원 27년 사이의 예수의 청소년 시절에 관한 상황적 지식을 귀납법(歸納法)으로 정리하면 다음과 같은 최소한의 사실들이 정립된다.

마태복음은 어린 시절에 예수의 가족이 애굽으로 도피한 사실을 기록하였고, 누가복음은 부모와 함께 자발적으로 성전을 방문한 12세 소년 예수를 언급한다. 이 두 간결한 에피소드는 예수께서 어린 시절에 겪은 경험이며 당시의 불안정한 환경 속에서 그 가정을 거느린 요셉이 사회 및 정치적인 판단에 있어서 민감하고 역동적이며 신축성(伸縮性)과 능력이 있는 사람이었음을 말해 준다.

마태복음은 2장 13절 이하에서 옛날부터 유대인들이 국난(國難)을 피하기 위하여 자주 애굽으로 피난한 선례와 그러한 지혜에 따라 마리아와 예수를 대동하고 애굽으로 남하하는 그의 모습을 보여 준다.

애굽에 있을 때, 포악한 헤롯 대왕은 사망하였으나 그의 아들 아켈라우스(Archelaus)가 예루살렘과 유다의 통치자로 권력을 계승하였다는 소식을 들은 요셉은 그 아켈라우스도 매우 잔인한 성품의 소유자임을 알고 있는 터라 조용히 북쪽 갈릴리로 돌아와 거주를 정한다.

훗날에 예수께서 공생애 기간에 말씀하신 비유 중에, "어떤 귀인이 왕위를 받아 가지고 오려고 먼 나라로 갈 때에 그 종 열을 불러 은 열 므나를 주며 이르되 내가 돌아오기까지 장사하라 (눅 19:12~)" 하신 내용이 나온다. 그 맥락에서 마지막에 응답하는 종이 그 한 므나를 수건으로 싸 두었다가 "주의 한 므나가 여기 있나이다……당신이 엄한 사람인 것을 내가 무서워함이라 (20절)" 하여 결과적으로 가혹한 심판을 받게 되는 내용이 있다. 성서 주석가들은 여기에 나오는 소위 왕위를 얻기 위하여 먼 나라에 갔다가 돌아온 그 귀인에 주목하며, 예수께서 부왕 헤롯 대왕이 사망한 후에 그의 아들 아켈라우스가 로마에 찾아가 왕권을 인준받으려고 한 것과 그가 성품이 표독하여 로마로 떠나기 전 유월절을 지키면서 3,000명이나 되는 바리새인들을 살해하였다는 그 장본인임을 잘 알고 계셨다고 해석한다.

그러한 아켈라우스가 부왕을 계승하여 통치자가 되자 예수의 일가는 애굽에서 갈릴리로 조용히 돌아가 드러나지 않게 생활하였다.

갈릴리 지역은 헤롯의 아들 중에 비교적 덜 잔악한 헤롯 안티파스(Herod Antipas)의 행정구역이었기 때문이다.

예수는 나사렛에서 성장하신다. 이 나사렛은 메기도(Megido) 평원의 북단에 위치한 산간촌(山間村)이었다. 당시 갈릴리 사람들은 유대 사람에게 평판이 좋지 않았으며, 그 중에서도 '메기도'의 주민들은 경건한 유대인 사이에서 평판이 아주 좋지 못하였다 (참조 요 1:46).

역사적 사실로서 기원 6년은 남쪽 통치자인 아켈라우스가 실각한 때로 그 때 예수님의 나이는 12세였다. 조심성 많은 요셉이 처음으로 유월절의 순례를 떠난 것이 이 때다(눅 2:42). 혹자는 추측하기를(참조 요세푸스 古事錄 18, 2, I) 베들레헴이 예루살렘의 남쪽 가까이 위치하기 때문에 그 때가 납세의 마감이기도 하여 그 여행길에서 그 납세의 용건도 겸하여 한번에 매듭지을 생각이었는지도 모른다고 본다 (참조 E. Stauffer, *Jesus and His Story*, p.44).

이렇게 귀납적으로 상황 분석을 하면 성서의 어느 간결한 언급도 결코 우연일 수 없는 정밀성을 확인하게 된다.

예수는 요셉의 목수직업을 전수 받았다(막 6:3). 그러나 우리는 여기에서 오늘의 상식으로 오판하지 말아야 한다. 당시의 목수나 목공업은 고정된 점포를 열고 오가는 손님들이 찾아와 전시된 제품이나 기물을 선택하여 사는 직종이 아니라, 마을이나 인가를 찾아 유동적으로 봉사하여 보수를 받는 일종의 유랑기공(itinerant craftsman)이다. 이러한 유동적인 직종과 또한 예수의 가족이 일차 애굽으로 피난을 다녀온 그러한 부류라고 하는 사실과는 필히 어떤 연관이 있을 것이라고 생각하는 해석이 있다. 왜냐하면 애굽은 목수와 같은 기술이 매우 발달한 본고장이기 때문이다.

예수의 인격형성(人格形成)과 성품(性品)과 심성(心性)의 발달을 추측할 수 있게 하는 다음과 같은 상황의 조건들을 분석함은 유익한 방법이다. 왜냐하면 사람마다 그의 심성, 다시 말하여 내면세계의 형성은 그가 성장한 외적 환경과 밀접한 관계를 갖기 때문이다.

(1) 예수가 성장한 팔레스타인 지역 경관에 관한 정밀한 지식.

(2) 당시의 정치적 상황.

(3) 예수께서 교육받은 유형의 구약 지식과 함께 당시의 유대 묵시문학의 이해.

(4) 갈릴리 전통에 따른 에녹(Enoch)서의 이해와 '인자 (The Son of Man)'의 소망과 기대가 무엇인가 하는 이해.

(5) 팔레스타인에 거주한 유대인이 감당해야 했던 복잡하고 번거로운 신앙생활.

(6) 개인의 기도생활.

(7) 회당예배.

(8) 당시 성전의 3대 절기, 즉 초막절, 유월절, 그리고 오순절에 관한 정확한 지식.

예수가 사용한 언어를 분석하면 유대인의 예전적 언어(禮典的 言語) 표현과 유대인의 고유의식과 정서가 그 속에 항상 풍긴다. 이러한 사실은 예수의 최초의 의사표시로 기술된, 12세 소년인 그가 부모에게 응답한 내용에서부터 최후에 십자가 위에서 운명할 때 그의 입술에 조상의 기도문 (The words of His forefather's prayer)이 있었다고 하는 사실에까지 일관한 사실이다 (참조 눅 2:21 이하, 41 이하, 요 7:37 이하, 막 14:12 이하, 15:34, 눅 23:46, 요 19:30 등).

2. 가정환경과 친척(親戚)들

다윗의 후손인 요셉은 유다 지파에 속하였고 마리아는 아마도 아론 지파의 레위 사람이었을 것이다. 누가복음 1장 36절에 보면 마리아는 엘리사벳의 친척이고 엘리사벳은 누가복음 1장 5절의 내용과 같이 아론의 권속이다.

예수의 부모는 가난하였다. 누가복음 2장 24절에 보면 그의 부모는 희생물로 비둘기 한 쌍을 바쳤으며 레위기 12장 8절에 의하면 그러한 제물은 극빈자(極貧者)들이 성전에 바치는 희생에 해당된다.

마가복음 6장 3절과 마태복음 13장 55절에 보면 예수의 형제의 이름이 야고보, 요세(또는 요셉), 유다, 시몬이고 누이들도 여럿이었다.

예수께서 열두 살 때 성전을 찾아가신 후 요셉이 다시는 복음서 기록에 나오지 않기 때문에 예수의 공생애 이전에 상당기간 앞서 이미 요셉은 별세한 것으로 보인다.

신약은 예수의 형제에 관하여 명확한 설명이 없다. 그 용어 '아델포이(adelphoi)'는 친형제, 계형제(繼兄弟), 심지어는 사촌 형제까지 포함이 되는 넓은 의미의 언어이다. 슈타우퍼의 해석에 의하면 여기에 관련된 형제들은 어쩌면 예수보다 나이가 많은 계형제(繼兄弟, step-brothers)일 가능성이 크다고 하는 것이다.

왜냐하면 만일 이 형제들이 전부 마리아의 소생으로 예수보다 나이가 어렸다면 마가복음 7장 3절의 경우처럼 예수에게 억압적인 권위를 행사할 수 있었을까 의문을 제기한다 (참조 Ethelbert Stauffer: "Petrus und Jakobus in Jerusalem" *Festschrift Karrer*, 1958 또는 동 저자의 *Jesus and His story*, p.45.)

랑게(J.P. Lange)의 유명한 『예수연구』(*The Life of the Lord Jesus Christ*, pp.229~)에 보면 아래와 같은 네 가지 해석이 나온다.

(1) 예수의 형제들은 요셉과 모친 마리아 편에서 출생한, 예수보다 나이가 젊은 동생들이라는 견해.

'아델포이(adelphoi)'를 좁은 의미로 해석하는 견해는 이 해석을 따른다. 마태복음 1장 25절에 보면 요셉은 예수가 출생한 이후부터 자연스럽게 마리아와 부부관계를 맺는다. 그러므로 형제들의 나이는 모두 예수보다 젊어야 하지 않는가 하는 것이다. 개신교의 입장은 전부 이 견해를 지지하면서 예수가 출생한 후 모친 마리아가 신성한 동정을 지킨 후 승천했다고 생각하는 가톨릭 교회의 입장을 따르지 않는다.

(2) '아델포이(adelphoi)'를 넓은 의미로 해석하여 예수의 형제들이 사촌(四寸)들까지 포함된다는 견해.

이러한 해석의 근거는 '아델포이'의 어의가 유대인의 사용에서는 '아델피오스(adelphios)' 즉 사촌을 포함하는 어의라고 하는 이유에서이다.

(3) 요셉이 마리아와 정혼하기 전에 이미 결혼한 바 있으며 마태복음과 마가복음이 예수의 형제라고 부정적인 인물들의 이미지로 언급하고 있는 내용은 그 전처의 소생이라고 하는 가정.

이러한 가정에 의한 해석은 경외전(經外典)에 나오며, 교부들 중에 마리아의 절대순결의 교리에서 그녀의 소생을 부인하던 신학자 오리겐과 그로티우스(Grotius)와 같은 신학자들이 이러한 견해를 말하였다. 가톨릭의 교리에서는 모친 마리아의 절대 순결을 강조할 뿐 아니라 마리아와 정혼한 후부터는 요셉까지도 그 후에 순결을 지킨 의인이라고 하는 순결의 조건 (The condition of perfect virginity)을 제기한다.

(4) 요한복음 19장 25절에 나오는 글로바가 요셉의 형이며, 자손이 없이 일찍 별세하였기 때문에, 유대 고전사회의 풍습에 따라 (a Levirate marriage) 그의 집안에 후손을 이어주기 위하여 과수하는 글로바의 아내와 부부관계가 성립이 되었고 형제들이 출생했다고 하는 가정.

랑게(Lange)의 『예수연구』에 보면 디오피락트(Theophylact)가 이 가정의 대표이다 (참조 Lange, vol.I. p.332). 그러나 이 가정의 최대의 결점은 의인 요셉의 이중결혼(二重結婚)이라고 하는 무리한 설정이다.

위에서 언급한 네 가지 가정은 어느 것을 택하느냐 하는 결정을 놓고 반드시 다음과 같은 복음서 내용의 내증적 조건(內證的 條件)을 전제하여야 한다.

하나는 예수의 형제 중에는 예수보다 연장자(年長者)가 있었다는 점이다. 그 이유는 요한복음 7장 3, 6절에 보면 예수가 공공연하게 이적을 행하여 예루살렘 당국에게서 인정을 받아야 할 것이 아니냐 하는 영향을 행사한 사실이나, 마가복음 3장 21절에 나오는 내용에서 예수의 친족들이 예수를 강제보호(强制保護) 하려고 한 일련의 반사행동과 함께 "이는 그가 미쳤다고 함일러라" 하는 문절을 통해 알 수 있다. 이 '친족'이 예수의 형제일 가능성이 크고 그럴 경우에 예수에게 영향력을 강요할 수 있는 불신앙의 형제들은 예수보다 연장자라고 가정하여야 동양의 고전문화권(古典文化圈)에서 자연스러워진다. 요는 단편적인 고증이기는 하지만 형제들의 불신앙이 고려되어야 한다.

또 하나, 누가복음 2장 44절에 보면 12세 소년인 예수를 일행 중에서 찾던 부모가 '친족과 아는 자 중에서' 찾았을 때 그 친족과 아는 자들은 12세 소년인 예수보다 나이가 더 많은 젊은이들이라고 생각된다고 성서학자들을 추측한다.

그럴 경우에 글로바가 별세한 후에 요셉의 부양과 보호를 받은 사촌 형제들이 다함께 긴밀한 관계가 있어서 '형제들(adelphoi)'의 맥락에 포함이 된 것이라고 생각을 해야 한다.

Jesus-6
예수의 교육

예수는 비록 예루살렘에 있는 토라대학(academy for Torah)에 다니신 일은 없으나 아람어와 희랍어와 그리고 히브리어의 구약성전(舊約聖典)도 그 내용을 완전히 이해하신 것으로 판단된다(눅 2:24, 4:17이하, 요 7:15). 다시 말하여 예수는 모세오경, 예언서, 그리고 시서(詩書)에 대하여 친숙한 지식을 소유하였다.

그뿐 아니라 '얌니아(Jamnia)'의 정전문서(正典文書)에 포함되지 않은 다른 성문학(聖文學)에 관하여도 폭넓은 지식이 있었다. 예를 들어 누가복음 11장 49절 이하의 구절 "곧 아벨의 피로부터 제단과 성전사이에서 죽임을 당한 사가랴의 피까지……(51절)"가 암시하는 내용은 우리가 지금에 와서는 전혀 이해할 수 없는 순교서 (殉敎書, Unknown Martyrological Scriptures)의 인용이며, 유대문서의 표준화를 의도한 얌니아의 검열을 거치기 이전의 오래된 텍스트에 관한 예수의 지식을 보여 주고 있다고 생각할 수 있다.

근자에 발견된 '쿰란사회 (the Qumran Society)'의 두루마리 연구가 이 문제에 새로운 해석의 빛을 던져주고 있다. 왜냐하면, 이 쿰란의 두루마리에서 70인 역의 텍스트 안에도 찾을 수 없는 문절들을 많이 확인하고 있기 때문이다. 그 중에서 두드러진 것은 '하나님의 고난받으시는 종 (the suffering servant of God)'을 취급하고 있는 이사야 53장의 경우인데 예수께서 알고 계신 그 중요 문절이 쿰란의 큰 이사야의 두루마리에 나오는 텍스트였다는 사실이다 (Stauffer, p.52).

예수께서는 성경으로 하나님의 명령(Prescripts)과 하나님의 금령(prohibitions)과 하나님의 교훈(precepts)을 자세히 연구하신 것만이 아니라, 성경 안에서 아버지를 만나심으로 그의 참 의사를 보았으며, 그대로 순종하셨고 그러한 철저한 순종이 아버지의 뜻임을 아셨다 ("옳소이다 이렇게 된 것이 아버지의 뜻이니이다" 마 11:26).

다시 말하여 성경 안에서 하나님의 아들이 걸어야 할 길을 판별하고 결정하고 따라가야 할 구속사적 이해(救贖史的 理解)가 그에게는 확실하였다.

예수께서 군중에게 말씀하시니 청중들이 그의 권세 있는 교훈에 크게 놀랐다고 하는 마가복음 1장 22절의 기록에 의하면 "뭇사람이 그의 교훈에 놀라니 이는 그 가르치시는 것이 권세 있는 자와 같고 서기관들과 같지 아니함일러라" 하였고, 마가복음 6장 1절 이하에 보면 예수께서 제자들과 함께 고향으로 돌아오셔서 안식일에 회당에서 가르치시니 "많은 사람이 듣고 놀라 가로되 이 사람이 어디서 이런 것을 얻었느뇨 이 사람의 받은 지혜와 그 손으로 이루어지는 이런 권능이 어찌됨이뇨 이 사람이 마리아의 아들 목수가 아니냐" 하였다.

스웨테(Swete) 교수가 고찰한 바와 같이 예수의 연령이 비교적 젊은 때이므로 청중이 그의 권세에 놀랐다는 말은 더욱 주목을 끈다.

어떤 이유에서 청중들이 그의 지혜 있는 교훈에 놀랐을까. 그러한 근거는 그의 위대한 학자적 명성 때문이 아니었다. 특히 청중들이 예수와 서기관을 비교한 까닭(마 7:29)은 예수의 교훈이 하나님의 말씀에 근거하며 반대로 서기관들이 장로의 유전에만 의존하고 있다는 전적으로 그 하나의 판단 때문만이 아니다. 예수 자신도 서기관들이 모세의 율법의 적절한 해석자들이며 그들의 전문지식에 따라가야 한다고 인정한 일이 있었다 (마 23:2~3).

물론 서기관들이 하나님의 말씀을 우회하여 그들의 해석적 전통만을 고집할 때에는 가차 없이 책망하셨다. 그러나 청중들이 예수의 교육과 교훈에 놀란 이유는 예수에게 모든 지식을 총망라한 지식이 있었거나 또한 하나님의 말씀에 대해 다른 교사들에게서 발견할 수 없는 초지식 (超知識, a superior knowlege of the Scriptures)이 오로지 그에게만 있었다고 하는 이유가 아니었다.

또한 그의 인품이 주는 불가항력적인 위압감(威壓感, a dominance of personality)때문도 아니었다.

또한 현대의 유대종교의 학자들이 지적하려고 하는 바와 같이 예수의 교훈과 하나님의 말씀의 해석이 전통을 이탈한 독자성 때문에 보여 준 잠정적(暫定的)인 권위 때문도 아니다. 왜냐하면 당시의 경우 독자성 하나만으로는 군중을 매혹시키는 행위로서의 권위로 인정받기보다는 거짓 교사라고 하는 불신과 의혹의 대상이 되는 때였기 때문이다.

예수에게 과격한 독자성(獨自性)이 있었기 때문에 유대주의 전통에서 이탈하였다고 하는 유대학자들의 비난이나, 유대 고유의 종교적 요소를 비유대적인 인간정신(humanism)으로 일반화시킨 일종의 파괴적인 독자성이 예수의 교훈에서 발견된다고 하는 비난은 공정성을 잃는 유대 민족주의적인 주관적 편견이다.

예수에게 독자성이 있었을 때에 그것은 결코 하나님을 떠난 독자성이 아니었기 때문이다. 요한복음 8장 28절의 "내가 스스로 아무것도 하지 아니하고 오직 아버지께서 가르치신 대로 이런 것을 말하는 줄도 알리라" 의 문절은 예수가 어떠한 교훈을 제시하였는가 하는 것에 대한 중요한 천명이다. 또한 이 천명은 유대인과의 논쟁에서 주신 말씀이기 때문에 중요하다.

그러면 예수의 교훈이 어찌하여 서기관과 구별이 되는 권세 있는 말씀이었는가?

이 문제는 풀러 신학의 노장 신약학자인 Everett F. Harrison 교수가 (참조 *A Short life of Christ*, p.96ff.) 복음서의 내중에 의한 적절한 귀납(歸納)으로 답을 내려 주고 있다. 그는 예수의 권위는 투철한 소신이 있어 항거할 수 없는 하나님의 말씀의 세력(勢力)이었으며 그의 메시아 직무의 자각과 성령이 충만한 종합적인 성격으로서, 하나님이 주신 자질(資質, a God given quality)이고 이러한 불가항력적인 품위가 그의 언행에 충만하였었다고 요약하였다.

현대주의의 예수 이해와 해석은 거의 공통적으로 성서적 중언에 서 있는 계시론적(啓示論的)인 해석보다는 비성서적(非聖書的)인 인간정신과 도덕적 표준으로만 인정하려는 경향이 있다. 결국 이러한 경향성은 다양한 학자들이 인용하는 계보적(系譜的)인 성격을 나타내면서 현대주의(現代主義)가 형성된다.

요한복음 7장 16절 이하를 보면 예수께서 이렇게 말씀하셨다.

"내 교훈은 내 것이 아니요 나를 보내신 이의 것이니라. 사람이 하나님의 뜻을 행하려 하면 이 교훈이 하나님께로서 왔는지 내가 스스로 말함인지 알리라. 스스로 말하는 자는 자기 영광만 구하되 보내신 이의 영광을 구하는 자는 참되니 그 속에 불의가 없느니라."

이 말씀은 직접 주신 말씀이며 주의 교훈과 그 교훈의 권위가 어디에 근거하는가를 정확하게 설명해 주는 중요한 문절이다.

초대교회는 예수의 교훈만이 간직한 유일무이한 권위를 인정하였다. 그 구체적인 실례로써, 예수 자신의 말씀과 구약을 동등하게 생각하였다는 점은 지극히 중요한 증거가 된다.

누가복음의 저자는 부활하신 주께서 제자들에게 성경의 말씀을 풀어 설명하여 주심으로 깨달아 알 수 있는 능력을 주셨다고 하였다(눅

24:27, 45). 저자 누가의 의도는 예수의 해석이 아니면 구약의 의미가 해석학적(解釋學的)으로 무의미함을 명시하려고 한 것이다.

사도바울의 경우에는 그가 교회문제에 관한 교훈과 권면을 할 때에 그리스도가 입으로 말씀한 교훈에 근거하여 자기의 권면과 교훈의 정당성과 권위를 뒷받침하였다(살전 4:15, 고전 7:10, 25, 행 20:35). 그 중 하나를 예증으로 들면, 에베소의 장로들에게 고별설교를 행한 사도바울은 사도행전 20장 35절에서 "주 예수의 친히 말씀하신 바 주는 것이 받는 것보다 복이 있다 하심을 기억하여야 할지니라" 하였다.

경험상 우리가 일반적으로 확언할 수 있는 바는 누구든지 본질적인 사실 위에 근거하지 않는 권위의 허세(虛勢)는 얼마 안 가서 그 허실이 노출되어 그 끝은 조롱거리일 수밖에 없다. 실제로 본질적인 실력 위에 근거한 권위의 경우에도 항상 그 권위는 권위의 실추(失墜)라고 하는 위험성이 따르는 법이다. 그러나 예수님의 권위는 그 권위의 실추나 허세로 드러난 일이 한 번도 없었다 (참조 Everett F. Harrison, *A Short Life of Christ*, p.97).

예수님은 그의 공생애가 끝날 때까지 그의 메시지가 일관성 있는 확신에 차 있었으며, 추측이나 인간의 상식이나 여론에 의존한 일이 한번도 없었다. 예수께서 사용하신 특수한 형식인 "진실로 진실로 내가 너희에게 이르노니……"의 표현은 확실성의 최종적 권위가 충일(充溢)한 표시이다.

또 하나 예수의 권위에 관한 사실실증(事實實證)은 의외의 시각에서 발견된다. 흔히 어떤 위대한 인물에 대해 존경하게 되는 부분이나 알려진 것들은 그의 후계자나 추종자들에 의하여 구축된 미화작업(美化作業)의 결과라고 보여지는 인간적 차원이다.

그러나 예수께서 간직한 권위는 그러한 추종자나 제자들에 의해 미화된 결과라고 보기 어렵다는 확신이 있다. 그것은 예수께서 예루살렘 근처의 감람산에서 성전을 내려다보시며 성전의 멸망과 함께 세상의 종말에 관한 교훈을 하실 때에 당신의 재림의 시기에 관하여 아는 바 없다고 당신의 무지를 그대로 말씀하셨다. 이 내용을 그대로 전해 내려온 초대교회의 모습은 결코 예수의 권위가 미화에 의한 것이 아닌 사실 그대로임을 입증하여 주는 것으로 성서신학에서 중시한다.

예수께서 교훈할 때 보여 준 듣는 이들의 놀라는 모습들은 그의 뛰어난 지혜 때문이다. 마가복음 6장 2절에 보면 "……이 사람이 어디서 이런 것을 얻었느뇨 이 사람의 받은 지혜와 그 손으로 이루어지는 이런 권능이 어찌 됨이뇨"

동향인(同鄕人)들의 반응이 이와 같았다. 예수는 젊은 시절에 교사의 기능이나 역할을 행한 일이 없었다. 그는 조용히 고향에서 노동을 계속하였다. 이러한 이유 때문에 동향인들이 그의 지혜가 누구에게서 받은 것, 또는 하나님께로부터 받은 것으로 볼 수밖에 없다고 생각하였다.

예루살렘에서 내려온 조사단은 그가 랍비 학교의 교육 (rabbinic schooling)을 받은 적이 없는 자임을 감안하여 그가 지극히 박식박학(博識博學, his erudition)하다는 인상을 받았다. 심지어 예루살렘의 바리새인과 서기관들은 예수의 교훈과 가르침과 예수의 결정론적 결론에 공감할 수는 없어도 그를 업신여길 수 없는 권위를 인정하여 랍비와 동등한 '선생님'이라고 하였었다(막 12:14, 32).

Jesus-7
예수의 언어
His Mother Tongue

　예수께서 기도하실 때에 사용한 언어가 아람어(aramaic)였다고 하는 것과 또한 이 아람어로 설교하시고 교훈의 말씀을 주신 것이 거의 확실한 사실이다.

　현재 대로의 신약성서 중 최초의 복음서인 마가복음은 아람어의 몇 가지를 보존하고 있다.

　가령, '아바(막 14:36, 참조 롬 8:15, 갈 4:6)', '달리다 크미(막 6:41),' '에바다(막 7:34),' '엘리 엘리 라마 사박다니(막 15:34, 마 27:46)' 등이 그 예이다. 신약에 수록된 중요한 아람어에 "마라나다"가 있으나 그 언어는 바울의 언어이다(고전 16:22).

　예수의 기도 언어와 대중설교의 언어가 아람어였음이 틀림없으나 또한 일반 시정언어(市井言語)인 헬라어나 또한 구약문전(舊約文典)의 해독을 위한 히브리어까지 숙달하신 것으로 생각된다.

　댈먼(Dalman) 교수는 예수의 언어 특성을 지적하여 '갈릴리 아람어'였다고 결론을 내린 바 있고, 현재까지 '예수의 언어학파'(The School of Jesus' Language)에 속하는 학자 중에는 이 갈릴리 아람어의 이해에 집념하는 신약학자들이 있다.

　성서 세계에 있어서 아람어와의 관계와 그 독특한 사정은 오랜 시간을 거쳐 형성된 역사적 맥락으로 이해되어야 한다. 지금에 이르러

서야 확실한 기정사실이 되었지만 예수의 교훈과 비유 그리고 구체적으로 산상설교와 주기도문이 원초적으로 아람어의 구성 내지는 문장으로 존재하였고, 그 자료가 즉시 희랍어로 번역되었다가 오늘의 수용언어인 현대어와 우리의 국어로 옮긴 것이라고 전제하면 이 아람어의 사정은 성실하게 이해되어야 할 기본문제가 된다. 왜냐하면 이 아람어는 예수의 언어였기 때문이다.

엄격하게 소아시아 고전어(古典語)의 언어권(言語圈)에 관하여 언급하면 히브리어와 아람어는 두 가지 모두 '샘' 족계의 언어이고, 성서학자들의 견해에 따르면 실제 히브리어의 전 역사(全歷史)는 동일 언어 가족이면서 보다 우수하고 광범한 언어영역(言語領域)을 형성한 아람어와의 투쟁의 역사라고 말한다.

한 예로, 하란의 한 돌무덤을 이름하여 야곱은 히브리어로 '갈르엣'이라고 하였고 그의 장인 라반은 아람어로 '여갈사하두다'라고 서로 엇갈린 표시를 하였다(창 31:47~48).

두 언어가 견지해온 상호 긴장관계가 기원전 721년부터 아람어의 우세로 기울다가 히브리 사람들이 바벨론에 집단 포로로 끌려갔다가 귀향한 후부터 히브리어는 고작 소수의 상류층만이 그들의 종교적 보수성을 위하여 사용할 뿐인 미미한 상태로 명맥을 유지하게 되었고 일반은 이미 아람어밖에는 이해하지 못하는 아람어 절대우세로 판가름이 났다.

그리하여 에스라와 함께 레위 사람들이 중심이 되어 대거 포로에서 돌아온 일반 대중을 향하여 히브리어 본문으로 모세의 교훈을 읽고 또한 큰 소리로 아람어로 풀어주어 그들이 이해할 수 있게 하였을 때(느 8:7~8) 저 유명한 느헤미아의 부흥(復興)의 불이 붙었었다.

그리고 예수 시대로 접어들었을 때는 이미 아람어만의 주도권이 100여 년이 지난 후였다. 그러므로 예수의 언어는 아람어였다. 예수의 주변에 모여 예수의 교훈에서 하나님 나라의 기쁜 소식을 접하던 팔레스타인 사람들의 언어 역시 아람어였다. 어찌하여 예수는 일상 사용하는 언어로서 유대인의 민족언어이며 신학언어인 히브리어나 당시의 문학과 철학언어였던 희랍어를 사용하지 않고 일반 대중어를 사용하였는가 하는 이유는 난해하다.

그러나 그 문제는 우회될 수 없고 반드시 이해되어야 하는 문제이다. 앞서 언급한 바와 같이 예수의 교육수준과 범위가 경이로운 정도이며 그의 언어구사가 히브리어나 희랍어나 전혀 부자유함이 없었다고 하는 사실을 기정사실로 정하고 이 질문에 접근하면, 어찌하여 당초에 예수가 그의 교훈을 주로 아람어로 전달했는가 하는 수수께끼의 해답은 아래와 같은 상황적 이해(狀況的 理解)에서 조명되어야 한다.

(1) 희랍어는 희랍 로마 세계 (Greco Roman world)에서 교육받은 사회층에서 사용된 언어이지만 아람어는 서민 언어 (the tongue of the ordinary people)로 서민들을 위한 중요한 전달 수단이었다고 하는 것.

(2) 유대인이 회당 안에서 히브리어의 성 문서를 읽을 때는 반드시 서민의 언어인 아람어로 번역을 하였고 이러한 번역문을 '탈금 (Targums)' 이라고 불렀다.

(3) 기원 1세기에 집필된 아람어 문서가 거의 남아있지 않아 알 수 없으며 현재의 고고학 발굴에서 얻은 소득은 기원전 4세기와 기원 4세기의 아람어 문서일 뿐이고 따라서 그 중간 800년 간의 아람어 문서는 거의 발견되지 않고 있다는 것.

(4) 위에서 언급한 사실은 예수 시대의 아람어가 주로 구전수단(口傳手段)의 언어였으며 문서언어가 아니었다고 판단하게 한다는 것.

(5) 따라서 예수의 교훈과 비유에 사용된 아람어는 강렬하게 기억

에 호소하는 그림언어 (picture words) 또는 시어(詩語) 성격의 언어였다고 하는 것.

이상과 같이 5가지를 포괄하는 상황설정을 전제하면서 예수의 언어인 아람어의 성격을 다음과 같이 심층이해할 필요가 있다.

(1) 예수의 언어에 관한 탐구는 가장 원초적인 예수의 교훈과 예수의 설교 형식, 그리고 내용과 언어 구성에 관한 이해에 있어서 중요한 출발점이 된다.

(2) 언어 구사와 언어의 선택은 그 인격을 이해하는 중요한 방법이 된다.

(3) 특별한 예수의 언어인 당시의 아람어는 문서언어가 아닌 구전언어였기 때문에 처음 청중이 예수를 대할 때에 들었던 그 아람어에는 청각적(聽覺的)으로 경험하게 되는 강렬한 감동과 함께 예수의 인격이 실려 있다.

(4) 기원전 4세기와 기원후 4세기의 아람어 문서의 연구에 의하면 아람어는 유별나게 그림언어 (picture language)이며 시와 같은 구성에 의한 어법(語法)으로 의사전달이 된다.

구체적인 예로, 예수의 아람어의 문절에서는 리듬(rhythms)과 동운어(同韻語, rhyme)의 활용에 의한 강렬한 색채(色彩)가 있으며, 그러한 시적 표현과 그림언어의 사용으로 예수의 많은 교훈과 설교나 비유가 생동적인 수용과 함께 오래 기억에 머물렀다.

이와 같이 신선한 안목으로 복음서를 해석하여야 할 서론적인 시도는 마태복음에 기록된 주기도문의 이해이다. 주기도문을 4세기의 아람어에 의해 재구성해 보면 지금까지 문제가 되고 있는 "일용할 양식을 주옵시고"의 "일용할"의 형용어의 의미가 풀린다. 본래 현재의 희랍어 본문에 나오는 "일용할"의 의미를 지닌 '에피오우시온' (epiousion, 마 6:11)이라고 하는 낱말은 희랍어의 역사에서 기원 1세기에는 없는 낱말이며, 많은 학자들이 그것을 가리켜 기독교가 창작한 언어라고 한다 (참조 Basil~Fletcher, *The Aramaic Sayings of Jesus*, p.19).

4세기의 제롬은 현재는 발견되지 않고 있는 아람어로 된 "나사렛 사람들의 복음서"와 비교하여 이 낱말이 '마하르(mahar)'라고 하는 아람어인 것을 확인하여 그 의미가 '내일을 위한' 또는 '미래를 위한'의 의미가 함께 있다고 보았다. 예수가 우리들의 참 '생명의 떡' 이심을 함께 생각하면서 풀어야 할 아람어에 포괄적 의미가 있는 것이다. 또한 "우리를 시험에 들게 하지 마옵시고(마 6:13)"의 아람어는 'talinen'이고 이 '타리넨'은 그 뒤에 따라오는 아람어의 낱말인 '파시넨(passinen)' 곧 "구하옵소서(13절)"와 완전히 일치하는 동운어이다. 그러므로 하나님이 당신의 자녀들을 시험의 길로 인도하는 의미가 있는 것이 아니라 "우리가 고난에 처하여 있을 때 버리지 마옵시고" 하는 의미가 있는 것이다.

근자에 주기도문에 관한 질문에서 어찌하여 마태복음의 본문(6:9~13)과 누가복음의 본문(11:2~4)에 차이가 있는가 하는 질문을 자주 듣는다. 예레미아스(Joachim Jeremias)의 해석에 의하면 그러한 변화는 각기 개성 있는 복음서의 독자와 공동체의 차이가 빚은 맥락일 뿐이라고 생각한다.

그래서 마태복음 안에 담겨진 기도의 지침은 어릴 때부터 기도생활에 익숙하였으나 이 생활이 진부하여져 생명력을 상실한 대상들에게 준 지침이고, 누가복음의 경우에는 처음으로 기도생활을 시작하는 독자들에게 용기를 제공하기 위한 지침이라고 하였다. 명백한 것은 마태복음이 유대인 크리스천들에게 전할 의도로 전승된 것이 틀림 없다는 사실이다.

최근에 이르러 신약의 해석학적 규범을 언급할 때에 문법적 이해와 사회학적 이해 그리고 신학적 이해, 이와 같이 세 가지 범주의 협력을 중히 여기며 특히 사회 및 역사적 탐구가 부상(浮上)하고 있는 경향이다.

그러나 주기도문에 관한 질문 중에서 마태복음의 맥락에 있는 송영(doxology) 부분("……대개 나라와 권세와……")이 누가복음에는 없고, 요즘의 신약의 마태복음에서도 생략되고 있는 새로운 사실에 당혹하는 신도들을 만난다. 이 문제의 해석을 위하여 중요한 요소가 바로 예수의 언어인 아람어의 성격이다. 예수의 아람어는 지극히 회화적(繪畵的)이고 시적(詩的)으로 구성되어 예화나 비유의 경우에는 그림과 같고, 산상설교나 주기도문의 경우에는 시의 리듬이 있고 동운어가 끝부분에서 맞아떨어지고 있어서 듣기에 아름답고 각자의 기억에 깊이 새겨진다.

그런데 이러한 중요한 리듬과 동운어가 그 끝부분의 송영에서는 전혀 무시되고 있다는 사실이다. 이러한 구성상의 모순을 설명하면, 본래 초대교회에서는 성만찬만큼이나 이 주기도문이 소중한 예배형식의 유산이었고, 주께서 친히 가르쳐 주신 이 기도문을 함께 기도할 때마다 어느덧 일찍부터 "대개 나라와 권세와 영광이 아버지께 영원히 있사옵니다. 아멘!"이라고 경건하게 송영을 제창함으로 끝났다고 생각한다. 마치 오늘의 한국 교회가 기도할 때에 반드시 "예수의 이름으로 기도합니다. 아멘!"이라고 하는 경건한 신앙행위와 유사하다.

이와 같이 예수의 언어 연구는 기원 21세기의 아람어 연구와 함께 또한 헬라어로 번역이 되었으나 마치 눈부신 후광(後光)처럼 해석학자의 안목에 드러난 복음서의 맥락들, 특히 예수의 교훈, 예화, 설교, 비유 등의 경우에서 생동적으로 숨쉬는 그러한 구전(口傳)의 아람어의 구성을 탐구함으로써 예수의 원초적 의미가 다시 발견된다는 점에서 의미 깊은 심층적 차원이라고 보아야 한다.

Jesus-8
예수의 외모(外貌)에 관하여

　　당시의 랍비들이나 일반 유대인은 의상(衣裳)이나 용모(容貌)의 꾸밈에 관하여 비교적 세심하였다. 특히 교사들의 경우에 그러했다.
　　사실 모세법의 핵심은 깨끗하고 정결한 의식(衣食)과 생활이었다. 그러한 규범은 적어도 이스라엘의 민족의식이 철저한 만큼이나 철저하게 보편화한 그들 특유의 문화였고, 일찍부터 고전사회의 귀감이었다. 가르치는 반열(班列)에 있는 자가 이 표준에서 약간만 어긋나도 그것은 즉시 야유와 시비의 자료가 되는 것이다.
　　그러나 예수의 의상이나 외모에 관하여 시비가 되었다고 하는 언급이나 기록은 발견되지 않고 있다. 그러므로 예수의 얼굴, 용모나 외모를 묘사하려면 당시의 팔레스타인에 거주한 정상적인 유대인의 경우를 감안하여, 복음서에서 발견되는 자료를 포괄하여 우선 간접적인 이해를 세울 수가 있는 것이다.
　　여기에서 다시 한 번, 성서의 저자들은 사람의 용모에 관하여 세속사회에서 통용되는 그러한 심미적 표현이나 아니면 개성을 정립시키기 위한 어떤 개성적인 묘사와 같은 그러한 묘사를 시도하지 않았다고 하는 점을 항상 전제하여야 한다. 그러므로 성서 저자들은 어떤 상징적인 필요가 아닌 이상은 사람의 용모에 관하여 별로 많은 말을 하고 있지 않다.

오히려 하나님은 사람을 외모로 판단하시지 않는다는 소중한 전통이 있는 것이다. 그런데 약간의 예외를 생각해 보면 구약의 사울 왕을 왕으로 세우기 위하여 사무엘 선지가 찾아가 보니 '그는 키가 크고 얼굴이 붉더라' 하였다. 요즘의 문학적 표현으로 하면 사울 왕은 골격이 늠름하고 귀족같이 얼굴의 살결이 희다는 이야기가 될 것이다. 또한 청년 다윗을 묘사하여 미소년(美少年)이라고 표현한 일이 있다.

신약의 경우에는 사람의 얼굴을 직접적으로 묘사한 글은 없다. 그러나 우리가 앞서 말한 바와 같이 간접적인 유추를 시도하면 뜻밖에 바나바에 관한 유쾌한 정리를 할 수가 있다.

바울과 바나바가 루스드라에서 전도할 때 바울이 나면서 앉은뱅이였던 불구자를 이적으로 치유한 일이 있다. 이 광경을 목도한 현지의 주민들은 루스드라의 방언으로 큰 소동을 일으키면서 하늘의 신들이 내려온 것이 아니냐고 하여 말 잘하는 이적사(異蹟師) 바울은 '헤르메'라고 '대변자'의 위치로 평하는 반면 가만히 있는 바나바는 하늘의 통치자격인 '제우스' 신이라고 떠받들었다. 바나바의 용모가 가만히 있어도 사람을 끌어 그 자리의 분위기를 즐거운 것으로 바꾸어 놓는 인격자임을 노출시켜 준 것이다. 그의 별명 그대로 그의 단정한 용모와 언동은 '위로의 아들 (Son of Comfort)'이라고 하는 유쾌한 인상(印象)의 주인공으로서 일치하였다.

그 시대의 랍비적 이론에 의하면 하나님이 함께하는 사람은 키가 크고 장부이어야 한다 (S. Krauss, *Talmudische Archaelogie*, Leipzig, 1910, vol.I. p.248).

예수는 이러한 전통적인 기대에 적절하였다. 만일 아니었다고 하면 예수의 적수들이 그런 점들을 절대로 묵과하지 않았을 것이다.

이러한 전통적인 표준에 알맞는 신체적 조건이었다는 것을 뒷받침해 주는 것은 젊은 예수의 성장이 지극히 만족할 만한 것이었다는 누가복음 2장 52절의 본문 "예수는 그 지혜와 그 키가 자라가며 하나님과 사람에게 더 사랑스러워 가시더라" 하는 구절로, 이 구절이 제시하는 요약적인 언급이 충분한 근거로 고려되어야 할 것이다.

그리고 누가복음과 요한복음이 예수의 활발한 여행기사(旅行記事)를 언급한 것으로도 그의 충일한 체력의 건강이 짐작된다. 누가복음 19장 3절에 나오는, "그는 키가 작고……" 한 삭개오의 외모에 관한 문절에서 그것이 삭개오가 아니라 예수가 아니냐 하는 무리한 가정을 하는 학자도 있으나 그렇다고 하면 삭개오가 나무에 올라갈 필요가 없었으며 아니면 나무 위에 삭개오 한 사람이 아닌 많은 사람이 올라갔어야 하는 것이다.

요한복음 8장 57절에 보면 예수가 이미 30대에서 비평자들의 안목에 50대로 보였다고 하는 간접적인 언급이 있으나 예수의 용모에 젊음이 없었다고 하는 뜻이 아니라 유대인들과의 논쟁에 있어서 예수의 언동이 지극히 원숙함을 의미하는 것으로 이해되어야 할 것이다.

슈타우퍼의 견해에 의하면 (*Jesus and His Story*, p.59) 당시 팔레스타인에 거주한 유대인들은 대체로 피부색이 연한 담갈색 (light brown)이며 눈동자는 갈색이었다고 한다. 모발은 검은색이고 머리는 중간에서 가르고 어깨까지 자연스럽게 내려오도록 잘 빗어 남자라도 소량의 향유를 바르는 일이 보통이었다. 그들의 생활을 기록한 탈무드에 보면 빗질과 기름을 사용하지 않으면 멸시의 대상이 되었다.

예수는 금식을 하는 경우라도 머리를 단정히 하지 않는 일을 싫어하셨다 (참조 눅 7:46, 마 6:17).

유대인들은 거의 예외없이 수염을 길렀다. 알렉산더 대제의 정복이 가져다 준 범헬라주의의 영향으로 동방에서도 수염을 깨끗하게 깎아버리는 일이 유행하게 되었다. 이와 같이 수염을 깎는 유행이 기원전 200년부터 117년까지 일반화된 유행이었으나 유독 유대인들은 많이 난 수염을 좋아하였다. 수염이 없는 사람은 동향인(同鄕人) 간에 조롱거리였다. 기원전 54년에 나온 '바키오 유다(Bacchius Judaeus)'의 승리를 기념한 주화(鑄貨)나 기원 70년 베스파시안(Vespasian) 장군의 승전(勝戰)을 기념한 주화에 나오는 유대인의 포로들은 긴 머리와 수염이 있다.

예수의 용모에서도 길고 검은 머리와 수염을 생각해야 한다. 아니면 교활한 랍비들이 예수에게 시비하였을 때에 묵과했을 리가 없다(참조 Akiba's polemic against a beardless man, Koh, r.on 10, 7.).

예수의 음성(音聲)은 특별히 잘 울리는 낭랑한 음색이었고 말씀하는 자세나 화술이 억지로 큰 쉰 목소리를 지르거나 야비한 사투리나 모성(模聲) 등으로 자극하는 일이 없이 특별히 온건하였다(참조 눅 4:22, 요 7:37, 11:43, 20:16).

예수의 옷은 특출한 것이 아니었다. 복음서의 내증(內證)에 의하면 아래와 같이 몇 가지에서 대체적인 윤곽을 짐작할 수 있다.

(1) 소매 없는 속옷에 띠를 띠고(막 6:8, 요 19:23).

(2) 겉옷(눅 8:44)

(3) 신들메(막 1:8)

(4) 지팡이(막 6:8)

그러나 복음서의 내용에서 예수가 사용한 의류에 관한 직접적인 언급은 통으로 된 호지 아니한 속옷이었다. 이 통으로 된 속옷은 옷을 파는 상점에서 구입하거나 천을 재단하여 재봉한 것이 아니라 그것을 입는 사람의 체격에 맞추어 재단이 아닌 통으로 짠 옷이기 때문에 정성을 기울인 값나가는 옷으로 알려져 있다.

당시의 많은 갈릴리 사람은 노상에서 불한당을 만날 때에 자신과 소유를 보호하기 위하여 허리에 칼을 꽂고 있는 경우가 보통이었지만 예수님은 그렇게 한 일이 없을 것이고, 다만 제자 중에는 칼을 지니고 있던 자가 있었다. 예수는 전대(錢袋)도 가지신 일이 없다. 아마도 일행의 용도를 위한 재정은 유다가 모두 맡아 관리한 듯 싶다.

　위에서 언급한 모든 자료들은 당시의 풍습과 복음서의 내증에서 집약하였다. 그 후에 발달한 교회 미술은 예수의 모습은 유대 묵시 문학적(默示 文學的) 전통에 따른 강인한 인상과 헬라적 우수(憂愁)가 접합된 종합적 모습으로 고정시켰으며, 그러한 이미지는 수도원(修道院)의 정적(靜寂)과 종교 분위기와 일치하는 것이므로 오랫동안 수용되어 왔다. 그러나 슈타우퍼 교수는 이러한 철학과 교리와 미술이 종합하여 표현한 예수의 외모와 용모의 원형 (dogmatic prototypes)은 귀납적인 역사적 입증으로 볼 때에는 실증의 가치가 희박하다고 언급한 일이 있다 (Ethelbert Stauffer, *Jesus and His Story*, p.61).

Jesus-9
예수의 사역이 세례 요한의 사역 안에 머물러 있었을 때

슈타우퍼 교수에 의하면 예수께서 요한에게 세례를 받으셨을 때 그의 연령이 33세였다. 팔레스타인에 거주한 유대인의 생활환경으로 미루어 볼 때 당시 33세라고 하면 오늘 우리의 생활환경에서보다는 더 나이가 든 원숙한 단계에 해당된다 (참조 *Jesus and His Story*, p.61).

예수가 처음 공생애(公生涯)에 등장하였을 때 그는 이미 약관(弱冠)이 아닌 성숙인이었고 완성된 인격자 (a finished personality)였다.

신약 안에 출현하는 중요 인물들이 예수의 탄생때 있었던 경이로운 초자연적 사건들에 관하여 잘 알고 있었으며, 예수의 장래가 비범하리라고 예상하였을 것이다. 그러나 누가복음 2장 41~51절에 단 한 번 나오는, 예수가 성전에 찾아가 학자들과 토론을 하여 그 자리에 참석한 사람들이 모두 그의 지혜에 놀랐다고 하는 기사 이외에는 그는 평범한 일상에 묻혀 살았다. 과거에 모세가 오랫동안 묻혀 양치기 생활을 한 것처럼(출 3:1, 7:7) 예수가 조용히 목수생활을 이어 가는 동안 아무런 비범한 일도 일어나지 않았다.

당시의 유대 묵시 문학에 의하면 최후의 구세주 (the savior of the Last Days)가 드디어 백성 앞에 나타나기 전에는 오랫동안 먼 곳에 (in a remote place), 그리고 자기 백성 속에서 전혀 눈치챌 수 없을 만큼 숨어서 천대받으며 기다린다고 되어 있다. 어떤 의미에서 예수는 이러한 묵시 문학적인 조건을 충족시켰다고 할 수 있다. 왜냐하면 거의 30년간 예수는 나사렛에서 조용히 노동자들과 섞여 노동을 하며 아무도 그를 비범한 사람이라고 주목할 이유 없이 기다리는 생활을 하였기 때문이다.

한때 그를 주목했던, 그가 탄생할 때 있었던 천체(天體)의 이변이나 동방 현자들의 예방이나 양치기들의 찬양예배나 베들레헴 주변에서 벌어진 끔찍한 어린이 학살 사건이나 지금은 모두 잠자고 있는 잔인한 헤롯 왕가나 교활한 로마의 집정관이나 아무도 다시는 예수를 주목하지 않는 고요한 기다림이었다. 말하자면 인류와 온 창조물들이 장구한 시간과 역사의 초점을 예수 개인에게 두고 조용히 숨쉬며 침묵으로 초조히 기다리는 세월이라고 말할 수 있다.

예수의 사역활동 초기에는 예수께서 세례 요한의 선포 행위와 메시지에 깊이 관여하였을 것으로 보인다. 예수께서 요한에게 세례를 받은 것이 28년 2월이라고 추정되고, 그 후 광야에 들어가 세례 요한의 광야 활동과 일치하는 금식기도(禁食祈禱)를 하신 후 불과 수주 후에 유월절을 지키기 위하여 예루살렘으로 상경하였고, 그 후에 예수는 다시 세례 요한의 주변으로 돌아온다. 이 때에 본래 세례 요한의 제자였던 요한과 안드레는 세례 요한이 예수에 대해 "보라 하나님의 어린양이로다"라고 증언하는 것을 듣고 예수에게로 옮겨간다. 그 후 거의 같은 때에 안드레와 같은 벳새다 사람인 베드로와 빌립 그리고 가나 사람인 나다나엘이 예수께로 합류하여 이 적은 모임은 가나의 혼인집으로 함께 찾아간다.

말하자면 예수는 자신이 아직은 세례 요한의 영향 아래 머물러 있었지만 그의 주변에는 이미 이와 같은 갈릴리 사람들 몇 명이 뭉쳐 이것이 예수의 초기활동의 핵심이 되었다고 본다. 그러한 사실과 사정은 주로 요한복음 1, 2장 이하와 3장 24절에 나온다. 요한복음 3장 24절은 명확하게 "요한이 아직 옥에 갇히지 아니하였더라" 라고 말하고 있다.

그러나 공관복음에서도 비록 예수의 공생애가 일 년의 시간구조(時間構造) 안에 압축되어 전개된 바 있으나, 여기저기에서 예수의 여러 해 사역의 흔적이 발견된다.

슈타우퍼 교수는 그러한 예로 마가복음 14장 3절 이하의 내용에서 예수가 베다니 문둥이 집에 초대되어 식사하신 일이나 예수의 머리에 순전한 나드 한 옥합을 부은 한 여자의 귀한 행위가 전에 이미 예수께서 이 지역에서 사역을 하신 일이 있기 때문에 은혜 받은 여인의 감사가 동기된 일이라고 지적한다. (어떤 사본에서는 누가복음 4장 44절의 본문이 "유다 회당에서 전도하시더라"라고 나오며, 누가복음 13장 7절 이하에서 무화과나무의 결실을 기다리며 "삼 년"을 기다리는 비유나 사도행전 18장 25절에 보면 아볼로가 예수의 가르침과 예수에 관한 많은 것을 알고 있어 가르치나 요한의 세례만을 알고 있었다고 함으로써 아볼로가 공관복음에 기록된 예수의 사역 이전의 사역을 알고 있었음을 암시한다.)

비성서적인 자료로서, "아키바에서 톨레돗 예수까지 (from Akiba to the Toledoth Jesus)"의 유대인의 예수 전승에 보면 예수가 초기에 세례 요한의 추종자로서 사역한 상당히 긴 기간이 있었음을 말하고 있다. 심지어는 만다교 전승 (the Mandaen tradition)에도 이러한 초기의 예수의 활동에 관한 희미한 기억을 수록하고 있다.

예수는 그의 소수의 추종자와 함께 귀향하는 많은 순례자의 무리 속에 섞여 갈릴리의 고향 집으로 가는 도중에 가나에 잠깐 들렀다가 모친과 형제와 함께 가버나움으로 옮겨 간다. 이 무렵은 예수의 부친인 요셉은 이미 세상을 떠난 후이고 누이들은 나사렛에 그대로 거주하였으며 이미 결혼을 하였다(요 2:12). 그러나 예수는 가버나움에 오래 머물러 있지 않았고, 이 최초의 제자들과 함께 요단강 하류로 다시 돌아가 잠정적이나마 세례 요한의 세례운동에 참여하는 것이다.

기원 29년의 유월절에 예수는 다시 한 번 예루살렘으로 상경한다. 이번 유월절에 예수는 성전 구역 이방인의 뜰에서 환전상과 장사치들을 추방시키는 성전의 혁신을 일으킨다. 이 첫번째의 성전 혁신에 관하여 요한복음만이 2장 13절 이하에 언급하고 있어서 공관복음에서 최후의 예루살렘 방문 때에 있었던 예루살렘 입성과 연결된 성전 혁신 사건 (막 11:15~18, 마 21:12~13, 눅 19:45~48)과의 시간차 문제가 대두된다. 이 난제를 해결하는 방법으로서 신약학자 중에는 양자택일을 함으로써 어느 하나를 가지고 다른 하나를 수정하는 입장을 취하거나, 아니면 예수가 예루살렘에 올라가 유월절을 지킬 때마다 성전 혁신의 사건이 으레 있었으며 공관복음은 최후의 것을 요한복음은 최초의 것을 선택했다고 하는 양극적(兩極的)인 기사를 조화시키려는 입장을 취하기도 한다. 그러나 나의 생각으로는 복음서에 기록된 2회의 사건을 그대로 받아들임이 가장 무리가 없이 자연스럽고 성서 저자의 의도와도 일치한다고 생각한다.

요한복음은 예수께서 처음 성전을 청결하게 하신 혁신행위에서 "너희가 이 성전을 헐라 내가 사흘 동안에 일으키리라" 하는 대담한 도전을 하셨다고 하였고(참조 2:13~), 유대인들이 답변하여 "이 성전은 46년 동안에 계속 지어 왔거늘…"라고 말한 것으로 기록하였다.

헤롯이 성전 건축을 시작한 해가 로마 건국 736년 (ab urbe condita) 봄이었다. 여기에 46년을 가산하면 로마 건국 782년에 해당하고 그 해는 기원 29년과 일치한다 (Stauffer, p.65). 그러므로 요한복음의 시간구조에 의하면 예수께서 공관복음에 기록된 단독 사역을 하시기 전 이미 행하셨던 기원 29년에 있었던 성전 혁신(聖殿革新)이라는 또 하나의 구체적 사건이 요한복음에 전승으로 기록된 것이다.

　기원 29년의 이 유월절이 지난 후, 예수는 교훈과 세례와 치유를 하시면서 여러 달 남쪽에 체류하였다(요 2:23, 3:2, 22 이하, 4:45, 눅 4:44). 그 즈음에 세례 요한은 요단강 중간지역에서 사역을 계속하고 있었다. 그러므로 세례 요한의 활동이 사마리아 사람들에게까지 파급되었을 것이다. 이러한 상황적인 이해는 지극히 타당성 있는 견해이다.

　이 때에 요단강 하류에서 행한 예수의 사역은 세례 요한의 사역과 흡사한 세례가 있는 사역이었으나(요 3:22, 26, 4:1 이하), 이 세례는 초대교회가 예수의 이름으로 집전한(마 28:19 이하, 행 2:38) 세례 집전과는 구분되며 동일하지 않다.

　짐작하건대 예수의 초기에 있었던 세례 요한의 사역과 흡사한 세례사역(洗禮使役)은 회개의 설교를 들으면서 무리들이 물 속에 들어가 각자가 씻는 행위이며, 주의 이름과 아버지 하나님과 성령의 이름으로 집전하는 삼위일체의 예식이 아니었다. 또한 성서 신학적으로 말한다면 성령강림 이전, 성령의 은사가 이해되기 전의 세례사역 (Baptismal Ministry)이었다고 생각해야 한다.

　주의 활동이 세례 요한의 세례운동과 밀착되었을 때의 이 초기 활동이 베드로와 마가의 안목으로는 예수가 순수하게 독자적으로 행하는 사역으로 구분되어 보여지지 않았다. 그러므로 베드로의 형식 (the Petrine formulae)인 마가복음의 구조로 본 예수의 생애에 관한 지식 (知識) 안에는 그러한 부분이 생략되었으며 보존된 바 없는 것이다.

　이러한 역사적 사실에 관한 제4복음의 관점은 공관복음과 상당히 격차가 있다. 신약학자의 견해 중 상당히 비중이 있는, 요한복음의 집필 장소에 관한 학설이 있다. 이 요한복음은 에베소에서 집필하였기 때문에 그 지역사정이 영향을 끼쳤다는 것으로, 당시 그곳에서는 아직 세례 요한의 제자들과 예수의 공동체와의 사이에 긴장관계가 수그러지지 않은 형편이었기 때문에 이러한 긴장상태에서 요한이 예수와 세례 요한의 사역이 서로 어떤 성격의 것인지를 비교하여 천명하였다고 하는 해석이 주목된다 (참조 행 18:25 이하, 19:3 이하).

특히 사도행전 18장 24절 이하에 보면, 알렉산드리아 출신이며 학식이 많고 성경에 능한 아볼로가 에베소를 방문하여 열심히 예수에 관한 것을 자세히 말하며 가르쳤으나 요한의 세례만을 알 따름이라고 기록하고 있다. 저자 누가는 아볼로의 예수 지식과 예수의 사역이 세례 요한의 세례로 집약된 지식이었음을 암시한다.

물론 기원 29년, 예수께서 성전을 청결케 하신 그 무렵에도 이미 가나의 혼인집에서 귀하고 값진 포도주의 이적을 최초로 나타내 주시므로 금욕(禁慾)과 금식(禁食)이 특징인 세례 요한과 상당히 거리감 있는 독자성을 보이긴 하였다. 요한복음 2장 23절 이하에서 의미심장하게 집약하고 있는 대로 예수의 교훈을 듣고 이적을 보고 믿는 사람이 상당수 있었으나 아직 예수는 그러한 인간의 공감이나 동조를 믿지 않았으며 계속 세례 요한의 사역의 그늘에 머물러 있기를 선택하였다.

우리말 번역에 나오는 "예수는 그 몸을 저희에게 의탁지 아니하셨으니 이는 친히 모든 사람을 아심이요" 라고 한 구절은 RSV 영역에 있는 표현처럼 (but Jesus did not trust Himself to them) 예수의 초기 사역에 관한 민심의 반응과 예수의 용의주도(用意周到)한 자세를 표현한, 예수의 상황판단과 관계 있는 것으로 해석하여야 살아 있는 의미가 감지(感知)된다.

세례 요한의 사역의 그늘에 머물러 계신 하나님의 아들 (filius dei incognitus) 예수는 거듭 당신의 메시아 비밀이 노출되지 않도록 용의주도하게 사람들 사이에서 생활하였다.

요한복음 2장 3절 이하의 맥락으로 판단하면 이러한 초기 예수의 활동과 사역에 관한 비밀을 모친(母親)만이 홀로 묵지(熟知)하고 있었을 뿐, 제자들에게는 그저 그들의 안목에 비친 예수의 행위가 세례 요한과 는 쉽게 구별되는 독자적이고도 새로운 특징으로 받아들여졌을 것이다. 왜냐하면 세례 요한은 광야의 예언자이며 금욕적이었고 그의 설교는 심판과 회개의 불같은 외침이었으나, 예수는 광야보다는 도시(都市)의 설교자(說敎者)였으며, 그는 번잡한 노변(路邊)과 항구(港口)와 선창(船艙)가와 호반(湖畔)과 포도원(葡萄園)과 들꽃이 있는 길과 밀밭 사이와 동네 어귀와 회당 안에서 그리고 성전의 구내(構內)에서 드러내 놓고 교훈과 비유의 설교를 행하였다.

예수는 구태여 금욕주의적 생활을 최선이라고 말씀하지 않았고 서민이나 불법자들과도 쉽게 식탁을 함께 하였으며 포도주를 물리치지 않았다(눅 7:34).

"인자는 와서 먹고 마시매 너희 말이 보라 먹기를 탐하고 포도주를 즐기는 사람이요 세리와 죄인의 친구로다" 하는 말은 예수를 비판하는 원수들이 지어낸 말이지만 또한 세례 요한의 제자였다가 예수에게로 옮겨온 안드레, 빌립, 베드로, 그리고 나다나엘 등도 같은 모습을 보았을 것으로 생각된다. 중요한 것은 그들은 그에게서 거룩하신 하나님의 아들의 모습을 보았다는 사실적 근거(事實的 根據)이다(요 1:14).

제자들은 비로소 풍요와 아름다움과 넉넉한 마음씨, 그리고 사람들의 웃음 속에 함께 묻혀 웃음이 있는 그러한 구약의 하나님의 형상을 예수 그리스도에게서 발견할 수 있었던 것이다.

드디어 제자들의 안목에 확연한 변화가 목격되었다. 위대한 광야의 설교자 세례 요한의 이미지가 빛을 잃어가며, 예수와 함께 새로운 삶의 길을 약속하는 새로운 시대가 열려가고 있었다(요 1:16 이하,

3:29 이하, 막 2:9, 눅 4:19).

특히 마가복음 2장 10절에 나오는 "그러나 인자가 땅에서 죄를 사하는 권세가 있는 줄을 너희로 알게 하려 하노라" 하시며 지붕에서 구멍을 뚫고 내려온 중풍병 환자를 치유한 예수의 사역에 관한 기록에서 제자들이 새로운 사실들을 발견해 감을 볼 수 있다. 그것은 초기부터 지극히 명백했던 사실, 즉 세례 요한이 회개의 설교자였는데 반해 예수는 이 땅에서 죄를 사하는 권세를 보이신 인자였다고 하는 대비적 차이를 보이는 놀라운 사실이었다.

이러한 초기 활동에서 예수는 많은 호감을 불러일으켰으나 또한 심각한 적대감정도 일으켰다 (호감을 보인 반응은 요 2:23, 3:26, 4:1, 41. 그리고 적대적 비판은 요 1:11, 46, 4:44. 마 8:10, 눅 13:7, 34). 이때의 예수의 교훈은 아직 토라(Torah), 즉 모세 오경과 정면 충돌하는 인상은 아니었다.

또한 아직은 안식일을 지키는 일에 관해서도 온건하게 순응하는 인상이었다. 그렇게 일관성 있는 해석에서 보면 예수께서 초기에 행한 성전 혁신(聖殿 革新)의 사건은 아직 세례 요한의 과격한 심판행위나 그의 비판적인 활동과 같은 맥락과 연관이 있어 보인다고 유추한 슈타우퍼 교수의 견해는 일리가 있다고 생각된다.

슈타우퍼 교수의 견해를 따르면 예수께서 초기에 감행한 성전청결의 과격행위 배후에 세례 요한이라는 거목(巨木)이 서 있는 것으로 예루살렘 당국이 받아들였다는 것이다. 당시의 상황을 살펴보면 교활한 모사꾼들인 안나스의 사람들이 성전 살림을 맡은 관리자들이었으며, 그들은 팔레스타인에서 많은 사람들이 두려워하는 세도가(勢道家)들이었고 또한 심한 증오의 대상이었다.

원래 예루살렘의 성전 가까운 시온산 근처에 성전 희생 제물들을 손쉽게 구입할 수 있는 시장이 오래 전부터 있어 왔다. 그런데 안나스가 재산을 치부하기 위한 수단으로—표면으로는 순례자(巡禮者)들의 편의를 위해서라는 명목으로—그러한 기능의 시장을 성전 구내 이방인의 뜰 안으로 끌어들였다. 일반 여론은 이 교활한 변칙을 심히 증오하여 비평적이었다.

이러한 민심(民心)의 반목(反目)은 또 하나의 해석을 추가하면서 더욱 격한 감정이 되고 있었다. 그러한 감정은 경외전(經外典) 마카비후서 3장에 나오는 다음과 같은 내용과 관계가 있다.

대제사장 오니아스(Onias)가 성전을 주관하고 있을 때 성전시장(聖殿市場)의 이권에 불만을 품은 경비대장 시몬이 다소의 총독 아폴로니우스(Appolonius)에게 도주하여 성전의 내부 창고에 희생제사와 상관없는 다량의 금은보화가 숨겨져 있다고 거짓 고발을 하였다. 총독은 분봉왕에게 그 부정축재를 압수하라고 요구하였고, 분봉왕은 그 집행을 헬리오도로스(Heliodorus)에게 명하였다. 헬리오도로스는 그러한 사실을 성전의 당국에게 통고한 후 정한 날에 감사집행(監査執行)을 위하여 성전에 접근하였다.

그런데 대제사장과 제사장들의 금식기도와 예루살렘의 모든 경건한 유대인의 간구를 들으신 여호와가 성전을 지켜, 군마(軍馬)를 탄 여호와의 사자가 성전 안에서 달려나와 그 기사가 탄 말의 앞발이 기고만장(氣高萬丈)한 헬리오도로스의 머리를 쳐 쓰러뜨렸다. 그리하여 하나님이 친히 그들을 물리쳐 주셨다는 내용이다. 유대인들은 이 마카비후서의 기사를 잘 알고 있다.

그러나 부패한 안나스의 성전은 하나님이 버리셨기 때문에 빌라도가 성전재정(聖殿財政)에 손을 대어 감히 사용하여도 하나님이 그 이방인을 그대로 살려 두신다고 하는 해석도 하였다.

그러한 견해가 민심으로 돌고 있을 때였기에 예수께서 초기에 성전을 진노의 채찍으로 혁신할 때 주변의 호응이 긍정적이었다고 하는 상황설명도 있었다 (Stauffer, p.67).

예수의 이러한 초기의 성전 혁신의 사건에 대한 주변의 긍정적인 호응은 상당히 광범위하여 바리새인들과 또한 예루살렘의 산헤드린 (the Great Sanhedrin)의 회원 중에도 호응자가 있었다(요 3:2, 50. 19:39). 왜냐하면 예수께서 예루살렘 성전을 성결하게 보존하려고 취한 용기 있는 행동은 바리새인들의 이념과도 일치하는 것이기 때문이다.

제사단(祭祀團)들은 이러한 예수의 열심 있는 혁신 행위(革新 行爲)를 보고 못마땅하게 생각하였다(요 2:18). 그러나 예수의 행위는 세례 요한의 많은 동조자의 호응이 함께 하였으며, 제사장들이 예수의 당돌한 행동에 맞서서 제재를 가하다가 섣불리 일이 확대되면 자신들의 성전 기득권마저 위태롭게 할 수 있다고 판단되었기에(막 11:32) 어찌할 도리가 없었을 것이다.

그러므로 그들의 깊은 원한과 사려 깊은 모의는 공개적으로 예수의 행위에 제재를 가하여 백성들의 호응을 더 불러 일으키게 만드는 일을 피하고, 대신에 왜곡과 중상으로 예수의 행위와 민심을 단절시킴으로 예수를 고립시킨 후 결정적인 시기에 체포하여 제거하는 술책을 세우게 한다(막 11:18~, 눅 19:47 이하).

예수와 제자에게 더 긍정적인 교훈이 있음을 발견하고 좋게 생각하는 무리들이 그 주변에 모이기 시작하더니 점차 그 추종자들의 수가 세례 요한의 추종자보다 더욱 많아지면서 양편의 추종자들 사이에 원치 않은 긴장관계가 생기게 되었다. 그러한 불행한 긴장관계가 계속되면서 그러한 사태진전에 대하여 예루살렘에 본거지를 두고 있는 바리새인들이 집요하게 편승하려고 하는 모종의 새로운 사태의 기미가 보이자 예수는 일행과 함께 남쪽 유다지역을 떠나 북쪽으로 물러서야 할 신호(信號)로 해석하였다(요 4:1).

세례 요한과 예수의 제자 간에 있었을 시샘과 긴장(요 3:25~30)에 대해 바리새인들이 들었을 때에 왜 예수의 일행은 남쪽을 떠나야 할 때라는 판단을 하였을까? 요한복음 3장 25절에 많은 사정을 함축한 문절이 나온다. 예수와 세례 요한과의 불안한 관계는 결례(潔禮)에 관한 한 유대인과의 논쟁이 시발점(始發點)이라고 하였다. 결례에 관한 논쟁은 바리새인의 전담분야이다. 짐작컨대 예수는 바리새인이 세례 요한을 끊어 버리고 새롭게 예수와 밀착하려고 하는 인상을 민감하게 감지하였을 것이다 (Stauffer, p.68).

Jesus-10
예수의 세례

예수의 성장과정(成長過程)은 번잡하고 조용하지 않은 매우 일상적인 그런 환경에서 삶의 행보를 밟아온 나날들이었다.

예수의 친척들을 정리하여 보면 남과 북으로 흩어져 있었고(눅 2:4, 44) 남쪽에는 주로 요셉의 친척들이 거주하고 있었다. 예를 들어 클레오바는 요셉의 형제이며 클레오바에게 아들 시몬이 있었고 그들은 함께 엠마오에 거주하였다(눅 24:18).

북쪽에는 모친 마리아의 누이인 살로메가 있었고 그는 세베대의 처이며, 그 세베대의 두 아들은 유명한 예수의 제자 요한과 야고보이다. 모두 게네사렛 호수에서 어업에 종사하였다.

이 세베대는 레위 족속임이 분명하다. 그러므로 요한은 예루살렘의 대제사장의 문중과는 친숙한 사이여서 예수가 구인(拘引)되었을 때 대제사장의 뜰 안으로 무리 없이 출입이 가능하였다(요 18:16).

그러나 남쪽에도 마리아의 친척이 없는 것은 아니었다. 왜냐하면 누가복음 1장 5, 36, 39절에 보면 제사장의 딸 엘리사벳과 그의 남편 제사장 사가랴, 곧 세례 요한의 부모가 남쪽 유다의 산골에 살고 있으며 마리아가 회임 3개월이었을 때 그 조용한 곳을 찾아가 3개월간 유한 일이 있었기 때문이다(눅 1:56).

여기까지의 자료들을 정리하면 예수의 성장 환경은 많은 지도층에 속한 친척과 오래된 가문과 가풍의 분위기였음을 알 수 있다. 일찍부터 예수는 아마도 게네사렛 호반에 함께 살거나 한 동네에 밀집하여 살고 있는 사촌 형제(성서 신학적인 결론에서 말하자면 요한과 야고보도 예수의 제자이면서 실은 혈연관계(血緣關係)이므로 종형제(從兄弟) 간이라고 보아야 할 것이다.) 즉, 경합적인 다수의 사촌(四寸)들과 함께 그리고 남쪽 산골에 살고 있는 제사장의 가문인 세례 요한의 부모를 잘 알고 있는 그러한 환경에서 성장하였다고 연상하면 무리가 없을 것이다.

오랜 침묵기(沈默期)

예수께서 세례 받으실 때가 30세였다고 슈타우퍼 교수는 말한다. 30세라고 하면, 당시의 팔레스타인에 거주하는 유대인의 경우 성숙한 완성인(完成人)임을 뜻하며 오늘의 감각으로는 좀더 나이를 가산한 성숙기와 비길 만하다.

예수께서 탄생하실 때에 그의 오심을 변증한 초자연적인 이적이 있었다. 그러나 그 후 예수는 30년간의 침묵 속에 고요히 묻혔다. 그간의 예수의 생활은 조용하고 심중한 성품으로 모든 사람의 마음에 들었다고 하는 것뿐이고 그 이상의 것은 아니었다.

예수께서 드러나지 않게 이와 같이 기다리심은 구약의 모세가 80세가 되기까지 미디안 광야에서 목양(牧羊)을 하며 평범하게 기다린 것과 흡사하다(출 3:1, 7:7). 이 침묵기(沈默期)에 관하여 그간에 무엇이 있었는지 많은 부분을 알 수는 없으나, 그의 거주지가 지역적으로 변경지(邊境地)라고 하는 것과 평범한 사람들 사이에서 전혀 돋보이지 않게 생활하였으므로 잔인한 헤롯 일가의 탐색에 노출되지 않아 무사했다고 하는 사실은 확실하다.

이러한 오랜 기다림 속에 이스라엘의 오랜 소망(눅 2:25, 38)과 모든 피조물들이 숨죽여 기다려온(롬 5:12 이하, 8:19 이하) 것이 허물어지지 않았던 것이다.

세례(洗禮) 요한에 관하여

세례 요한의 출현은 극적이고도 신비한 수수께끼에 싸여 있다. 마가복음 1장 1~3절에 보면, "하나님의 아들 예수 그리스도 복음의 시작"이라고 기록되어 있다. 이와 같이 막이 올라가면서 마가복음 전체에서 여기에만 나오는 구약의 두 문절인 이사야 40장과 말라기 4장 말씀의 장엄한 인용으로 '팡파르'가 울려 퍼진다. 그런 후 3절에서 전혀 의외의 대목인, 광야(曠野)를 활동의 자리로 정한 세례 요한이 등장한다.

마가복음의 저자가 본 세례 요한은 광야에서 외치는 자의 소리이다. 이스라엘 백성을 회개시키며 주의 날 (The Day of the Lord)을 준비하기 위하여 선구자로 온 엘리야이다(막 1:2, 3, 사 40장, 말 3, 4장).

세례 요한의 등장은 구약의 예언(豫言)의 성취(成就)이고 뒤에 오실 주님께 대한 전령자(傳令者)의 자리를 잡는다. 세례 요한의 존재와 역할은 예수 지향(指向)이며 엄격하게 말하여 성취(成就)의 시간(時間, the time of fulfillment)에는 속하지 않는다.

다시 말하면 세례 요한은 예언자의 전통에 속하지도 않고 또한 새로운 복음의 시대에 속하지도 않는 수수께끼의 존재이다.

요한복음의 주석가들은 세례 요한의 출현이 요한복음의 시적 서언(詩的 序言)의 흐름을 절단(切斷)시키고 있는 개입이고 그러므로 요한복음의 주석가들에게 있어서 세례 요한의 두 번의 출현(1:19~34, 3:22~30)은 끝없는 당혹(當惑)이라고 생각한다.

또한 마가복음의 주석가들은 그 장엄한 '팡파르(1:1~3)'의 주역(主役)의 자리 주역이 아닌 세례 요한이 등장하기 때문에 놀란다. 1장 13절까지에서 마가복음의 서언이 끝나자마자 세례 요한은 지체없이 퇴장해 버리며 예수의 선포행위는 시작된다(1:14~).

여기에서 세례 요한이 예수의 선구자이며 증언자였다는 점과 또한 복음서 저자 세례 요한과 예수의 공통성을 독자들이 정확하게 파악하도록 의도했다는 점이 오늘의 독자들에게도 이해되어야 하는 것이다. 예를 들어,

(1) 요한이나 예수나 구약의 예언의 성취라는 점.

(2) 요한이나 예수나 의인임을 인정하면서 원수의 손에 "넘겨졌다"는 것.

(3) 다 같이 죽임을 당하였으나 부활의 실현은 오직 요한보다 큰 예수, 곧 하나님의 아들만의 것.

사람들이 요한을 임의로 대하나 그가 다시 온 엘리야였음을 깨닫지 못함과 같이 하나님의 아들도 사람들이 임의로 목숨을 취할 것을 예수께서는 변모산의 영광 이후 '인자'의 맥락에서 세 번 밝힌 바 있다(8:31, 9:31, 10:33~).

그러나 요한과 예수의 활동과 사역의 방법은 구분된다. 요한은 유다 광야에서 활동하였고 예수는 가버나움을 근거로 주로 도시에서 활동하였기 때문이다.

세례 요한이 광야의 사람이며 또한 그의 사상 형성의 근원이 광야 사회(曠野社會, the Wilderness Community)라고 보는 견해가 1947년 이후 쿰란사회(the Qumran Community)문서의 출현으로 거의 확실한 것으로 정립되고 있다. 누가복음 1장 80절에서 저자 누가가 요한에 관하여 "아이가 자라며 심령이 강하여지며 이스라엘에게 나타나는 날까지 빈들에 있으니라" 한 말을 예수에 관한 문절인 2장 40절

의 "아기가 자라며 강하여지고 지혜가 충족하며 하나님의 은혜가 그 위에 있더라"라고 언급한 내용과 비교하여 보면 더욱 그 대조적 의미가 뚜렷해진다.

세례 요한은 성장할 때에 '빈들' 곧 광야에 있었다. 누가는 3장 2절에서 "……하나님의 말씀이 빈들에서 사가랴의 아들 요한에게 임한지라"라고 서두를 연 후 일관된 소개로 안나스와 가야바가 대제사장으로 있을 때에 하나님께서 그를 민족의 회개운동으로 파송하였다고 언급하였다.

예수께서 세례 요한에게 세례를 받으셨음을 말하는 기사는 초대교회가 간직한 가장 오래 된 전승이면서 그 의미가 신비에 속한다. 어찌하여 하나님의 성육신(成肉身)이 세례 요한에게 찾아가 회개운동에 참여하였을까. 그러기에 마태복음 3장 14절 이하에서 세례 요한은 "내가 당신에게 세례를 받아야 할 터인데 당신이 내게로 오시나이까" 하며 심히 주저하였으며, 예수께서는 "이제 허락하라. 우리가 이와 같이 하여 모든 의를 이루는 것이 합당하니라"라고 답변하셨다.

누가복음의 경우에는 이러한 당혹을 해소하려고 한 흔적으로 보이는 간접적인 표현으로서 3장 20, 21절의 연결이 미묘하다. 예수께서 세례를 받으시기 전에 이미 요한은 옥에 갇히게 되는데 그가 직접 세례를 집전했는지는 언급이 없다. 이러한 저자 누가의 기법은 참으로 절묘하다.

또한 요한복음의 경우에는 예수께서 받으신 세례를 설명이나 묘사 없이 사실만을 그대로 보고하는 방법을 취한다(요 1:31 이하).

상술한 복음서의 증언을 종합해 보면 예수께서 왜 세례 요한에게 세례를 받았을까 하는 사실의 의미가 현대의 독자들에게는 숨겨진 수수께끼이다. 우리는 이 신비한 부분의 해석을 위하여 가장 원초적인 복음서 증언인 마가복음의 맥락을 음미함이 심히 중요하다.

앞서 이미 언급한 일이 있지만 마가복음의 맥락에서 세례 요한의 역할은 주의 오심(종말에 오실 메시아로서)에 대해 그의 길을 준비하는 광야의 소리이고 민족의 회개를 위한 회개의 세례를 설교하는 설교가였으며, 예루살렘 당국이 파송한 조사단에게 내 뒤에 오실 이가 "힘 있는 장사(壯士)"라고 증언하였다.

마가복음의 서장(序章)(1:1~13)에서 세례 요한이 주역(主役)으로 시작이 된 이 세 가지 기사, 광야의 소리 요한, 예수의 세례, 예수의 시험은 전부가 종말론적 의미의 맥락으로 해석되어야 할 중요 기사이다.

그러므로 세 번째로 즉각 광야에 시험을 당하기 위하여 40일간을 금식하며 그곳에 머무른 사건도 마가복음에서는 금식의 언급이 없고 다만 사단과 하나님편이 싸웠다고 하는 점을 언급하고 있다. 이 종말적인 싸움을 치르기 위하여 예수는 사단의 본거지인 깊숙한 광야를 결전장(決戰場)으로 선택하신 것이다.

세례 요한이 예수의 선구자로서 종말론적으로 출현하였다고 하는 관점에서 해석하면 예수께서 요한의 세례를 왜 받으셨을까. 다시 말하면 요한의 세례가 용서의 세례 (Baptism of remission)인 것을 감안할 때 하나님의 아들이 그 용서의 세례에 참여한 이유를 어떻게 설명하여야 하는가 함이 여전히 문제로 남는다. 그러한 의미에서 마가복음의 신학자들은 종말론적인 의미로 그의 서론적인 사건들이 일관된 의미가 있는 사건들이라고 해석하여 요한의 세례 또한 종말론적인 의미로 해석하려 한다.

첫째는 요한에게 찾아온 군중들에게 회개의 결실을 촉구하면서 이제는 도끼가 나무뿌리 위에 놓여 있다고 한 마태복음의 3장 10절의 배경도 종말적 의미와 일치하는 같은 맥락의 분위기이며 특징이다.

또한 세례의 형식에 관하여 마가복음의 맥락으로 보면 요한의 회개의 설교가 계속 진행되는 중에 군중들은 그 설교를 들으면서 스스로 강물에 들어가 몸을 씻는 세례였다고 본다. 그러한 군중의 세례와 구별하여 예수의 세례만이 직접 요한이 집전(執典)하는 개인의 세례였다고 해석한다. 이와 같이 군중의 '회개의 세례'와 구분하고 보면 예수의 세례는 죄인들의 세례가 아니라 메시아의 머리에 대제사장이 기름을 붓는 메시아 공인(公認)의 의미가 더욱 깊다는 신약신학적인 생각을 한다.

아마도 마가복음을 받아 읽은 초대교회의 독자들은 반드시 이와 같이 해석하였을 것이라고 생각한다. 왜냐하면 예수의 세례를 십자가의 고난과 흡사한 죄인으로서의 동참이라고만 생각할 수 없는 점이 이미 저희들은 예수의 부활을 알고 있는 독자들이기 때문이다. 즉 마가복음을 읽고 있는 초대교회의 공동체들은 이미 예수가 메시아이심을 잘 알고 있는 것이다.

예수께서 공생애 기간 중 당신이 메시아이심을 드러내실 때마다 제자들은 몰이해(沒理解)의 연속이었다. 예수의 의도와 상관 없는 그들만의 편견으로 모호한 이해를 가지고 있었으며 그렇게 불완전한 신앙이었다. 즉 예수의 제자들과 예수의 대적자(對敵者)들은 모두 예수께서 메시아이신 사실과 관련하여 정확한 지식보다는 오해에서 벗어나지 못했었다.

그러므로 예수는 자주 정확한 지식과 이해의 차원을 부활 이후로 유보하셨다. 그러한 어려운 해석 중의 하나가 예수가 받으신 세례이다. 마태복음 3장 14절에 보면 세례 요한은 분명히 주저하였으며 "내가 당신에게 받아야 할 터인데 당신이 내게 오시나이까" 하기까지 하였다. 이러한 당초의 세례 요한 자신까지 포함한 모든 제자들에게 있는 오해가 예수께서 영광의 부활을 보이시기까지는 일관된 모습일 수밖에 없었다.

그러나 예수의 부활 사실로 인하여 예수께서 구속의 메시아이심이 명백해진 신앙 공동체의 독자들에게는 세례 요한이 주저한 일반적인 회개의 세례가 예수에게는 해당이 되지 않는다는 점과 함께, 예수께서 받으신 세례는 마태복음 3장 17절에도 나오거니와 마가복음 1장 11절의 원초적 자료에 표시된 "너는 내 사랑하는 아들"이라는 하나님의 기름 부으심의 또다른 본질적인 의미의 표현 행위임을 잘 알아야 하는 것이다 (참조 Morna D. Hooker의 *Christology of Mark*).

Jesus-11
광야(曠野)의 시험

 마가복음 1장 12절에 보면 "성령이 곧 예수를 광야로 몰아내신지라" 하였고, 13절에 "시험을 받으시며 들짐승과 함께 계시니 천사들이 수종 들더라"라고 되어 있는데 마태복음(4:1~11)과 누가복음의 기사(4:1~13)와 비교하여 볼 때 두 가지 점에서 주목된다.
 (1) "성령이 곧 예수를 광야로 몰아 내신지라 (to pneuma auton ekballei eis tein ereimon)" 하는 문절이 누가복음의 "성령에 충만함을 입어……성령에 이끌리시어"라고 한 문절이나 마태복음의 "예수께서 성령에게 이끌리어 마귀에게 시험을 받으러 광야로 가사"라는 문절과 비교할 때에 이야기의 시작부터 차이가 있다.
 좀더 분명히 밝히자면 마가복음의 경우에는 시간의 여유 없이 오로지 한 길만이 열려 있어 그쪽으로 양떼를 몰듯 길을 몰아 나아가게 한다는 표현이고 어떻게 생각하면 예수 자신의 의지적(意志的)인 결정과 상관없거나 아니면 자신의 의지적 결정 이상의 강요성(强要性)이 함께 작용하는 표현이다.
 그러한 마가복음의 다급한 표현에 비하면 누가복음의 경우에는 "성령의 충만함을 입어……"라고 함으로써 예수 자신의 주체적 행위임이 더욱 표시되어 있고, 또한 시간의 여유도 있는 것으로 해석된다.
 (2) 마가복음 1장 13절의 희랍어 원문 kai hoi anggeloi

dieykonoun autoi를 석의하면 천사들의 시종과 도움이 처음부터 있었으며, 40일간 계속한 것으로 해석되어야 한다. 이와 같이 처음부터 맹수들이 함께한 사단의 세력과 맞싸우는 예수의 시험에서는 사단의 근거지에서 사단의 전 세력과, 메시아이신 예수와 천사들이 처음부터 함께 협력한 종말적(終末的)인 싸움이었다(참조 시 91편).

그러나 마태복음 4장 11절에서는 "이에 마귀는 예수를 떠나고 천사들이 나와서 수종드니라"라고 하는 문절에서 예수께서 홀로 시험을 당하신 후에 시험하는 자가 떠나갔을 때에 "볼지어다(behold)", 천사들이 나아와서 수종을 드는 그러한 예전신학(禮典神學, theology of liturgy)의 구성으로 문절이 구성된 것에 주목한다.

또 하나, 마가복음의 특징에는 금식의 언급이 없다는 사실이다. 종말론적인 치열한 싸움에 있어서 금식이라고 하는 예전신학적이고 시간의 여유를 유보한 표현이 마가의 광야의 시험의 설정에서는 적합하지 못하다. 마가복음의 서언인 1장 1~13절 안에 저자 마가가 선택한 세 에피소드인 광야의 외치는 소리와 회개의 세례와 그리고 광야의 시험은 모두가 종말론적 사건(終末論的 事件)이라는 동질적 맥락에서 함께 서 있는 것이다. 그러한 종말적인 사건으로 조명하면 광야의 시험 역시 종말론적 의미의 사건이라는 동질적인 차원과 맥락 안에서 해석되어야 한다.

종말적인 사건으로 조명을 한 광야의 시험은 명상(瞑想)과 금식(禁食)이라는 차원보다는 사단의 진영(陣營)과 하나님의 진영과의 최후적인 격돌과 싸움, 그러므로 사단과 그의 맹수들이 있는 광야라고 하는 사단의 영지(領地) 안으로 깊이 진입하여 하나님의 아들과 천사들이 총동원된 우주론적(宇宙論的)인 싸움 (a cosmic battle)이기 때문에 금식의 요소가 마가의 구성 안에서는 맥락적으로 들어서지 못한다고 하는 최근의 마가의 신학(神學)인 것이다.

전통적인 유대사상에 의하면 인류의 타락 이후 동물 세계는 인간에게 도전하는 세력에 가담한다. 따라서 메시아의 구원은 인간의 구원만이 아니라 자연계와 동물계를 동시에 회복하는 것으로 생각한다. 그러므로 마가복음의 독자들에게 있어서 최후의 전쟁은 이미 광야의 시험에서 시작되었고 사단의 패주(敗走)와 함께 인류의 구원과 회복이 목전에 가까왔음을 실감하게 하였을 것이다.
　그러나 마가복음은 그 광야의 싸움 또는 광야의 시험의 상세한 내용과 결과에 대하여 말하지 않는다. 레인(William Lane) 교수의 말과 같이 마가복음의 독자인 로마의 크리스천들이 당면한 네로의 박해가 너무 혹심하고 절박하여 시간의 여유가 전혀 없는 그런 맥락이었기 때문일까.
　지금에 이르러 그 점을 분명하게 밝혀 낼 수는 없으나 광야의 시험의 내용이 무엇인가에 관하여 손쉽게 해석하는 현대주의(現代主義)의 해석은 이 광야의 시험이 상징적 묘사이며 내적 경험(內的經驗)의 극적 표현(劇的表現)이라고 생각한다. 예를 들어 시카고 대학의 그랜트(Robert Grant) 교수의 저서 『역사적 신약개론』(*A Historical Introduction to the New Testament*, pp.314, 315)에 보면 이 광야의 시험은 문자적인 해석이 곤란하며 일찍이 오리겐이 해석한 바와 같이 천하 만국을 한눈에 내려다 볼 수 있는 그렇게 높은 산이란 존재하지 않으며 그러므로 이것은 지리적으로 고증할 성격이 아닌 내적 갈등의 표현이라고 하였다.
　현대의 소설가인 엔도슈샤꾸(遠藤周作)는 그의 상상력을 이용하여 이 광야의 시험이 '쿰란광야 사회'에 들어가기 전에 치른 자격 시험이었고, 예수는 그 시험에서 탈락하고 만 것이라는 각색(脚色)을 하였다. 그러나 복음서 저자의 의도는 분명하거니와 예수께서는 시험하는 자의 소리가 내적(內的) 자아반문(自我反問)이 아닌 사단의 인격의 도전임을 분명히 말씀한다.

마가복음 3장 27절 "사람이 먼저 강한 자를 결박하지 않고는 그 강한 자의 집에 들어가 세간을 늑탈하지 못하나니 결박한 후에야 그 집을 늑탈하리라" 하신 말씀에서 예수께서는 사단을 결박을 당한 인격으로 비유적으로 설명하셨으나, 누가복음 10장 18절에서 "사단이 하늘에서 번개같이 떨어지는 것을 내가 보았노라" 말씀하실 때에 예수는 틀림없이 사단을 인격자로 그 존재를 분명히 하였다.

그러면 이 광야의 시험의 성격은 무엇일까? 마태복음은 그 내용을 세 가지 구체적인 경험으로 분류하였다.

첫번째 시험은 "네가 만일 하나님의 아들이어든 명하여 이 돌들이 떡덩이가 되게 하라" 한 사단의 권유였다. 예수의 답은 신명기 8장 3절의 말씀 "기록되었으되 사람이 떡으로만 살 것이 아니요 하나님의 입으로 나오는 모든 말씀으로 살 것이라 하였느니라" 였다.

두 번째의 시험은 "네가 만일 하나님의 아들이어든 뛰어내려라. 기록하였으되 (시 91:11, 12) 저가 너를 위하여 그 사자들을 명하시리니 저희가 손으로 너를 받들어 발이 돌에 부딪히지 않게 하리로다 하였느니라" 하는 유혹이었다. 예수의 답변은 역시 신명기 6장 16절(참조 사 7:12)을 인용하여 "또 기록되었으되 주 너의 하나님을 시험치 말라 하였느니라"라고 말씀하셨다.

세 번째의 유혹은 사단에게 절하면 천하 만국의 통치권을 주겠다고 하는 흥정이었다. 예수의 답은 역시 신명기 6장 13절의 인용으로 "주 너의 하나님께 경배하고 다만 그를 섬기라 하였느니라" 였다.

테일러(Vincent Taylor) 교수의 해석에 의하면 이 시험의 기사는 상당히 농도가 짙은 그림언어 (picture language)로 묘사되어 있으며, 예수 자신의 말씀이라고 보아야 한다고 하였다. 이 삼중의 질문은 메시아의 역할을 경제적 해결로, 이적으로, 그리고 세속적 권력으로 변증하려고 하는 포괄적인 의미가 함축된 것으로 주목된다. 이러한 삼중적인 도전은 모든 기독교 지도자들에게 한결같이 찾아오는 시험이다.

이 광야의 시험의 의도를 성서신학의 안목에서 두 가지 시각으로 살펴보면 다음과 같이 심층적인 해석이 가능하다.

1. 사단의 편에서

세상의 위대한 역사가 결국은 성사되어야 인정되며 그러므로 합리적이고 효율적인 수단은 도덕의 규범을 벗어나 있다고 하는, 어느 시대를 막론하고 으례 누구나 관용하는 타협론으로 예수를 시험하였다.

일견, 이적으로 떡을 만드는 일, 자신을 높은 곳에서 던져 자기가 초월적 인격임을 증명하는 일, 결국은 당신의 소유가 될 이 세상을 놓고 다만 지금 과정적으로 막후의 타협을 하는 약간의 정치적 기교는 그 자체가 범죄라고까지 해야 할 이유가 없으며, 오히려 비관용성(非寬容性)이야말로 벗어버려야 할 경직된 옹졸함이 아니냐 하는 상식적 기준이다.

사단이 그리스도를 실족시킬 수 있다고 한 지략은 종말론적 귀결에 관한 시비가 아니었다. 사단은 우둔한 인격이 아니다. 사단이 예수를 유혹한 것은 과정적(過程的)인 수단(手段)에 관해서였다. 사단의 유혹은 합리주의이다. 사단의 유혹은 고난(苦難)이 없다. 예수의 구속행위에 고난이 없으면 예수는 구주가 아니다.

2. 하나님 편에서

복음서에 기록이 된 예수의 광야시험은 성령이 이끌어 낸 시험이기 때문에 신율(神律)에 의한 목적이 있다. 성령께서 광야의 시험을 촉발시켰다고 하는 극적인 사실에 관한 완전한 해석은 어려우나, 인격내재(人格內在)의 결함이나 유혹 때문에 발단된 시험이 아니라 만민의 구주가 되신 하나님의 아들의 구속론적인 신율(神律)의 의한 사건이라는 점은 확실하다.

모든 인간과 동일한 시험에 놓였으나 죄 없으심이 변증됨으로써 모든 연약한 자들을 긍휼히 여기실 주가 되기 위함이다(히 4:15). 특히 히브리서 저자가 2장 18절에서 "자기가 시험을 받아 고난을 당하셨은즉 시험받는 자들을 능히 도우시느니라"라고 말씀한 증언과 예수께서 죄 없으신 구주이심을 사실적으로 증언한 요한일서 3장 5절의 "그가 우리 죄를 없이 하려고 나타내신 바 된 것을 너희가 아나니 그에게는 죄가 없느니라"라고 한 증언은 이 부분을 말해 주는 매우 중요한 말씀들이다. 중요하게, 예수의 시험이 시험의 영역(領域, realm)에서는 우리와 상황이나 시간에 차이가 있지만 그러나 시험의 사실성(事實性, reality)은 똑같으며 그러므로 죄 없으신 구주가 되신 것이다.

Jesus-12
사마리아의 체류

　예수의 사역이 군중 사이에 알려지면서 예수의 인기가 신속하게 확산된다. 결과적으로 요한의 세례보다 예수에게 세례를 받는 자의 수효가 월등히 많아진다.
　이러한 사태를 과거의 경험으로 일종의 광신적인 현상이라고 분류한 예루살렘의 보수 지도층에게 예수의 초기 사역은 그 자체가 쉽사리 새로운 경계심의 표적이 된다.
　이러한 사태의 발전을 예의 주목하여 온 예루살렘의 대제사장들은 기왕의 세례 요한과의 긍정적인 관계를 더욱 확고히 하려고 시도한다. 요한복음의 맥락으로 보면 그러한 일환으로 정결법에 관한 토론이 진행되던 중 작금에 갑자기 유명하여진 예수의 세례운동에 대하여 세례 요한의 제자들이 지금까지 품어 온 부정적인 반응이 이러한 계기에 불쾌한 감정으로 표면화된다(요 3:25ff. Cf., 1:19ff.).
　이러한 새로운 사태를 지켜 본 바리새인들도 제사장들과는 상반된 미묘한 반응을 보인다. 원래 바리새인들은 처음부터 세례 요한의 사역에 관하여 호감을 보이지 않았다. 그러한 저희들의 안목에 비친 성전에서 장사치를 추방하며 안식일을 엄격히 준수하는 예수의 초기사역은 예수를 자기들편의 인물이라고 인정하게 만든다.
　바리새인들은 예수의 세례운동에 요한보다 더 많은 사람들이 흡수

되는 현상을 고무적으로 판단한다(요 4:1, Cf., 1:24f.,). 그러나 바리새인들의 이와 같은 호감에 대해 예수는 그 사역 자체를 철수하고 그 지역 현장을 떠나야 할 신호로 받아들인다.

예수는 세례 요한에 대하여 여자가 낳은 자 중에 가장 위대한 인물이라고 평가하는 터였다. 요한은 하나님이 불을 당긴 밝은 등불이라고 생각하였다(눅 7:28, 요 5:35). 적어도 이러한 갈등의 상황에서 요한에 대하여 예수가 요약적으로 내린 평가는 예수와 세례 요한과의 관계성이나 예수 자신을 분석하는 이해의 시각에서 대단히 중요한 의미를 지닌다.

예수는 갑자기 바리새인들 사이에 일어난 자기의 지지세력(支持勢力)을 불안하게 생각한다. 졸지에 예수는 예루살렘과 요단강 사역을 중단하고 다시 갈릴리로 철수한다. 그리고 이번 여행은 사마리아를 통과하는 길을 택한다.

예수가 북쪽으로 사마리아를 통과한 일정에 관해서는 역사적인 정립이 가능하다. 저자 요한은 "넉 달이 지나야 추수할 때가 이르겠다 (요 4:35)"라고 시간을 언급하였다. 보리의 수확은 3월이고 소맥(小麥)의 수확은 4월이다. 예수께서 묘사한 "눈을 들어 밭을 보라 희어져 추수하게 되었도다"라고 된 문절은 간단히 간과해서는 안 될 중요한 암시가 들어 있다. 밭의 곡식이 수확 전에 흰 빛으로 보이는 현상은 보리밭의 경우이다. 이러한 정황적 분석은 북쪽으로 사마리아를 지나간 예수의 여행이 29년 11월이라고 말해 준다.

제4복음의 저자는 "사마리아로 통행하여야 하겠는지라 (4:4)"라고 하여 예수의 의중(意中)을 표시한다. 다시 말하면 대제사장의 기관원들에게서 가급적 속히 벗어나기 원하여 지름길을 선택한 것이다. 그러나 사마리아에 들어선 예수는 할 수 있는 한 그곳 사람들과의 많은 접촉을 원한다. 그리고 그의 의도는 성취된다. 남녀할 것 없이 사마리아 사람들과의 광범한 사귐이 형성된다. 저자 요한이 한 사마리아 여인과의 대화를 예로 든 에피소드에서 우리는 인종(人種)과 성별(性別)에 관한 하등의 편견이 없으신 밝고 환한 예수의 미소와 열린 큰 마음을 읽어 낼 수 있는 것이다(요 4:7ff.)

한 사람의 유대인으로서 예수는 자기 민족이 향유하는 전통적인 특권을 숙지한다. 그러나 여기 사마리아에 온 예수는 대담하게 시온과 그리심산의 갈등의식에 개입하고 은연중에 자기의 구속론적인 사명을 제시한다(요 4:21ff.).

사실적으로 이 사마리아의 벽촌에 있는 우물가에서 예수는 최초로 "내가 그니라 (I am He)" 하는 중요한 말씀을 입술에 담는다. 이 "내가 그니라" 하는 예수의 말씀은 요한 복음에서 저자의 예수 이해와 관련하여 심히 막중한 신학적 의미(神學的 意味)를 지닌다.

세겜에 자리잡고 있는 그리심산의 모퉁이, 별로 유대 랍비가 지나가는 경우가 없는 곳에서 예수는 많은 사마리아 사람들의 환대를 받아들인다. 그리하여 예수는 사마리아 전역의 신뢰와 영광을 얻는다 (요 4:20f., 28ff., 39ff.,).

다시 요한복음의 증언에 의하면 그 곳에서 이틀이나 유한 예수는 그 곳을 떠나면서 지극히 한에 맺힌 한 마디를 남긴다. "친히 증거하시기를 선지자가 고향에서는 높임을 받지 못한다"는 말씀이다. 예수의 이 말씀은 사마리아를 떠나가는 맥락에서 하신 말씀이므로 예수가 자기동족인 유대인 사회에서는 냉대를 경험하였으나, 여기 사마리아의 준(準) 이방인(異邦人)에게서는 열광적인 환대가 있었다고 하는 정황에서 말씀한 것으로 해석된다.

사실 훗날에 예루살렘의 지도자들은 예수에게 "너를 사마리아 사람이라 (요 8:48)"고 부르는 것이 정당한 일이 아니냐며 면전에서 도전을 하기에 이른다.

위와 같은 이야기의 줄거리를 우리는 요한복음에서 찾는다. 마가복음은 위의 것과 관련하여 일체의 언급이 없다. 슈타우퍼 교수에 의하면 자기 고향에서는 예언자가 존경을 받지 못한다고 한 이 동일한 언급이 마가복음에는 전혀 상관이 없는 맥락에서 언급되었다고 보았다(막 6:4). 마태복음 역시 사마리아에 대하여 호감을 표시한 일이 없다. 오히려 마태의 맥락에서는 예수가 사마리아 선교를 금하였다고 하는 정반대의 언급이 나온다(마 10:5).

누가복음의 경우는 사마리아인에 대한 깊은 예수의 동정(同情)이 선한 사마리아 사람의 예화에서 표시된 바 있지만(눅 10:30~37), 그러나 이 사마리아를 통과한 여행의 에피소드는 요한복음과는 정반대로 취급된다. 누가의 증언에 의하면 예수와 일행은 사마리아를 통과하여 예루살렘으로 상경하는 길이다. 전자에 예수를 환대한 일이 있는 그러한 기억에서 손쉽게 유숙할 곳을 얻을 것으로 예상하였다. 그러나 예수의 관심이 그들의 그리심산보다 시온산에 있다고 판단한 사마리아인들의 관심은 즉시 냉각된다. 말하자면 예수의 행동이 반유대적으로 적극성이 있기를 기대했던 것이다. 그리고 사마리아 사람으로 그간 예수를 열렬히 추종하던 자들이 무더기로 이탈하였다(요 6:66).

이러한 민심의 변화에 극도로 감정이 예민해진 제자들의 분위기였다. 그러니 하늘에서 불을 내려 이 사마리아를 싹 태워 버렸으면 좋겠다고 하는 오기도 있었다. 그래서 요한과 야고보 형제는 예수께 그러한 동기의 기도를 해도 좋으냐고 질문을 하였다가 예수의 책망을 들었다(눅 9:51~56).

누가복음의 보석같은 선한 사마리아 사람의 비유가 이러한 분위기에서 하신 예수의 말씀이고 보면 우리로 주님의 의중을 살피게 하는 참으로 극적인 맥락이라고 할 수 있다(눅 10:29~37). 이 선한 사마리아 사람의 비유에서 오히려 정죄된 배역(配役)은 레위와 제사장이었다.

다시 연계적으로 저자 누가는 같은 맥락에서 치유를 받은 나병자(癩病者)들 중에서 유대인들은 감사의 표시도 없이 제 갈길로 가버리지만 사마리아 사람만이 감사를 표시하는 내용을 실어 역시 유대인의 우월감에 대한 비판이 간접적으로 제기된다(눅 17:11ff.). 물론 여기에서는 이 에피소드를 선택한 저자 누가의 신학이 돋보이나 역시 같은 맥락에 깔려 있는 분위기, 다시 말하면 사마리아 사람을 천거하고 오히려 유대인의 자존심을 비판하시는 예수의 심정을 정확히 표현하였음을 정시하여야 한다.

더욱이 사도행전 1장 8절에 보면 사도들이 이스라엘의 회복이 언제인가를 예수에게 질문하는 특정적인 맥락에서 때와 시기는 아버지께서 아버지의 권한으로 정하신 것이니 너희가 알 바 아니다 하시고 대신하여 선교대명(宣敎大命)을 주시면서 "성령이 너희에게 내리시면 너희는 권능을 받고 예루살렘과 온 유대와 사마리아에서 그리고 마침내 땅끝에까지 나의 증인이 될 것이다"라고 하는 구체적인 진군명령(進軍命令)을 내리신다. 여기서도 주목할 것은 선교의 영역(領域)으로 사마리아가 명시되어 있다고 하는 주의 의중(意中)인 것이다. 이러한 문절은 사마리아 지역으로 들어가지 말라 금한 것으로 나오는 마태복음 10장 5절과는 지극히 대조적인 변화인 것이다.

사도행전 8장 5절 이하에 보면 사도들의 사마리아 선교가 얼마나 큰 성과였는가가 극적으로 기술되어 나온다. 사도는 이 사마리아 선교에서 당시의 유명한 악역(惡役) 노스틱주의자 시몬 마고 (Simon Magus)의 신성모독을 책망한다.

사마리아 선교사역에 대한 초대교회의 견해가 찬반양론의 쟁점이 되어 쌍방 모두가 주의 명령에 의한 순종이라고 하며 하나는 적극적으로 사마리아 사람들의 회심운동을 그리고 다른 하나는 사마리아 전도를 공적으로 거부하는 입장을 보였다.

이와 같은 두 줄기의 갈등이 잠시나마 있었다며 슈타우퍼 교수(Stauffer, p.71)는 지극히 초기에 속하는 지층(地層)을 벗겨 본다. 당시 유대인 중에는 사마리아 사람들에 대한 감정이 아주 격렬하여 사마리아 사람들은 차라리 이방인들보다도 질이 나쁘다고 생각하였다. 이러한 편견이 일반 유대인의 의식이었고 그리고 유대주의적 기독교의 이해를 순결(純潔) 기독교의 중심에 두려고 하는 보수주의가 그러한 성향의 흐름에 속하였다고 하는 가정은 용이하다.

그러나 예수의 의중은 그것이 아니었다. 많은 신약학자들은 누가복음에 나오는 비유의 백미(白眉), "선한 사마리아 사람(눅 10:29~37)"이 직접 예수의 입술에서 말씀하고 현장 주변의 사람들이 그들의 귀로 직접 듣고 기억된 최초의 귀한 교훈임을 결코 의심하지 않는다.

Jesus-13
10개월의 침묵기(沈默期)

예수께서 사마리아를 통과해 북향으로 길을 잡아 드디어 갈릴리에 돌아온 후 다시 옛 목수 일을 하기 시작하여 그 후 이어질 잠정적인 침묵기가 있는 것으로 보는 학자들의 견해를 주목할 필요가 있다.

이러한 불가피한 은거(隱居)는 얼마 전 세례 요한의 제자들과의 첨예화(尖銳化)된 본의 아닌 논쟁에 휘말려드는 일을 피하고, 주로 바리새인들과 제사장들 사이에서 빚어진 세례 요한이냐 갈릴리 예수냐 하는 실용론적(實用論的)인 양론(兩論)의 표적(標的)이 되는 것에서 벗어나기 위해서이다. 이 갈릴리 사람은 조용히 뒤로 물러선다.

정확히 말하여 기원 30년 가을, 그러니까 약 10개월간 조용히 소식이 끊긴다. 이 공백기(空白期)의 10개월 사이에 유월절이 한 번 찾아오지만 예수가 이 유월절을 어디에서 어떻게 지냈는지 전혀 종적이 드러나지 않는다.

바로 이 10개월이 예수의 공생애 기간을 허리부분인 중간지점에서 끊어내는 중요한 공백기가 된다. 예수 연구를 전공하는 학자들은 여기에서 세례 요한의 그늘에서 유대주의의 혁신이라고 하는 대세(大勢)의 흐름에 참여하던 지금까지의 세례운동의 사역을 정리하고 드디어 뒤에 이어질 예수의 구속적(救贖的) 공생애와 이제까지 있어온 얼마간의 혁신사역(革新事役)과의 사이에 가로놓이는 양자를 갈라

놓는 중요기간으로서의 의미를 찾는다.

　복음서의 구성으로 보면 이 10개월의 공백기는 요한복음 4장 53절 이하에서 5장 1절로 새로이 시작되는 기사와 연결되는 줄거리, 다시 말하면 그 후에 다시 나오는 예루살렘 상경과의 사이에 끼어 있는 시간상의 간극(間隙)이라고 해석한다. 여기에 나오는 이 공백기(空白期)에 관하여 우리는 문자 그대로 아무것도 아는 바가 없다. 학자 중에는 이 공백기에 예수의 광야의 시험과 금식기도가 있었다고 추측하기도 하나 예수의 광야 시험은 세례 요한에게 세례를 받은 후 즉시라고 생각해야 정당하다.

　간혹 이 10개월의 간극에 대하여 놀라운 의외의 사실이라고 하는 반론도 있으나 정전적(正典的) 복음이 실제적으로 예수의 생애에 있어서 공생애 이전의 30년에 관하여 사실적으로 침묵하고 있다고 하는 것과 같다고 유추하여 보면 납득이 어려울 이유가 없는 것이다.

　그러나 이 문제의 10개월 침묵기간에 역사적으로는 의미가 막중한 몇 가지 사건들이 연이어 일어난다. 기원 30년에 강력한 실력자 세잔느(Sejanus)가 그의 반유대(反猶太) 정책을 강력히 밀고 나가기 위한 만반의 준비를 끝낸다.

　그러한 유대 근절책(根絶策)의 일환으로 사령관(司令官)의 실권을 위임받은 빌라도가 역사적 전기(歷史的 轉機)의 한몫을 담당한다. 그리하여 기원 30년에 황제의 화상(畵像)이 있는 주화를 제조하였고, 성전 구내에 있는 석조전(石造殿)에서 모이는 산헤드린 회의를 불법화하여 모이지 못하게 하였다. 그리고 유대인의 어떤 판결에서도 사형언도(死刑言渡)와 집행권을 행사할 수 없도록 몰수하였다. 그래서 산헤드린의 회의소가 성전산(聖殿山)에 자리잡은 안나스의 시장(市場)으로 옮긴다. 이러한 일련의 변혁은 유대인들을 곤경에 밀어넣기 위한 수단이었으나 그러한 빌라도의 의도와는 상반되게 팔레스타인 일원에서는 반로마 감정이 절정에 이른다.

이럴 즈음에 라비 요하난 벤 자카이(Johanan ben Zakkai)가 성전의 파괴를 예언하였고, 거의 같은 때에 예루살렘에 있는 라비 자독(Zadok)은 그 유명한 예루살렘 성지를 위한 40년간의 금식에 돌입한다 (Stauffer, *Jerusalem und Rom* chap.1과 chap.6 이하).

팔레스타인 북쪽 지역에 있는 갈릴리 분봉왕 헤롯 안티파스(Herod Antipas)는 여전히 세잔느의 수족(手足)과 같은 인물로서 그의 조종대로 정치를 하는 한낱 도구에 불과했다. 복음서가 이 헤롯 왕에 관한 기사에서 그가 자기 동생 빌립의 아내와 내연관계(內緣關係)에 있다고 하는 것의 부도덕성을 세례 요한이 질타하자 요한을 보호한다고 하는 명분에서 투옥한 후 결국 참수하고 말았다고 하는 당시 최대의 스캔들을 언급하는 것으로 끝내고 있으나, 헤롯 안티파스는 로마 황제의 꼭두각시 같은 폭군이었다.

누가복음 3장 19절 이하에 보면, "분봉왕 헤롯은 그 동생의 아내 헤로디아의 일과 또 그 행한 모든 악한 일을 인하여 요한에게 책망을 받고 이 위에 한 가지 악을 더하여 요한을 옥에 가두니라" 하였다. 당시의 헬라 지성인, 그리고 역사가의 안목이 정확한 누가는 이렇게 간결한 요약을 내린다.

예수의 행적을 시간구조(時間構造)의 줄거리를 따라 이해하면, 요한복음 5장 1절에 나오는 "유대인의 명절"에 예루살렘으로 상경한 예수는 그 곳에서 요한이 투옥된 사실을 처음 알았을 것이다.

유대인의 종교문서가 간단한 표현으로 '명절'이라고만 하였을 때는 그 명절은 장막절 (the Feast of Tabernacle)임을 의미하였다 (Stauffer, p.73). 그러므로 세례 요한이 체포당한 시기가 기원 30년의 장막절 얼마 전이라고 예측할 수가 있다. 그리고 헤롯 안티파스가 그 해의 구속의 날 (the Day of Atonement)과 장막절에 참례하기 위하여 예루살렘으로 출발하기 직전에, 뒤탈이 없도록 손을 쓰기 위하여 세례 요한의 신병을 확보하고 그런 후에 출발하였을 것으로 판단된다.

이 때에 예수의 사역에 중대한 변화가 생긴다. 정확하게 말하여 변화가 아니라 본래의 성격과 정체가 그제서야 명확하게 드러나기 시작했다고 보아야 할 것이다.

그것은 예수의 사역이 완전히 세례 요한과는 독자적인 길을 가기로 결정됐다고 하는 사실이다. 세례 요한이 당시 정치 권력자의 주목을 받게 된 이유는 그의 과격하리만큼 철저한 토라주의 때문이었다 (his extreme adherence to the Torah). 그런데 예수에게 그러한 과격할 정도로 철저한 율법주의에서 벗어나 독자적 노선을 취하게 되는 전환점이 찾아온다는 것이다.

우리가 이 예수의 심리학적 변화(心理學的 變化)를 자세히 짐작할 수는 없으나, 비교적 확실히 알 수 있는 역사적 사실은 예수께서 북쪽 갈릴리에서 조용히 10개월을 보내시고 있을 때 이러한 변화가 생겼다고 하는 사실이다. 그러나 우리가 관찰할 수 있는 바는 그 전환이 빚어 준 확실한 결과뿐이다.

장막절이 지켜지는 주간의 안식일에 예수는 유명한 베데스다 못가로 찾아간다. 이 곳은 양문과 다섯 개의 행각(行閣)이 있고, 끓어오르는 물이 환자에게 치유 효과가 있어 병자가 늘 많이 모인다. 현재의 고고학적 규명에서 복음서에 언급된 그 행각의 유적이 발견되고 있으며, 따라서 본문과 일치함이 입증된 바 있다.

여기에서 예수는 38년이나 된 불구자를 치유하면서 안식일임에도 "네 자리를 들고 걸어가라" 명하신다! 병의 치유 자체는 안식일의 범법이 아니라고 할 여지가 있다. 그러나 침상을 들고 걸어가라고 한 명령은 안식일의 파괴이며 배교적(背敎的) 선언이라고 발목잡힐 만한 것이다. 이러한 공공연한 선언은 사형으로 갈 수 있는 도전인 것이다

(Stauffer, p.74).

　예루살렘의 산헤드린은 즉각 행동을 취하였다(요 5:10 이하). "병나은 사람에게" 신문하여 안식일인데 "네가 자리를 들고 가는 것이 옳지 아니하니라"고 조사를 시작하였고, "나를 낫게 한 그가 자리를 들고 걸어가라" 하였다고 하는 답변과 "그가 누구냐" 하는 추적에서 그 나음을 받은 환자가 그제야 그가 예수라고 한 제보에 의하여 예수를 핍박한다.

　예수께서 하신 답변은 "아버지께서 이제까지 일하시니 나도 일한다"는 놀라운 답변이었다. 다시 말하면 그는 하나님 아버지와의 독자적 관계를 가지고 있기 때문에 자신은 모세의 율법에 매여 모세에게 충성을 해야 할 의무를 넘어선 하나님과 일치하는 초월적 권위를 소유한다고 하는 전대미문(前代未聞)의 경악할 만한 언명을 하신 것이다.

　그러므로 "유대인들이 이를 인하여 더욱 예수를 죽이고자 하니 이는 안식일만 범할 뿐 아니라 하나님을 자기의 친 아버지라 하여 자기를 하나님과 동등으로 삼으심이러라 (요 5:18)" 하는 문절에서 요한은 당시의 경색된 분위기가 얼마나 사실적인가를 유보없는 기술로 설명하고 있다.

　다시 요한복음 5장 35, 36절에 보면 "요한은 켜서 비취는 등불이라 너희가 일시 그 빛에 즐거이 있기를 원하였거니와 내게는 요한의 증거보다 더 큰 증거가 있으니 아버지께서 내게 주사 이루게 하시는 역사 곧 나의 하는 그 역사가 아버지께서 나를 보내신 것을 나를 위하여 증거하는 것이요"라고 하였다.

　이와 같이 예수는 예루살렘의 산헤드린이 인정한 세례 요한의 권위도 실상은 자기 자신을 변증하기 위하여 존재한다고 함으로써 산헤드린으로 하여금 예수를 처형할 수 있는 또 하나의 뚜렷한 이유를 제공하였다. 왜냐하면 산헤드린이 공인한 권위에 대한 비평과 도전은 절대로 용납되는 것이 아니며, 사형으로 다스리기 때문이다 (Stauffer, p.206).

그러나 예수는 이 초막절의 충돌에서 그들 산헤드린의 손을 벗어난 후, 다시 예루살렘을 떠나게 된다. 이렇게 예루살렘을 떠나면서 배후에 뚜렷한 두 종류의 심각한 적수들을 형성하여 놓은 결과가 된다. 하나는 사두개인들과 결탁한 제사장의 세력이요, 또 하나는 바리새인의 정예 지성인들을 거느린 랍비들이다.

전에는 성전을 청결케 한 사건으로 제사장들의 불같은 적개심을 불러 일으켰고, 이제는 안식일에 대한 공개적인 도전으로 랍비들의 권위, 즉 율법과 계율을 관장하는 레위 당국의 적개심을 동시에 자극하여 이제 예수의 적은 제사직과 레위 율법 당국 양자의 복합적(複合的)인 실세(實勢)가 되고 만 것이다. 이들 두 지도층 즉 제사장들과 랍비들은 산헤드린의 두 지배권력(支配權力)이며 그들이 산헤드린의 방향을 이끌어 간다. 그렇기 때문에 그들이 협력하여 예수를 제거하려는 결의를 한다는 것은 예수의 사역에 있어서 치명적인 장애가 앞에 기다리고 있음을 일러주는 것이다.

그러므로 예수는 더 이상 예루살렘과 유다에 머물러 있기가 심히 어려워졌을 뿐 아니라, 그가 북쪽 갈릴리로 물러가 거기에서 사역을 계속하는 동안에도 집요한 예루살렘의 밀정과 조사단들이 그의 주변에서 질문과 시비와 도전을 걸어오는 참으로 날카로운 긴장관계의 장(場)이 펼쳐지게 된다.

훗날에 이러한 집요한 도전과 위협 때문에 예수와 일행은 팔레스타인 서북쪽 변경으로 사역의 자리를 옮기게 된다. 예수의 사역에 있어서 멀리 두로와 시돈으로 사역을 넓혀 간 배경에는 이러한 불가피하고도 착잡(錯雜)한 배후사정이 있었다.

Jesus-14
갈릴리 사역

그 해의 늦가을에서 겨울

세례 요한이 체포당한 후 갈릴리에 오신 예수는 의연히 독자적인 사역을 시작하실 서막을 여신다. "때가 찼고 하나님의 나라가 가까웠으니 회개하고 복음을 믿으라(막 1:14)" 마가복음은 예수의 갈릴리 사역을 이와 같이 시작함으로써 신약학에서 소위 베드로 형식(Petrine formulae)의 구성이라고 그 구조적인 특성을 주목하는 바 예수의 공생애 사역의 막을 올린다.

좀더 부연하여 언급하면 이 베드로 형식의 예수의 사역은 훗날에 베드로가 고넬료 집에서 행한 설교의 윤곽에서 언급한 맥락(행 10:37), "곧 요한이 그 세례를 반포한 후에 갈릴리에서 시작되어 온 유대에 두루 전파된 그것을 너희도 알거니와……"의 문절과 누가복음 23장 5절에 나오는 빌라도 재판의 맥락에서 "무리가 더욱 굳세게 말하되 저가 온 유대에서 가르치고 갈릴리에서부터 시작하여 여기까지 와서 백성을 소동케 하나이다"라고 한 문절들을 함께 고중함으로 확인되는 예수의 공생애의 시간구조(時間構造)이다. 이것을 가리켜 공관복음의 기본골격이라고 한다.

이 때가 기원 30년 늦은 가을이었다. 마가복음 1장 21절과 마태복음 4장 13절에 보면 예수의 사역은 가버나움에서 시작된다. 이 가버나움은 예수의 거류지이며 그러므로 향후 수개월 간 가버나움 회당은 그의 사역의 근거지가 된다.

마가복음 1장 16절 이하에 보면, 갈릴리 바다에서 어업에 종사하던 시몬과 그의 형제 안드레, 그리고 세배대의 두 아들 야고보와 그의 형제 요한이 등장한다. 예수는 그 해의 성수기(盛需期) 11월을 맞아 그들이 한참 어업에 매달려 분주한 와중에서 그들의 일손을 멈추게 하고 즉시 제자로 따라오게 한다.

물론 이 네 사람과의 관계는 이 때가 처음 만남은 아니었다. 이미 초기에 만남이 있었고, 기원 29년 11월에 헤어진 이후 다시 만나 부르신 이름은 새로운 의미가 있다. 이후부터는 그들이 생업과 가족을 떠나 항상 함께 따르게 되는 본격적인 제자도(弟子道)가 시작된다.

우리가 주목해야 할 새로운 사실은 이 때부터 예수와 제자들은 다시는 세례운동을 하지 않는 의미 있는 변화가 일어났다고 하는 것이다. 또한 예수와 세례 요한과의 관계 역시 예수의 독자적 사역이 시작되면서 세례 요한과의 완전한 단절로 매듭지어진다는 것이다.

마가복음 1장 40절 이하의 문절에 보면 예수께서 한 문둥병 환자를 치유한 후에 그에게 예루살렘에 있는 건강진단(健康診斷)을 담당한 제사장에게 즉시 치유된 몸을 보이고 명한 대로 감사의 제물을 바친 후 사람들에게 증거하라고 지시한다.

그 후 얼마 안 되어 마가복음 2장 1절 이하에 보면 사람들이 지붕을 뚫고 중풍병자를 집 안의 예수 앞으로 달아 내렸을 때 치유만이 아니라 "네 죄 사함을 받았느니라"라고 하신 용서의 선포 때문에 예루살렘에서 파송된 서기관들과 충돌이 일어난다. 공관복음의 기록에서 이 사건은 하나님만이 용서하실 수 있는데 예수는 용서한다고 언명하여 신성모독이라며 격분하게 되는 최초의 충돌사건으로 해석된다.

이 때에 예수께서 주신 답변을 겸한 설명의 말씀에서 "그러나 인자가 땅에서 죄를 사하는 권세가 있는 줄을 알게 하려 하노라 (2:10)"라고 하셨다.

예수께서 명확히 선포한 언명 중에 나오는 '인자'와 '용서하는 권세'가 결합된 이 표현은 그의 복음의 성격을 천명한 것이므로 중요하거니와, 또한 마가복음 안에서 '인자'가 '용서의 권위'와 결합되어 사용된 여기에만 단 한 번 나오는 문절이어서 중요하다.

예루살렘에서 파견된 조사단은 예수께서 언명한 이 용서가 신성모독이라며 극심한 반발을 일으킨다. 이어 얼마 후에는 다시 예수께서 "세리와 죄인들과 함께" 하는 자리에서(막 2:16 이하) 무분별하게 식사하시는 모습을 보고 신랄(辛辣)하게 비판하게 된다. 또 다른 비평자들은 예수의 제자들이 바리새인들과 세례 요한의 제자들처럼 금식하지 않으므로 그럴 수 있는가 하여 심히 불쾌하게 생각하였다.

마가복음 2장 19절에서 예수는 "혼인집 손님들이 신랑과 함께 있을 때에 금식할 수 있느냐 신랑과 함께 있을 동안에는 금식할 수 없느니라"라고 분명히 그 이유를 밝혀 지금은 바리새 사람과 세례 요한의 제자들이 지키는 금식의 기간이 지나갔으며, 이미 기다리던 신랑이 왔다고 의미심장하게 자기 복음의 본질을 천명하시는 것이다.

예수의 추종자들이 급속히 증가한다. 예수는 가버나움 가까운 어느 산지(山地)에서 열두 명의 제자들을 선택하는 엄숙한 의식을 행하였다(막 3:13~19). 이 때에 예수는 시몬에게 '바위'라는 뜻을 가진 베드로라는 이름을 주었으며 야고보와 야고보의 동생 요한에게는 '보아너게(막 3:16, 17)' 곧 '우뢰의 아들'이란 별명을 주었다.

마가복음 4장에 나오는 씨 뿌리는 농부와 여러 가지 밭에 떨어지는 씨들에 관한 유명한 비유와 교훈은 게네사렛 호수 또는 갈릴리 바다의 해변에서 행한 교훈이었다. 그러한 맥락에서 나온 씨 뿌리는 비유와 바다의 광풍을 잔잔케 한 이적의 사건을 하나로 묶어 그 때가 기원 30년 12월경으로 추정된다.

세례 요한이 사람을 보내어 "당신이 기다리던 메시아입니까?" 하고 질문을 한 때가 시간구성으로 추정하면 그 다음해인 기원 31년 1월에 해당된다(눅 7:18 이하).

이 때에 주신 예수의 답변은 그의 사역에서 무엇이 일어나고 있는가에 관한 구체적인 실증이며 또한 복음의 요약이었다. 맹인(盲人)들이 광명을 얻고 앉은뱅이가 걷는다. 문둥이가 깨끗함을 얻고 귀머거리가 듣고 죽은 자가 살아나며 가난한 자에게 복음이 전파되고 있다(눅 7:22)고 전하라 말씀한 후에 "누구든지 나를 인하여 실족지 아니하는 자는 복이 있도다"는 결론을 맺었다. 그 후 며칠 뒤에 헤로디아의 요구 때문에 마케로스(Machaerus) 산새(山塞)에서 세례 요한의 목은 떨어지고 만다.

훗날에 예수께서 하신 말씀 "저희가 세례 요한을 임의로 대하였다(막 6:19 이하, 9:13)"라고 함축된 견해는 그대로 당신의 가까운 앞날에 무엇이 기다리고 있는가에 관한 정확한 예견이었으며 또한 당신의 구속적 사역의 결국이 어떠한 모습으로 다가오고 있는가를 친히 아시고 해석한 중요한 한 마디이다.

시간은 흘러 2월에는 성전의 세금이 징수되고 그러한 사회적 배경에서 예수는 일차적으로 열두 제자를 둘씩 짝지어 파송하였다. 이와 같이 저희를 파송하셔서 말씀을 전하며 치유사역을 전개한 후, 저희들이 격앙(激昂)된 일차적인 승리의 보고를 하는 때가 3월 중순경으로 짐작된다(막 6:6 이하, 30절 이하). 이럴 즈음에 예수의 사역은 점점 빛을 발하며 열기(熱氣)를 더한다.

갈릴리의 유월절

다시 한 번 이 해의 유월절이 가까워지면서 예수는 그 해의 유월절에는 예루살렘에 올라갈 수 없다고 생각하였다. 예루살렘의 막강한 산헤드린이라고 할지라도 갈릴리 지역에서는 유다 지방에서 가능한 것처럼 그렇게 직접적으로 그리고 신속하게 예수를 체포할 수는 없었다. 그리고 헤롯 안티파스도 그 때에는 아직 예수에 대하여 어떻게 손을 써야겠다는 마음의 작정이 없었다.

그러므로 잠시 동안이기는 했어도 예수는 갈릴리에서 비교적 평온하게 있을 수가 있었다. 그러므로 이와 같이 안전하게 거동할 수 있는 갈릴리에서 동향인(同鄕人)들이나 제자들과 함께 유월절을 지키기로 작정하여, 게네사렛 호반의 들판에서 오천 명에게 묵시 문학적(默示文學的)인 떡잔치를 베푸셨으며(요 6:14), 또한 경건한 유대인들이 "집에 남아 있는 자로서" 행하는 유월절의 절기를 제자들과 함께 가버나움에서 지켰을 것으로 생각된다 (Stauffer, p.82).

팔레스타인 안에 살고 있는 유대인들은 모두 최후의 날이 이러한 묵시문학적인 잔치로 절정에 이른다고 하는 기대가 있었다. 과거에 광야에 장막들을 치고 함께 생활한 것처럼 다시 한 번 그 과거의 추억대로 광야에 집결하여 공동생활을 하게 될 것으로 예상하였고, 그렇게 집결한 무리들을 하나님의 기름부음을 받은 자가 배불리 먹이고 축복의 소나기를 내릴 것이라고 믿었다.

예수께서 행하신 오병이어의 이적은 현장에서 경험한 큰 무리들에게 크나큰 감격을 안겨 주었으며, 그 때에 받은 인상은 쉽게 잊혀지지 않을 놀라움이었을 것이다.

그러기에 복음서마다 이 오병이어의 이적을 빼지 않고 기술하고 있고 또한 요한복음에서는 예수의 갈릴리 사역에 관한 기사 중에서

단 하나 이 오병이어의 이적만을 선택적으로 언급하고 있을 정도인 것이다(요 6:1 이하).

요한복음 연구에서 저자 요한이 2장 21절 이하에서 삼일 안에 성전을 다시 일으키겠다고 한 예수의 언명을 삼일 안에 다시 사실 부활 사건으로 이미 해석한 것과 같이, 유사한 해석의 입장에서 이 광야의 잔치를 또한 최후의 성만찬의 입장으로 해석하고 있다고 푸는 신약학자의 견해는 주목할 만하다.

전통적으로 유월절은 장차 올 메시아가 이스라엘 왕국을 건립하리라고 하는 민족적인 희망을 해마다 새롭게 하는 의미 깊은 절기이다. 또한 갈릴리 사람들은 저항운동의 기질이 골수에 맺혀 있는 사람들이었다(행 5:37). 특히 기원 31년까지 격렬한 저항운동을 이미 여러 차례 일으킨 때였기 때문에 예수의 이적을 목격한 예수의 동향인(同鄕人)들이 예수를 왕으로 옹립하려고 했다는 요한복음의 설명은 당시의 상황과 일치한다.

슈타우퍼 교수의 해석에 의하면 예수와 제자들이 그 해의 유월절을 갈릴리에 머물러 지키고 있는 동안 갈릴리 사람들이 예루살렘으로 상경하여 메시아의 이름으로 무력봉기를 일으켰다고 한다.

누가복음 13장 1절 이하에 보면 성전(聖殿)의 산(山, the temple mount)에 집결하였을 때를 노린 빌라도가 그들을 무자비하게 학살하였다는 것이다. 다시 누가복음 13장 3절 이하에 보면 실로암의 망대가 무너지므로 18명의 사망자를 낸 사건도 이 때에 겹쳐 발생하였다. 예수의 경고 "너희도 만일 회개치 아니하면 다 이와 같이 망하리라" 하는 문절은 이러한 불안스러운 당시 사회의 상황을 정확하게 말해 준다.

기원 31년의 유월절은 예수의 갈릴리 사역의 절정(絶頂)이었다(요 6:14 이하). 그러나 이러한 예수의 사역의 절정에서 군중의 환호와 열의가 즉시 냉각하기 시작하였다(요 6:60 이하). 그 해의 유월절에는 예수께서 예루살렘으로 상경하지 않았으므로(요 7:1, 11, 11:56) 예루살렘의 적수들이 심히 실망하였다. 그러므로 새로 파견된 예루살렘의 조사단이 갈릴리로 몰려와서 격렬한 반(反)예수운동을 전개한다.

요한복음 6장 60절 이하에서 "제자 중 여럿이 듣고 말하되 이 말씀은 어렵도다 누가 들을 수 있느냐" 하니 예수께서 스스로 제자들이 이 말씀에 대하여 수군거리는 줄 아시고 일러주시기를 "이 말이 너희에게 걸림이 되느냐"라고 기록된 문절에서 예수의 교훈이 난해하다고 하는 것, 수군거림이 있었고 그러한 불만이 확대되어 제자 중에서 많이 물러가 다시 그와 함께 다니지 아니했다는 결과가 빚어진다.

이 기사의 맥락에 나오는 "이 말씀은 어렵도다"의 "어렵다"는 헬라어 '스클레로스(skleiros)'라는 단어는 유대의 율법사회에서 사용되는 전문용어이며, 절망적으로 완고한 배교자(背敎者)가 감히 발설하는 신성모독을 지적한 특수언어인 것을 감안할 때, 이 때에 예루살렘에서 파견된 반(反)예수운동의 활동이 얼마나 적극적이었는가를 짐작하게 한다.

요한복음 6장 59절에 보면 "이 말씀은 예수께서 가버나움 회당에서 가르치실 때에 하셨느니라" 하였다. 그러므로 위에서 언급한 절정(絶頂)을 전환점으로 상당수의 추종자들이 썰물같이 물러가버린 후에도 이 가버나움을 본거지로 한 예수의 갈릴리 사역은 얼마간 더 지속되었다고 할 수 있다.

4월이 되면 밀밭이 누렇게 익어간다. 마가복음 2장 23절 이하에 보면, 제자들이 시장하여 이삭을 자르니 그러한 저희들의 행동을 책망하라고 요구한다. 이러한 요구는 그 다음의 연계동작으로 제자들이 안식일을 범하도록 잘못 교육하였음을 간접적으로 시인하도록 유도한다.

그러한 저희들의 의중을 잘 알고 있는 예수는 다윗의 이야기로 저희들의 미시적(微視的) 율법주의를 침묵시킨다. 예수와 도전자 그리고 누구나 잘 아는 다윗의 에피소드는 대충 다음과 같다.

다윗과 일행이 도성 밖에서 유랑하고 있을 때였다. 아무도 저희들을 용납하여 먹을 것을 나눠주지 않으므로 몹시 시장하여 제사장만이 취할 수 있는 성전의 진설병을 먹고 또 일행에게도 먹게 한 사실이 있었다.

예수는 위와 같은 비상법(非常法)의 예를 실증하면서 아울러 안식일이 사람을 위하여 있는 것이요, 사람이 안식일을 위하여 있는 것이 아니다 라고 언명하여 질문자들을 심히 불쾌하게 만들었다. 뿐만 아니라 예수는 "인자는 안식일의 주인이다" 라고 결연히 단언함으로써 현장의 증거를 수집하기 위하여 파송된 조사단에게 예수의 경우가 불가피하게 신성모독의 극형에 해당된다는 확실한 증거를 취하게 하였다.

예수는 전자에도 요한복음 5장 9절 이하에서 예루살렘에 있는 베데스다의 못가의 38년을 반신불수로 앓아온 환자를 치유하면서 안식일 법을 범하는 행위인 것을 짐짓 알면서도 침상을 들고 가라 명하여 그 환자로 하여금 안식일을 범하도록 명령한 일이 있어 예루살렘 당국이 이미 기억하고 있는 터였다.

그런데 여기 가버나움에서는 "인자가 안식일의 주인이니라"는 심히 중요한 단언을 내려 저희들로 하여금 예수가 극형에 해당함을 움직일 수 없는 것이 되게 하였다.

Jesus-15
민심의 이탈, 그리고 반(反)예수운동

　예루살렘 당국은 백성을 거짓 가르침으로 오도(誤導)하는 교사를 찾아내어 그 정체를 확인한 후 처단하지만, 우선 위교사(僞敎師)의 진상을 정확히 파악하고 고발하는 일이 용이하지 않기 때문에 일반적으로 다른 범법자들을 취급하는 것과는 판이한 편법(便法)을 쓸 수밖에 없었다.

　그 편법이란 소위 비밀정탐 (secret witnesses)을 침투시키는 관행이었다. 유대인 사회에서는 기본인권을 존중하여 억압하는 일을 금하므로 다른 범법자들의 경우에는 이러한 편법을 절대로 허용하는 일이 없다. 그러나 위교사와 이단자의 색출은 그들이 교묘히 위장하여 노출이 되는 경우가 매우 드물기 때문에 이와 같이 고발자를 침투하는 편법을 쓸 수밖에 없었다.

　흔히 두 사람씩 한 짝이 되어 현장에 침투하여 그 교사가 군중이나 제자들에게 배교(背敎)에 해당하는 비밀교훈을 노출시킬 때 그 현장에서 밀파된 두 사람이 힘을 합하여 그 위교사를 체포해야 하며 예루살렘의 산헤드린으로 압송하도록 되어 있었다 (Stauffer, *Jesus and His Story*, p.206).

　예수께서 안식일에 가버나움 회당에서 교훈의 말씀을 하고 있을 때에 그 현장에 동석한 위와 같은 밀명으로 침투한 두 예루살렘의 증인이 구체적으로 예수 자신이 안식일을 범하는가 여부를 기다리고 있었으나 헛수고로 끝났다.

  마가복음 3장 1절 이하의 맥락으로 짐작하여 그러한 시도가 실패한 후 위에서 말한 두 바리새인 중인이 헤롯 안티파스의 경찰과 협력하여 예수가 안식일을 범하는 이유로 체포할까 모의하였으나(6절), 그 때만 하더라도 헤롯 안티파스측에서는 세례 요한의 불상사가 있은 지 얼마 안 되었기 때문에 어떤 강경책도 삼가고 있는 때였다. 그리하여 안식일을 범하도록 선동하는 이유에서 배교적 교사의 의혹으로 현장에서 예수를 체포하려고 한 결행은 아직 시기상조였다.

  그러나 시간이 지나가면서 예루살렘 당국의 시각으로 판단한 예수는 배교적인 설교자 (an apostate preacher)임이 확실하였다. 계속적으로 가버나움에서나 갈릴리 등지에서 심지어는 예루살렘 중심부에서도 군중은 예수에게 매혹되고 있었다. 이러한 군중들의 현장을 지켜본 기록에 의하면, "예수께서 제자들과 함께 바다로 물러가시니 갈릴리에서 큰 무리가 좇으며(막 3:7)" 하였다.

  이어 8절에서 "유대와 예루살렘과 이두매와 요단강 건너편과 또 두로와 시돈 근처에서 허다한 무리가 그의 하신 큰 일을 듣고 나아오는지라" 하였다. 다시 20절에 보면 "집에 들어가시니 무리가 다시 모이므로 식사할 겨를도 없는지라"라고 함으로써 예수의 교훈과 사역이 얼마나 그 시점에 많은 군중에게 감동적이었는가를 짐작할 수 있게 한다.

  예루살렘의 산헤드린은 고심하였다. 가버나움 한 마을 전체를 '부정(不淨)한 지역 (seduced city)'으로 선포할 것인가 하는 여부는 심각한 문제이다. 신명기 13장 13절 이하에 보면 다른 신을 가르쳐 섬기게 한 설교자가 한 동네에 나타나 그의 잘못된 신앙과 교리에 오염되었을 때 과거의 엄격한 금령에 의하면 그 지역 전체를 부정한 지역으로 선포하고 그 곳의 주민들을 모두 무차별 학살하고 그 고장의 건물과 재산을 불살라 버리라고 되어 있다.

비록 예수시대에 와서 그렇게까지 가혹한 심판은 아니라고 해도 외부의 선량한 군중들이 계속 그 곳에 유입하거나 접근하지 않도록 그 지역을 '부정한 지역'으로 선포하는 권한은 예루살렘 산헤드린의 책무였다. 그러나 이러한 과격한 처방은 당국이 파송한 조사단들의 구체적인 고발이 있은 후에야 문제가 된다.

이미 예루살렘으로부터 파송된 율법 전문가가 예수가 행하는 이적의 현장에 있었다(막 3:22). 그들은 이미 예수의 축마행위(逐魔行爲)나 예수의 설교가 명백한 거짓교훈으로서 엄격한 율법과 교리에 위배되며, 그의 능력의 발휘가 악마적 원인에 근거한 이적이라고 공식적으로 판단을 내린 바 있었다. 이러한 판단은 사사로이 그 자리에 있게 된 자들의 생각이 아니라 공식 조사단과 그 지역의 통치자인 헤롯 안티파스의 보호가 함께한 파견자들의 판단이기 때문에 예수의 입장으로 보면 자신이 얼마나 위험한 처지에 있는가를 짐작하기에 어렵지 않았다.

그러기에 예수의 가족이나 친족들이 그러한 위험을 모면하기 위한 궁여지책으로 예수가 자기의 언동에 책임을 질 수 없는, 심리학적으로 정신이상 상태에 있는 자라고 하는 구실을 씌우려고 한 바가 있었다고 저자 마가는 초기에 언급한다(막 3:21).

그러나 친족들이 그러한 궁여지책인 변명의 일환으로 집 문 밖에 와 있다는 전언을 듣게 된 예수는 마가복음 3장 31절 이하에서 "누가 나의 모친이며 동생들이냐……누구든지 하나님의 뜻대로 하는 자는 내 형제요 자매요 모친이니라" 선언하므로 가족과 친지들이 자기 자신들의 안전을 위한 고육책(苦肉策)은 완전히 물거품이 되고 만다.

가버나움의 사람들은 당혹하였다. 그리고 예수의 많은 제자들은 예수의 곁을 이탈하는 현상이 벌어진다. 그러한 안전 이탈은 저희들의 신앙이 냉각해진 탓도 있지만 예루살렘 당국의 공식 판단과 예수 본인을 처단하기로 공론을 묻는 사실과 함께 생각해야 할 맥락으로 이해가 되는 위기의 형성이었다. 사실 예수 자신도 가버나움을 떠나야만 했었다. 마태복음 11장 23절에 나오는 "가버나움아 네가 하늘에까지 높아지겠느냐 음부에까지 낮아지리라 네게서 행한 모든 권능을 소돔에서 행하였더면 그 성이 오늘날까지 있었으리라 내가 너희에게 이르노니 심판날에 소돔 땅이 너보다 견디기 쉬우리라" 하는 예수의 말씀은 그 때의 자신의 심회(心懷)를 잘 표시해 주는 절규(絶叫)에 가까운 문절로 새삼 주목해야 한다.

예수는 열두 제자들에게 너희들도 떠나가겠는가 물었다. 그 때에 이미 열한 제자들은 예수의 말씀이 생명의 말씀임을 고백한다(요 6:67). 이 때 그 고장을 떠나야 했던 예수와 적은 수의 일행 안에는 누가복음 8장 1절 이하의 내용과 같이 몇 명의 갈릴리 부녀자들이 동행하였다 (참조 눅 22:28 "너희는 나의 모든 시험 중에 항상 나와 함께 한 자들인즉······").

마가복음 6장 1절 이하의 문절로 추측하여 보면 나사렛으로 찾아가 그 곳에서 안심할 수 있는 거처를 구하려고 한 예수와 일행에게 그 곳은 예수의 누이들이 살고 있는 곳이기도 하고 또한 어린 시절 예수가 성장한 고향이기 때문에 처음에는 별 어려움이 없어 보였다.

그러나 곧 그 고장에서도 세찬 반대가 일어났다. 이미 그에 대한 따뜻한 마음의 관용보다는 "가버나움에서처럼 여기에서도 행하라!(눅 4:23)" 단지 그를 눈요기거리 또는 흥미거리로 대하려는 외로운 이적사(異蹟師)의 취급을 받을 뿐이었다.

이러한 냉대(冷待)와 다른 한편으로 격앙된 혹심한 반감은 예수의 교훈과 설교가 열기를 더해가면서 더욱 치열해진다. 누가복음 4장의 맥락에서의 종결은(29절) 동네 사람들이 회당에서 일제히 일어나 예수를 벼랑 아래로 내치려고 한 폭력사태로 매듭된다.

유대인들이 산의 벼랑에서 아래로 내친다고 하는 관행은 당시의 열심당들이 배신자와 매국노들을 벼랑 아래로 내친 후 그 아래에 쓰러진 자를 집중적으로 돌로 치는 결행으로 연결될 시작부분에 해당한다. 유대 크리스천들의 오래된 전승에 의하면, 메기도 평원에 우뚝 솟은 '바위 벼랑 (Rock of Precipitation)' 이라고 불리는 낭떠러지 지점이 있는데 여기가 예수를 살해하려고 한 유명한 지점으로 설명된다.

다시 요약하면 마가복음 6장 1절 이하와 누가복음 4장 16절의 두 기사로 구성이 된 맥락에서 볼 때 갈릴리에서 행한 예수의 후반기 사역은 심히 위난(危難)에 휩쓸리게 되었고, 그러한 정황이 마치 연속적으로 투사하는 슬라이드의 영상들처럼 긴박하게 벌어진다(E. Stauffer, p.87).

그 해의 여름이 다 지나갈 무렵 예수는 한 곳에 편히 머물러 있을 수 없는 형편이어서 누가복음 7장 11절 이하와 같이 남부 갈릴리 지역이나 또한 마가복음 7장 24절이나 31절의 내용과 같이 두로와 시돈 지역으로 찾아가거나, 다시 마가복음 8장 22절과 같이 갈릴리 호수나 요단강 너머 지역 등지로 전전(轉轉)하였다.

이와 같이 전전하면서도 수로보니게의 한 여인의 딸을 고쳐 그에게서 귀신이 나가게 하였고(막 7:24~30), 또한 귀먹고 언어가 지극히 불편한 환자를 "에바다"(열려라) 라고 명하여 치유한 후에 아무에게도 발설하지 못하게 금하였다(막 8:36).

이 무렵의 예수는 가능하면 아무런 소문도 일지 않고 조용히 있기를 심히 원하였다. 예수는 바로 도피자의 괴로움을 지녔다.

"여우도 굴이 있고 공중의 새도 집이 있으되 인자는 머리 둘 곳이 없도다(눅 9:58)" 라고 하신 탄식과 고뇌의 표현은 이 때의 심경의 적절한 묘사이다.

 그럴 즈음, 예수의 사역을 불법화하고 더욱 궁지로 몰아넣으려고 하는 반(反)예수운동이 점차로 조직화하기 시작하였다. 예수께서 가는 곳마다 그 곳에는 반드시 예루살렘에서 밀파된 조사단(emissaries)이 대기하고 있었다. 그러한 반예수운동의 조사단들은 예수의 사역에 관하여 집중적으로 비평과 공격을 개시하였으며, 그들이 제시한 집중적인 논제는 당시의 랍비교육에 속하는 모세 오경에 관한 구전(口傳) 해석의 요체인 '할라카' (Hallakah)와 깊은 관계가 있는 관심사였고 정결법의 기초인 손을 씻는 의식 (ritualistic hand-washing)과 관련된 논쟁 이었다(막 7:1이하).

 마가복음 8장 11절 이하에 보면 "하늘로서 오는 표적" 다시 말하면 아무도 이의(異意)를 제기할 수 없는 그러한 표적을 바리새인들이 요구하였다.

 예수의 답변은 점차로 열기와 날카로움이 더 가해지며 예수의 반론은 가차 없는 비난논법(非難論法)인 '디아트리베(diatribes)'를 두려움 없이 사용함으로써 예수의 운명과 처지가 더욱 곤경에 빠지게 된다(참조 눅 11:49 이하, 12:51 이하, 13:22 이하). 특히 누가복음 10장 13절 이하에 나오는 "화있을진저 고라신아, 화있을진저 벳새다야 너희에게서 행한 모든 권능을 두로와 시돈에서 행하였더면 저희가 벌써 베옷을 입고 재에 앉아 회개하였으리라 심판 때에 두로와 시돈이 너희보다 견디기 쉬우리라 가버나움아 네가 하늘에까지 높아지겠느냐 음부에까지 낮아지리라" 하는 문절에서 우리는 예수의 강력한 '디아트리베', 즉 흔히 독설(毒舌)이라고 알고 있는 비난논법의 극치를 엿보게 된다.

 이 무렵에 예수는 제자들을 교육하면서 또한 경고하여 "바리새인들의 누룩과 헤롯의 누룩을 조심하라"고 당부함으로써 누룩같이 침투한 예루살렘 산헤드린의 반(反)예수운동과 역시 누룩처럼 번지고 있는 그 지역의 헤롯 관리들의 역선전(逆宣傳)이 제자들의 마음을 흔들어 놓지 못하도록 조심을 일러둔다 (막 8:15).

갈릴리 지역의 분봉왕인 헤롯 안티파스는 세례 요한을 처형한 후 지금까지 취한 우유부단한 태도가 표변(豹變)하여 예수의 영향력을 적극적으로 억압하기 시작하여 전년의 그의 입장과는 판이한 가혹한 입장을 취한다. 그러므로 예수와 제자 일행은 북쪽으로 비교적 원거리를 물러나 헤롯 빌립의 영지로 곤경을 피하여 들어가는 것이다.

기원 31년의 '구속의 날'에 즈음하여, 예수와 일행은 가이사랴 빌립보의 지경 헬몬산의 아래턱 부근에 와 있었다. 거기에서 예수는 제자들에게 "내가 누구라고 생각하느냐"라고 질문한다.

베드로는 대표적으로 예수께서 메시아이심을 고백한다. 그러나 예수는 그의 상식적인 메시아 이해의 개념을 교정하여 인자가 반드시 세상의 구원을 위하여 고난과 죽임을 당해야 함을 비로소 밝히심으로 그러한 예수의 메시아 이해를 반대하는 베드로를 책망한다(막 8:27 이하).

서북쪽에서 가버나움으로 돌아와 보니 그의 형제들은 장막절을 지키기 위하여 예루살렘으로 떠날 준비를 하는 중이었다. 예수도 그들과 함께 동행하여 줄 것을 요구받았으나 예수는 아직 북쪽에 더 머물 생각이라고 말하자 형제들은 이해할 수 없는 일이라고 머리를 흔든다. 이쯤의 예수의 결단과 행보는 하나하나 치밀하게 초월적인 법칙에 의하여 진행하고 있는 인상이다(요 7:2 이하). 예수의 구속주(救贖主)적인 자각과 순종의 생활을 이해 못하는 다른 사람들의 상식적인 눈에 예수가 이상하게 비치는 것은 어쩔 수 없는 일이다.

그의 친족들이 모두 예루살렘으로 떠난 후 예수는 제자들과 함께 다볼산(Mount Tabor)으로 간다. 그런 후 장막절 주간이 시작되는 전야에 예수는 제자들 앞에서 눈부신 영광의 모습으로 변화하여 제자들 앞에 나타난다. 감격한 베드로는 즉각 반응을 보여, 그 자리에 초막을 셋 지어 모세와 엘리야와 함께 그 곳에 머물러 있자고 제의하나 예수는 그의 요청을 교정하여 인자에게 찾아올 고난과 죽음을 설명한다(막 9:2 이하). 그리고 지체 없이 가까운 길을 택하여 예루살렘으로 상경한다(참조 막 9:30 이하, 요 7:10, 눅 9:51 이하).

그와 같이 예루살렘으로 상경한 예수는 장막절 그 주간의 중간쯤에 성전 뜰에 홀연히 나타나 가르치기 시작한다. 요한복음 7장 14절에 보면 "이미 명절 중간이 되어 예수께서 성전에 올라가 가르치시니" 라고 하였다.

Jesus-16
장막절의 예수

생각해 보면 지난 12개월 동안 예루살렘 안에서 일고 있는 반(反)예수운동의 감정은 더욱 고조되고 격해질 뿐이었고 예수를 비판하는 유대인 지도자들 특히 대제사장들의 격노(激怒)의 소리는 대단한 것이었다.

예수를 이해하고 동정하는 소리는 참으로 미미할 뿐이었다. 이러한 반예수운동의 비판은 언필칭(言必稱) 예수가 교묘한 말재주로 백성을 오도하는 자요 또한 큰 귀신에 씌었다고 하는 것이 그들 반(反)예수운동의 선동내용이었다.

일반 유대인들은 그러한 부정적인 분위기 안에서 예수의 출생이 전문직 랍비가 아니라 목수의 아들이며 자신의 직업도 또한 목수인 것을 알고는 그러한 꼬투리를 잡고 희롱하였다. 왜냐하면 당시 일반적인 여론은 반드시 메시아는 신비한 왕손 출생이어야 한다고 믿었기 때문이다.

어찌하여 산헤드린이 지금까지 예수를 체포하지 않고 있는가? 이해 할 수 없는 처사라고 하는 불평도 섞여 있었다. 요한복음 7장 26절에 보면, "보라 드러나게 말하되 저희가 아무 말도 아니하는도다. 당국자들은 참으로 이 사람을 그리스도인 줄 알았는가" 하는 불만스러운 여론이 있었다고 증언한다(참조 요 7:30, 32). 그러나 예수의 설교가 더욱더 열기를 가하여 대담하고도 노골적인 비난과 공격성의 것이었으나 아직은 감히 아무도 그에게 손을 대지 못하였다.

한편, 예수는 이스라엘의 의식(儀式)과 예전(禮典)을 사랑하신 분이었다. 그리고 언제나 그러한 이스라엘 백성의 의식행사에 참여하셨다. 그리고 기원 31년의 유월절 이후부터는 그러한 오랜 전통의 복고주의적(復古主義的) 예전에 대하여 예수는 구원의 기쁜 소식에 의한 대담한 새로운 의미를 부여하기 시작했다.

이 장막절의 경우 일곱째 날은 많은 순례자들의 목전에서 대제사장이 메고 온 황금 항아리를 엎어 땅에 물을 쏟는 의식을 행하여 경건한 축제의 흥분을 한껏 높인다(Sukka 4.9f.,). 바로 그러한 물 항아리를 쏟는 마음껏 흥분이 고조된 순간에 예수는 성전의 앞뜰에 나타나 군중들을 향하여 소리쳤다.

"누구든지 목마르거든 내게로 와서 마시라 나를 믿는 자는 성경에 이름과 같이 그 배에서 생수의 강이 흘러나리라(요 7:37~38)"

이와 같이 자극적이고 극적인 행동과 선포를 행할 때 군중 사이에는 유월절 얼마 전에 광야에서 오병이어로 오천여 명을 먹이는 이적을 행할 때 배불리 먹은 경험이 있는 자들이 현장에 섞여 있었다. 그들 중의 상당수가 반(反)제사장파(派)의 기질이 있어서 이 예수를 지목하여 자신들이 기다려 온 그 메시아가 아닌가 하는 메시아 소망과 관련된 과격한 움직임을 표면화한다. 성전에서의 예수의 격한 행동을 이유로 관헌들이 체포하려고 하였으나 손을 대는 자가 없었다고 하는 증언(요 7:44)은 이러한 맥락이다.

장막절의 그 주간 제7일 마지막 날에는 전통적으로 축제의 흥분이 최고조가 된다(Sukka 5.1ff.,). 그러한 흥분으로 그 밤을 지낸 비교적 이른 아침이다.

서기관과 바리새인들이 간음행위의 현장에서 잡은 한 여인을 예수

앞에 끌고 왔다. 그 여자는 간밤의 축제와 흥분의 와중에서 그러한 금기행위에 걸린 것이다.

예수가 어떻게 판단을 내릴 것인가. 모세의 법을 소중히 여겨 보수주의의 입장에 설 것인가. 아니면 일체의 전통주의에 대항하는 반대의 입장에서 과격한 혁명운동의 흐름을 타고 자기의 기질과 정체를 노출시킬 것인가. 그러한 딜레마로 예수를 무력화시키려는 심산이었다. 그러나 예수님은 "너희 중에 죄 없는 자가 먼저 돌을 들어 치라"는 간단한 한 마디 말씀으로 고발자들을 침묵시키고 만다. 그리고 현장에 남은 그 여자에게 신적 권위로 용서를 말씀하셨다(요 8:1~11).

이 간음녀를 용서하신 이야기의 전승에 관해서는 문서학적 자료비판에서 그것이 원저자의 글인가 아닌가 하는 신빙성을 놓고 시비가 있는 것이 사실이다. 이 이야기가 원래는 그 자리에 있었던 자료가 아니라는 이유를 다음 세 가지로 지적한다.

(1) 8장 3절에 나오는 '서기관' 이라는 낱말이 요한의 언어가 아니며 여기에만 나온다는 것.

(2) 간음에 관한 주제가 요한복음 전체의 주제인 서언(1:1~18)에 나온 일이 없고 다른 곳에서도 취급된 일이 없다고 하는 것.

(3) 2세기의 것으로 추정된 파피루스 사본에 보면 7장 52절에서 직접 8:12로 건너뛰어 맥락을 이루고 있다고 하는 것.

이상과 같은 본문 비평과 그리고 내증에 의한 고찰은 상당한 무게를 지닌다. 그리하여 이 에피소드는 저자 요한의 것이 아니라고 하는 입장을 취하는 많은 중후한 복음주의 성서학자들이 있다.

그러나 이 문제의 주석에 대한 슈타우퍼의 해석은 중요한 의미를 지닌다 (Ethelbert Stauffer, *Jesus and His Story*, p.90). 왜냐하면, 예수에 관한 초기의 유대적 기독교의 전승자료 중에서 오래된 주석자가 그러한 예수의 행적을 장막절의 제7일 밤을 지낸 이른 아침이라고 지극히 적절한 상황과 결합시킨 매우 희귀한 경우가 아니냐 하는 것이다.

각설(却說)하고 이번에 예루살렘에 상경한 예수의 설교와 교훈의 사역은 산헤드린의 의원들에게 예수에 대한 심각한 적대감정을 심어 놓은 결과가 되었다.

장막절 절기 중에서 제8일은 추가적으로 지키는 반(半)안식일이다. 이날 예수는 여인의 뜰에 나타나(요 8:20), "나는 세상의 빛이다"라는 충격적인 선언을 하신다(8:12). 이와 같이 자신을 빛의 축제 (the Festival of Light)의 주제와 동질화하여 그 주제가 자신과 관련한 것이라고 주장한 예수의 언명은 너무나 명확하고 그의 사상은 너무나 대담한 것이다. 이러한 대담한 언명의 정당성에 관하여 즉각 성전 뜰에서 바리새인들과의 논쟁이 벌어졌다. 그 상황을 놓치지 않고 논쟁을 일으킨 바리새인들은 예루살렘의 산헤드린 회원 중에서도 정예(精銳)라고 자부하는 해석자(解釋者)들이었다.

그들 바리새인들은 예수의 자기천명을 유대인의 규범대로 따져 정상적인 착상이거나 진실이 아니라는 판단을 내린다. 그러나 예수는 자기선언이 유대인의 규범대로 자기 자신과 하나님 아버지의 증언, 즉 두 증언의 적법성에 서 있지 않느냐 반문하므로 법적 해석(法的解釋)의 차원에서 그들을 당황하게 만들었다(요 8:12~20).

"나는 세상의 빛이다" 하는 언명이 나온 성전 여인의 뜰에서 일어난 이 바리새인과의 숨막히는 논쟁에서 저희들의 적대감정은 그 어느 때 이상으로 비등(沸騰)한다.

예수께서는 이러한 와중에서 더욱 놀라운 주장을 하나 더 추가하신다. 그것은 "내가 그니라"("I am He") 하는 계시형식(啓示形式)에 담은 정체론적(正體論的) 자기천명(自己闡明)이었다.

"너희가 만일 내가 그인줄 믿지 아니하면 너희 죄 가운데서 죽으리라(요 8:24)"

예수께서 이러한 격렬한 논쟁의 맥락에서 사용한 "내가 그니라" 하신 언급의 형식은 우리말 역문으로는 단지 범상한 문절 중의 하나이거나 상대의 관심을 집중시키는 재귀적(再歸的)인 표현으로 보이지만, 그러나 유대인 그리고 경건한 하나님 사상으로 생활하는 자들에게는 하나님만이 사용하실 수 있는 고유언어 형식인 "나는 영원 자존자"의 의미로 사용되는 정체론적 자기 주장인 "에고 에이미 (ego eimi)"인 것이다. 다시 말하면 하나님만이 말씀하실 수 있고 하나님만이 사용하실 수 있는 자기계시(自己啓示)의 지극히 신성한 고유형식(固有形式)이다.

이와 같은 "내가 그니라! (Ego Eimi)" 하는 말씀은 구약의 신론(神論)에 근거하고 있으며 또한 예수시대에 내려와서는 일찍이 큰 랍비 힐렐(Hillel)의 교훈에서 시작한 예전(禮典)에 따라 장막절에 해당하는 예전신학(禮典神學)의 주제로 정해진 막중한 사상이었다. 이사야 43장 10절에 나오는 다음과 같은 하나님의 존엄스러운 언명을 읽어야 한다.

"나 여호와가 말하노라 너희는 나의 증인, 나의 종으로 택함을 입었나니 이는 너희로 나를 알고 믿으며 내가 그인줄 깨닫게 하려 함이라 나의 전에 지음을 받은 신이 없었느니라 나의 후에도 없으리라"

과거 광야의 장막생활에서 하나님이 이스라엘 12지파를 성막 앞에 소집하실 때 "내가 여호와 그니라" 라고 선포하신 거룩한 부름이었던 이 부름의 형식을 바로 그 장막절의 절기에 예루살렘에서 사용하신 예수는 뿐만 아니라 자기를 가리켜서 "내가 그니라 (Ego Eimi)", 곧 하나님께 고백하는 것과 같이 예수 자신께 고백해야 멸망하지 않고 구원받는다고 하였기 때문에(요 8:24) 군중과 지도자들에게는 참으로 놀라운 일이요, 크나큰 충격이었다.

빛의 축제 (Festival of Light)는 받은 구원이 살아 계신 하나님의 자비로우신 행위임을 밝히 드러내 감사하는 예전신학(禮典神學)이다. 그러나 예수의 교훈은 그 전제적 요구로서 그러한 감사로 나가기 전에 불가결의 조건 "내가 그니라", 즉 그가 하나님이심을 믿어야 산다고 한 것이다.

요한복음 7장 31절 이하와 41절 이하에 의하면 장막절 절기에 예루살렘 성전 뜰에서 행하신 예수의 교훈은 군중들의 생각을 둘로 갈라놓았다.

7장 45절에 보면 예수를 체포하기 위하여 명을 받은 산헤드린의 관리들이 빈손으로 되돌아왔다. 그러므로 당국은 궐석재판(闕席裁判)으로 그를 "사마리아 사람" 이단으로 심판하였으며, 예수를 모든 중요 종교 공동체에서 추방한다고 공고하려고 하였다 (요 8:48 참조 E. Stauffer, *Jesus and His Story*, p.91).

예수가 사마리아 사람이라고 하는 이단선고는 주로 예수의 신성(神性) 천명인 "내가 그니라" 하는 말을 겨냥한 심판이었다.

같은 해에 사마리아 영지주의자이며 흑색마술(黑色魔術)에 능한 '마고 시몬' 이 자기가 위대하다는 선전을 일삼던 때였기 때문이다.

산헤드린에서 일어난 예수의 파문(破門)과 출교(出敎)의 동의는 니고데모의 반대로 실패하고 만다. 니고데모가 요한복음 7장 51절에 보존이 된 문절과 같이 "우리 율법은 사람의 말을 듣고 그 행한 것을 알기 전에 판결하느냐?"라고 그들의 편견에 의한 심판의 부당함을 지적하였기 때문이다.

그러나 '사마리아 사람' 이라고 언명한 상징적인 정죄는 신속하게 유포되었고, 따라서 일반의 여론에서 그에 대한 비판적인 목소리가 더욱 가중되었다. 이러한 적대적인 비판에는 예수가 귀신에 씌였다고 하는 의견이 따라다녔다. 사실 따지고 보면 여기까지의 예수에 대한 부정적인 편견은 그대로 훗날에 집약되어 마술사, 속이는 자, 정신병자, 이단, 사마리아 사람, 범신론자 등 포괄적인 고발형태의 리스트가 된다(Stauffer, p.91~).

이 때에 성전 안에서 하신 예수의 선언, "내가 그니라"가 몰고 온 논쟁의 흐름에서 "너희 조상 아브라함이 내 때 보기를 기대하다가 보고 기뻐하였느니라", "아멘, 아멘, 아브라함이 있기 전에 내가 있느니라(요 8:58)." 등과 같은 그의 아람어 형식의 선언은 하나님의 선포형식이었다. 저희들은 일제히 예수를 향하여 돌을 들었다. 그러나 예수님은 성전에서 피하여 나가신다(요 8:59).

Jesus-17
첫번째의 파문(破門)과 출교(出敎)

　예수의 인품을 "사마리아 사람"이라고 의도적으로 중상한 이 악의적(惡意的)인 대명사는 그 후 계속 번져갔다. 그리고 그러한 중상과 함께 그 전부터 있어 온 또 하나의 중상, 즉 예수가 귀신에 잡힌 사람이라고 하는 가혹한 편견과 함께 (요 8:48, 52, 참조 10:20, 막 3:22) 군중 사이에서는 예수의 인격에 대한 악의에 찬 편견과 비난이 더욱 고조되고 있는 형편이었다.

　이러한 냉혹하고 곤혹스러운 왜곡된 현실적 상황이 훗날에 저술된 유대인 랍비문서 안에 들어와 기록에 남는다. 그러한 중상을 요약하면 예수는 마술사, 사기한, 미친 사람, 우상을 섬기는 자, 많은 잡신을 섬기는 자라는 것이다 (Shabb.104b; 17a; 17b; Tertullian, *De Spectaculis* 30).

　예수는 태풍의 눈으로, 거의 팔레스타인 전역에 걸쳐 일어난 갈등과 분열과 적대감정의 회오리 바람은 날이 갈수록 고조되고 격화일로를 내닫는 형편이었다. 일찍이 하나님께서 이사야에게 말씀하사 "과연 태초로부터 나는 그니라 (Yes, and from ancient days I am He)(사 43:13)라는 지존(至尊)의 권위로 자기를 계시하여 주신 일이 있다. 이처럼 예수는 요한복음 8장 58절에서 "진실로 진실로 너희에게 이르노니 아브라함이 나기 전부터 내가 있느니라" 전적으로 충격적인 자기 천명을 말씀하였고 그러한 맥락에서 "아브라함이 나의 때를 기쁨으로 소망하다가 결국 보고 기뻐하였다" 또는 "하나님이 나에게 영광을 돌리신다"라고 설교를 하시니(요 8:48~59) 성전 뜰에 가득한 군중은 "네가 아직 50도 못 되었는데 아브라함을 보았느냐"며 격분하였다.

날이 갈수록 신성모독으로 눈에 비친 예수의 일거일동(一擧一動)을 미행하면서 현장에 대기하던 열심당(熱心黨)의 사람들은 현장에서 예수에게 투석할 생각이었다. 막 행동하려는 때에 요한복음의 저자는 "예수께서 숨어 성전에서 나가시니라(요 8:59)"라고 하여 그 긴박한 현장의 전말을 결론내린다.

그 후 얼마간의 시간이 지난다. 그리고 일어난 에피소드가 요한복음 9장의 날 때부터의 소경을 치유하신 예수의 경이적 표적이다.

그는 세상에 태어날 때부터 어떠한 이유에서인지 눈에 동자가 비어 있는 소경이다. 그의 두 눈은 동자가 채워지지 않은 채로 눈시울이 덮여 있다. 기가 막힌 운명이다. 그러한 맹인 청년을 창조의 권능으로 치유하신 이 요한복음의 표적은 또 하나의 경이로운 표적인 나사로의 부활과 함께 막중한 신학적 의미를 지니고 있음에 주목해야 한다. 그러므로 정상적인 시간순서의 구조를 떠나 임의로 둘을 함께 음미하기로 한다.

요한복음은 9장 1절 이하의 치유기사에서 또 한 번 안식일을 준수하지 않은 예수의 행위가 일으킨 중대한 위기에 관해서 상세히 언급하고 있다.

그 날은 안식일이었다(요 9:14). 이 사건에서 예수께서는 베데스다 못가에서 38년이나 지난 만성적인 반신불수의 불구를 명령으로 치유하신 일이나(5:8), 가버나움의 회당에서 역시 안식일에 손 마른 자의 손을 정상으로 회복시켜 준 치유의 경우(막 3:5)와 같이 한 마디의 명령으로 단번에 치유하는 대신에 진흙을 이겨 그의 눈이 있어야 할 자리를 채우는 방법, 즉 상담과 시술의 종합적인 치유방법을 취하였다. 바로 이러한 의료행위가 안식일 계율에 심각하게 위배되는 것이다 (요 9:14).

안식일에는 그 환자의 생명이 촌각을 다투는 위태로운 상태가 아니라면 안식일 법을 초월할 수 없는 것이다(Sabbath 22, 6).

이 사건에 개입한 산헤드린의 바리새인들은 "이 사람이 안식일을 지키지 아니하니 하나님께로서 온 자가 아니다 (요 9:16)"라고 하는 명분론(名分論)을 주장하였고 신중론을 펴는 측에서는 "죄인이라고 하면, 어떻게 이러한 표적을 행하겠는가" 라는 다소 긍정적인 견해로 맞섰다.

이 요한복음 9장에 보면 놀라울 만큼 자상하게 서술된 사건 전말이 나온다. 그리고 그 맥락 안에 네 가지 유형의 인격적 모델의 심리학적인 반응을 대위법적(對位法的)으로 전개하고 있어서 요한복음의 저자가 이 사건의 현장적인 지식을 소유한 원사도임을 다시 내증적으로 변증해 준다.

짐작하건대 복음서 저자가 이 표적(9:16)을 소상하게 보존하고 있는 이유는 이 치유가 단순한 소경이 아니라 날 때부터의 타고난 소경의 치유이기 때문에 각별한 의미를 지닌다는 사실 때문일 것이다. 왜냐하면 유대종교의 지도자나 랍비들도 초자연적인 경이로운 이적을 행한 자들이 없지 않았으나 예수의 표적과 비교하여 두 가지 사실은 예수만이 행한 절대적인 표적이었다.

하나는 나사로의 부활과 같이 죽은 자를 살려내는 사건이요, 다른 하나는 여기의 이 경우처럼 소경으로 태어난 자를 치유하여 그에게 생시 처음부터 없었던 광명을 창조하여 준 경우이다.

이 청년은 실명(失明)이 아니라 태어날 때에 그 눈이 있어야 할 자리에 동자(瞳子)가 없었다. 그러므로 태초에 하나님이 행하신 것처럼 흙을 빚어 그 속이 없는 두 눈의 위치에 흙을 채워 씻으라고 명하신 것이다.

이와 같이 죽은 자에게 다시 생명을 되돌려 주는 일과 완전한 흑암 속에서 빛을 존재하게 한 이 치유는 하나님의 창조 규범에 속하기 때문에 (참조 요 9:32) 원사도와 초대교회는 이 태어난 소경의 치유를 소상히 보존하고 있는 것이다.

첫째로 주목되는 단계의 유형은 제자들의 랍비적 질문이다. 그 소경이 소경으로 태어난 선천적인 저주가 누구의 죄 때문인가 하는 종교적 질문이다. 이러한 질문자의 이미지는 신학자이다. 그러한 신학자의 결점은 바로 질문의 제기가 탐구로 일관한다는 것이다. 다른 제삼의 가능성에 관한 생각을 할 틈이 없는 폐쇄성(閉鎖性)이다.

두 번째의 질문이 보여 준 유형은 예수가 안식일에 치유하였으니 바로 죄인의 소행이라고 너무나 쉽게 판단을 내리고 마는 종교 지도자의 소견이다. 그들은 질문과 실천규범을 중시한다. 그러나 그들의 결정은 실리적 규범(實利的 規範)을 강조하는 나머지 인간의 존엄과 가치도 소외시킨다는 점이다.

세 번째의 유형은 이 청년의 부모이다. 그의 부모는 그가 소경으로 태어난 사실과 그가 그들의 자식이라고 하는 혈연관계에서는 가장 아들 편에 가까이 있다. 부모의 자리는 여기까지가 한계이다. 그 아들이 어떤 이유에서 눈이 보이는가 하는 질문에서 그 아들이 장성하였으니 그에게 책임이 있지 않느냐 하는 구획선을 그어 버린다.

지구상에서 가정보다 더 친밀한 관계는 없다. 그러나 한 인간이 성장하면 그에게 가정이라도 그의 실존을 대신할 수 없는 것이다. 역사적으로 이러한 실존적 고뇌를 심각하게 경험하고 그 깊은 늪을 응시하다가 허무(虛無)에 빠지거나 또는 그러한 고독에서 비로소 현자(賢

者)가 되어 다시는 가족으로 돌아갈 길을 끊어버린 종교적 자각자들의 예중들이 많다.

네 번째는 치유를 받은 그 청년 자신이 보여 준 또 하나의 유형이다. 그는 심문관이 "네 눈을 뜨게 한 사람이 어떤 사람이냐" 하는 물음에 "선지자이다"라고 답하였고, 그 치유자가 죄인이라고 하는 평을 듣자 "그가 죄인인지 여부는 모르나 한 가지 아는 것은 내가 소경으로 있다가 지금 보는 그것입니다" 라고 선명하게 답변을 한다.

계속 그의 답변을 귓전에 흘려버리는 심문관들에게 왜 같은 질문을 되풀이하는가 의아해하면서 "당신들도 그의 제자가 되려 합니까(9:27)." "하나님의 뜻대로 행하는 자이므로 하나님이 들으시는 줄 압니다(31절)." "창세 이후로 소경으로 난 자의 눈을 뜨게 하였다 함을 들은 일이 없습니다(32절)." 이와 같이 예수의 초월적인 능력을 인정한 변증을 계속한 그 청년은 끝내 파문(破門)을 당하고 만다(9:34, 참조 22절).

당시의 파문과 출교 선고는 공적으로 널리 알리는 선포행위로 집행이 된다(요 9:35). 그렇게 함으로써 동요하는 군중들이 집단으로 배교에 빠지지 않도록 경고하는 의미가 있었다.

예수에게 치유를 얻어 태어날 때부터의 저주스러운 운명을 벗어버린 이 청년은 광명을 얻은 대가로 그가 지금까지 안주하여 온 자기의 옛 집과 또한 전통적 신앙의 보호에서 추방당하고 만다. 새로운 예수 신앙이라는 이역(異域)에서 자기의 갈 길을 개척해야 할 순례자(巡禮者)가 된 것이다.

예수께서 그가 출교당하였음을 들으시고 그를 만나 "네가 인자를 믿느냐 (35절)" 라고 질문하신다. 그 청년은 "내가 그를 믿고자 하나이다 그는 누구십니까"라고 절박한 반문을 한다.

예수께서는 "네가 그를 보았거니와 지금 너와 말하는 자가 그이니라(37절)"라고 자기를 천명하신다.

　이 태어난 소경의 치유기사가 명백하게 제시한 세 가지의 요점이 있다. 다른 많은 이유와 함께 바로 이 세 가지의 요점 때문에 요한복음의 신학자들 중에서 요한복음의 집필 연대를 최소한 90년 이후로 설정하는 비평학자들이 많다.

　첫번째의 요점은 이 청년이 치유 받은 것만이 아니라 예수가 그리스도이심을 "주여, 내가 믿나이다(38절)" 하며 경배(예배) 했다는 데 있다. 신앙고백을 전제한 예배행위는 이미 상당한 시간이 지나야 가능해지는 것이 기독교의 골격이 아니냐 하는 해석이다.

　두 번째의 요점은 예수께서 한 구도자(求道者)를 계속 추적하여 그를 면려하신 후에 "네가 인자를 믿느냐(35절)"라고 질문하신 내용이 지극히 단도직입적이며 학습교리(學習敎理)의 문답형식이 아니냐라고 생각하는 것이다. 예수의 대답 "지금 너와 말하는 자가 그이니라(37절)"의 문답형식이 "내가 그(하나님)니라" 하는 구약의 선언형식이며, 이러한 기독론의 표현은 예수의 공생애에 행한 말씀이라고 보기 어렵다는 회의적 해석을 내세운다. 그들의 주장은 공관복음을 비교하여 얻어낸 결론으로서 예수는 시종 자신의 본성을 숨기시거나 그러한 고백을 금하지 않았느냐 하는 것이다.

　세 번째의 요점은 이 청년의 치유 때문에 예루살렘 당국이 가한 압력은 지극히 가혹하고 조직적인 성격의 것이라고 하는 전제에서 그의 부모가 "저가 장성하였으니 저에게 물어보시오(23절)"라고 말하며 위기를 모면하려고 한 상황은 적어도 공관복음과 일치하지 않는 상당히 발전한 후기일 것이고, 그의 부모의 답변을 해설하여 "그 부모가 이렇게 말한 것은 이미 유대인들이 누구든지 예수를 그리스도로 시인한 자는 출교하기로 결의하였으므로 저희를 무서워함이러라(22절)"라고 한 해설문이 그러한 상황을 말하는 것이 아니냐는 것이다.

다시 말하면 유대인의 "얌니아 회의 (Jamnia School)" 전후의 사정과 일치한다는 것이다. 이 얌니아 회의를 전후하여(90년 경) 바리새인이 모든 유대인들에게 매일 그와 같이 기도할 것을 독려한 '18기도문' 중에서 제12기도문 이하부터 나사렛 사람 이단과 상관이 없음을 하루에 세 번씩 암송하도록 하는 관례가 당시 유대인 사회에 널리 보급되고 있었다. 그러나 이 맥락 안에서 극적으로 진행된 파문의 조사과정 하나만을 놓고 그러한 배경이 90년 이후의 사회맥락과 일치한다고 하는 단정은 아무런 도전 없이 설정된 것은 아니다.

예수의 때에도 이러한 반예수운동은 이미 치열하였으며, 요한복음 16장 2절에 보면 예수의 고별설교 안에 이미 출교와 파문만이 아니라 살해하는 행위까지 서슴치 않을 때가 속히 닥쳐올 것이라고 경고하시고 있지 않은가 말이다.

사실 낳을 때부터의 소경인 청년을 치유하신 예수의 표적은 요한복음에만 나오는 나사로의 부활과 함께 제4복음서의 표적의 극치인 것이다.

Jesus-18
선한 목자

　기원 31년 10월 18일에 로마에서는 세잔느 황제가 체포당하여 처형된다. 당시에는 이러한 소식이 비밀전령을 통하여 신속하게 전달됨으로 로마에 일어난 이 큰 사건은 며칠 안 되어 즉시 예루살렘에 도달하였으며, 그 동안 세잔느와 깊은 관계와 이해가 밀착된 지도자들은 자기들이 저지른 부정을 엄폐하고 비밀서류를 소각하는 등 허둥지둥하였을 것이다. 짐작하건대 이러한 급변에 충격받은 빌라도나 가야바 그리고 헤롯 안티파스도 그들의 위치를 지키기 위하여 신속한 대응조치를 안 할 수 없었을 것이다. 그리고 사실 그들은 다른 로마의 고위 인사 어느 누구보다 재빠른 임기응변(臨機應變)의 변신을 해냈다.

　이러한 상황의 변화가 여울목처럼 급하고 불확실할 때 예수께서는 현재 요한복음이 10장 1~18절의 저자의 신학과 일치하는 맥락 안에 보존이 된 내용의 말씀, 즉 "내가 진실로 진실로 너희에게 이르노니 양의 우리에 문으로 들어가지 아니하고 다른 데로 넘어가는 자는 절도며 강도요, 문으로 들어가는 이가 양의 목자라……" 라고 한 진정한 지도자상(像)의 교훈을 주셨다고 그 배경을 해석한 슈타우퍼 교수는, 그 시간구성을 그 해의 10월부터(요 7장 이하) 12월 말(요 10:22) 사이라고 생각한다(E.Stauffer, *Jesus and His Story*, p.94).

예수의 경구적 교훈(警句的 敎訓, epigram)은 오늘에 와서 그러한 말씀을 왜 하였는지에 대한 구체적 배경이나 역사적 맥락의 판단이 없어도 격언적(格言的)인 격조가 높고 실제 생활에 있어서 영적인 교훈과 효험이 지극히 크므로 그대로 자족적으로 사랑을 받는 암송요절이 되고 있다. 그러나 항시 역사적 맥락의 탐구는 그 교훈의 원초적 생동감을 더해 준다.

이스라엘은 전통적으로 목자 같은 지도자나 목자 같은 왕이 백성을 다스려야 한다고 믿고 생존한 나라이다. 그러므로 언제나 그러한 지도자들의 도덕생활과 성실한 종으로서의 섬김생활이 궁극적으로 하나님의 심판의 기준이며 그러한 심판의 이유는 항상 부실하고 악한 목자들 자신의 책임이었다(겔 34:1 이하).

에티오피아 사람들의 에녹서 (the Ethiopian Book of Enoch)에 보면 당시의 팔레스타인을 관장한 정치 지도자들을 하나님의 백성들을 착취한 살인적인 목자들이라고 격렬하게 묘사한 표현이 나온다 (*Ethiopic Enock* 89, 90, 38).

예수께서 참 목자가 누구인가에 관해 교훈하시면서 하나님의 양떼들을 학대하는 도적이요, 강도 같은 지도자들이라는 통렬한 비난을 하신 사실은 상술한 정치적 배경에서 함께 이해되어야 할 교훈이었다(요 10:8).

예수의 언어에 나오는 "절도와 강도(lestes)"는 폭력단의 지도자의 의미이며, 예수의 안목에 비친 빌라도는 바로 정치적 폭력단의 주동자였다. 그러한 통렬한 비난은 오로지 예수가 하나님의 아들이었기 때문에 내려진 반대론적 결론만이 아니라 그 당시의 헤롯 아그립바 역시 본디오 빌라도의 정치 행정에 관해서 "이유 없이 자행되는 폭력과 착취의 행위"라고 하는 논평을 한 것으로 알려져 있다 (Ethelbert Stauffer, *Jerusalem und Rome*, 1957, chap.1). 일찍이 어거스틴이

"정의가 존재하지 않는 곳에서 국가는 폭력단일 수밖에 없다"라고 한 말은 너무나 유명한 말이다.

구약의 스가랴 11장 4~17절에 보면 양떼들의 가련한 운명과 처지를 돌보지 아니하고 자신의 몸만 살찌게 한 목자들을 책망하신 하나님은 "화 있을진저 양떼를 버린 못된 목자여 칼이 그 팔에 우편 눈에 임하리니 그 팔이 아주 마르고 그 우편 눈이 아주 어두우리라(17절)" 말씀하신 일이 있다.

물론 엄격히 말하면 여기에 지적된 목자상은 세속적 권력을 의미하기보다는 이방의 세속권력과 이익관계를 맺고 있는 마카비 시대 이전의 대제사장을 지칭한 상징어였다. 하나님의 안목에서 그들은 양떼를 버린 못된 목자들이었다(슥 11:17).

같은 맥락이해에서 예수는 가야바와 동류들을 향하여 요한복음 10장 12절 이하에 나오는 본문의 말씀 그대로 "삯꾼은 목자도 아니요 양도 제 양이 아니라 이리가 오는 것을 보면 양을 버리고 달아나나니 이리가 양을 늑탈하고 또 헤치느니라"고 책망을 하셨다. 여기에 이리라고 사용한 그림언어가 로마의 상징어로 알려져 있는 암컷 이리(She-wolf)와 일치하는 언어였을까에 대한 확실한 바는 없으나, "삯꾼 목자"의 비유언어는 기원 31년 가을 그 시각의 가야바의 생활과 완전히 일치하는 것이다.

명확한 사실은 예수는 결코 조용한 은둔자(隱遁者) 유형의 종교인이 아니며 타계적 명상을 이어가기만 하는 현실 도피자가 아니었다. 예수는 구약의 예언자들이 간직한 날카롭고도 원신(遠視)하는 통찰력으로 정치계에 관한 경구적(警句的) 교훈을 말씀하신 것이다.

그러나 예수의 교훈에 있어서는 정치적 사실보다 형이상학적 사실이 더욱 그의 관심사였으며, 쟁점(爭點)의 논술보다는 포괄적인 인간 긍정(人間肯定)이 그 특징이고, 독설적(毒舌的)인 비난보다는 당신이

"선한 목자" 이심을 선포하며 천명하는 편이었다(요 10:11 이하).

이러한 "선한 목자"의 교훈이 스가랴 11장과 에티오피아 사람의 에녹서 89문절 이하에 나오고 있으나, 예수의 "선한 목자"는 에스겔서와 시편의 형식을 따른 것이다(시 23:1, 95:7 이하, 참조 겔 34:11 이하, 사 40:11).

예수의 교훈에 의하면 하나님 자신이 양떼의 주인이며 목자이시다. 선한 목자는 이 하나님의 사람으로 하나님의 양들을 사랑하여야 한다. 이러한 목자는 자기의 생명을 소중히 아끼듯 그와 같이 섬기는 무리들을 소중히 여기는 헌신으로 자기의 양떼를 사랑한다(참조 막 6:34).

이러한 맥락 안에서 예수의 교훈 중에 "나는 양떼를 위하여 목숨을 버린다"(요 10:15, 참조 막 14:27) 하신 말씀이나, "나보다 먼저 온 자는 절도요 강도니……내가 온 것은 양으로 생명을 얻게 하고 더 풍성히 얻게 하려는 것이라(요 10:8 이하)" 하신 말씀을 중요하게 음미해야 한다.

Jesus-19
진정한 하나님의 아들

진정한 하나님의 아들

사리사욕(私利私慾)에 눈이 먼 지도자들의 무책임한 지배행위 때문에 가난에 시달리고 속아 살아온 백성들 속에 같이 있으면서 자신의 역할이 "선한 목자"라고 설명한 바로 이러한 예수의 자기 천명만큼 그의 역사의식과 자기의 사명을 단순하고도 알기 쉬운 것으로 설명한 경우는 드문 예라고 할 것이다.

그러기에 초대교회는 일찍부터 선한 목자의 교훈을 회화적으로 소중하게 전승하여, '루시나'의 카타콤이나 기념사원의 벽화 등 곳곳에서 이러한 것들이 발견이 되고 있는 것은 놀라운 일이 아니다.

그러나 일부 신학자들의 견해에 의하면 이 "선한 목자"의 이미지는 본래 헬라적 목가 (Hellenistic bucolics)의 의미가 있는 그러한 평온한 자연주의적(自然主義的) 목자상이 아니라, 붉은 구릉과 바위산 등에 겨우 점점이 녹지가 있는 메마른 팔레스타인의 풍경을 배경으로 주린 이리 떼의 습격이 자주 있는 전투적(戰鬪的) 이미지의 목자라고 풀이한다.

본래 예수께서 언급한 "선한 목자"는 유유자족(裕猶自足)의 목가적 시풍(牧歌的 詩風)의 이미지가 아니라 자기 양을 지키기 위한 결의에 찬 투사이며, 이 세상의 상식으로 이해될 비유가 아니라 하나님의 심정의 소유자이면서 이 땅에서 곧 죽음을 만나게 될 일을 이미 알고 있는 그러한 목자의 이미지인 것이다.

근자에 몇 주간 유다에 머문 예수는 심기(心機)가 매우 불안하여 여기 저기 배회하는 형편이었다. 요한복음 8장 1절과 누가복음 21장 37절에 의하면 예수는 자주 감람산에서 밤을 보내신 후에 성전에 나타나 가르치시는 일을 계속하였다.

누가복음 10장 38절 이하에 나오는 "몇 가지 일을 할 수 있느냐 그 중 한 가지만이라도 족하다" 말씀하면서 수고하는 마르다보다는 그의 앞에서 경청하는 마리아의 행위가 더욱 귀하다고 천거한 일이 있는 마르다와 마리아의 집을 방문하신 이야기가 이 때의 시간구조 안에 해당된다. 또한 누가복음의 특색인 9~18장까지의 소위 '여행기록(travelogue)'의 내용도 이 때의 시간구조 안에 해당한다고 생각된다. 다시 공관복음의 시간구조로 조명한다고 해도 이 때의 예수의 사역은 그의 많은 교훈 중에서 결론장(結論章) 안에 들어갈 행적이라고 생각된다(막 10장 이하).

12월 하순경으로 접어들면서 예루살렘에서는 유다 마카비우스의 항전 때 성전을 청결케 하여 봉헌한 승리를 기념하며 그 환희를 회고하는 일 주간의 수전절(Feast of Dedication)을 지킨다(마카 1사, 4:59).

바로 이 때에 예수는 성전에 나타나(요 10:22 이하) 즉시 산헤드린의 사람들에게 에워싸여 연쇄적인 질문 공세를 받으신다.

"네가 그리스도이면 그와 같이 명백하게 밝혀 말하라" 하는 직선적인 질문이다. 그러나 예수는 그러한 질문에 관한 대답을 거부하였다. 거부의 이유는 그 답변이 가지고 올 결과 때문이 아니라 메시아 또는 그리스도에 관한 당시의 일반적인 개념이 자기의 사역을 충족시킬 정당한 이해가 아니었기 때문이다(막 8:30, 14:62).

그러므로 예수의 변증은 "내가 아버지의 이름으로 행한 일이 나를 증거하여 준다"라고 하는 답변이었다. 예수의 이 답변은 메시아인가 아닌가 하는 질문에 대한 답변이 아니다. 그러면서도 질문자의 입장에서 보면 예수의 답변은 그 이상으로 신성모독에 저촉되는 언질이었다.

전자에도 기원 30년 가을, 예수는 이와 비슷한 언명을 하신 일이 있었다(요 5:18). 그러나 그때만 하더라도 종교 지도자들은 예수의 이러한 발언에 대하여 강력하게 대처할 재량권이 아직은 없었다. 왜냐하면 세잔느(Sejanus) 황제의 명에 의하여 기원 30년에는 예루살렘의 산헤드린으로 하여금 사형언도와 집행권을 잠정적으로 차압시켜 놓은 상태였기 때문이다. 다시 말하면 유대인의 종교와 율법문제에 저촉된 중범자도 로마의 법정에서만 판결할 수 있기 때문이었다(예, 행 22:30, 25:9). 그러나 세잔느가 실각한 후(기원 31년 10월 18일) 실제적으로 빌라도는 임의로 예루살렘의 산헤드린에게 재량권을 주었으며, 다만 기본적인 판결 언도권을 로마 '가이사'의 부동의 신성권으로 유보하였다(행 7:54). 그러므로 그러한 재량권에 근거하여 사람들을 충동하여 예수를 재판 없이 돌로 치려고 한 것이다(요 10:31).

그러나 요한복음의 저자가 설명한 바에 의하면, 예수의 답변은 시 82편 6절의 말씀, 즉 "너희는 신들이며 다 지존자의 아들이라" 하는 응수였다. 요한복음 10장 34절에 의하면 "예수께서 가라사대 너희 율법에 기록한 바 내가 너희를 신이라 하였노라……하물며 아버지께서 거룩하게 하사 세상에 보내신 자인 내가 하나님의 아들이라 하는 것으로 너희가 어찌 참람하다 하느냐" 하여 저희들이 궁지에 몰리게 하였다.

요한복음의 저자는 여기에서 그 어느 곳에서보다 가장 간접적이고 우회적인 비교법으로 당시의 종교 지도자의 비성실성과 거짓됨을 고발하고 있다. 예수께서 인증(引證)하신 "성경은 폐하지 못하나니 하나님의 말씀을 받은 사람들은 신이라 하셨거든"의 이 "하나님의 말씀을 받은 사람들"이란 유대종교의 지도자와 권위처(權威處)를 가리킨다고 하는 사실과 그러므로 예수의 의도가 가야바 곧 대자사장이며 원로원의 의장인 그를 가리킨다고 하는 것을 그들은 알고 있었다. 또한 그 시편의 본문에 즉시 "너희는 범인(凡人)같이 죽으며 방백의 하나같이 엎드러지리로다(시 82:7)"라는 구절로 거짓 지도자의 종말이 심판의 종결로 나타나고 있음을 예수를 돌로 치려고 주변에서 모여 시비를 건 산헤드린의 행동대들은 너무나 잘 알고 있었다.

그러나 예수님은 그러한 와중에서도 자신이 진정한 하나님의 아들이심을 변증하신다.

"만일 내가 내 아버지의 일을 행치 아니하거든 나를 믿지 말려니와 내가 행하거든 나를 믿지 아니할지라도 그 일은 믿으라 그러면 너희가 아버지께서 내 안에 계시고 내가 아버지 안에 있음을 깨달아 알리라" 말씀하시므로 당신의 인격에 건 변증을 하신다(요 10:37~38).

예수께서 앞서 참 목자와 거짓 목자를 구분하신 것과 같이 여기에서는 계속적으로 "참 하나님의 아들"과 "거짓 하나님의 아들"을 구분하면서 거짓 하나님의 아들을 심판하신 것이다.

예수께서 거짓 목자와 거짓 하나님의 아들을 비교론으로 비판한 그 요지와 의도를 산헤드린의 회원들은 정확하게 이해할 수 있었다. 그러므로 요한복음 10장 39절에 보면 "저희가 다시 예수를 잡고자 하였으나 그 손에서 벗어나 나가시니라" 이와 같이 요한복음 저자는 그 상황을 적절하고도 간략하게 결말짓고 있다. 그러나 그 후 요한복음 11장 8절의 기록같이 "랍비여 방금도 유대인들이 돌로 치려 하였는데" 하면서 제자들이 예수로 하여금 예루살렘으로 가시지 못하게 강경히 만류한 사실과 또한 누가복음 13장 34절에서 "예루살렘아, 예루살렘아 선지자들을 죽이고 네게 파송된 자들을 돌로 치는 자여……" 하며 예수께서 탄식하신 사실로 짐작하건대 이미 여기에서도 예수를 향하여 던진 돌들이 공간의 바람을 가르며 날아오기 시작하였고, 그 틈 사이로 예수는 몰이꾼의 망(網)을 피하여 날렵하게 피하는 제비처럼 피신하였을 상황이라고 슈타우퍼 교수는 그 상황을 재현한 바 있다 (Stauffer, *Jesus and His Story*, pp. 97ff.,). 이 경우에 일어난 투석(投石)은 반드시 투석에 의한 사형을 의도한 것은 아니라고 역시 슈타우퍼는 언급한다(Ibid., 98).

가서 저 여우에게 말하라

요한복음 10장 40절에 의하면 지금에 이르러 예수는 요단강 동편으로 건너가 잠시라도 피하여 있을 수밖에 없는 사정이었다. 당시 이 요단강은 유다와 베뢰아의 중간 경계선이고 본디오 빌라도와 헤롯 안티파스 두 행정구역 중간에 흐르는 강이었다.

다시 말하여 예루살렘의 산헤드린과의 정면충돌이라고 하는 위기 일발의 위기를 넘기기 위해서는 우선 숨 돌릴 시간의 여유가 절실히 필요하였다. 그러기 위해서는 헤롯 안티파스의 영지로 몸을 피할 수밖에 없었다. 물론 헤롯 안티파스라고 하여 예수의 언사를 이해하거나 그를 보호하여 줄 것이라고는 전혀 기대되는 것은 아니나 바로 눈앞에 닥쳐 올 먹구름을 피하여 관할구역을 옮겨 잠시나마 휴식과 평온을 취하는 것이 예수에게는 매우 아쉬운 때였다.

그러나 현재까지의 판단으로 예수는 너무 깊이 안티파스의 영지로 진입할 의사는 없었던 것으로 해석된다. 이런 예수에게 가장 적절한 휴식의 적지(適地)는 폭군의 통제가 완충을 이루고 있는 변경지여야 했다. 그러므로 예수는 요단강을 넘어간 그 곳에 머물렀으며, 다시 주변에 제자들을 모아 교훈을 시작하신다(요 11:7).

이 지점은 바로 4년 전 세례 요한이 예수에게 세례를 집전한 장소이기도 하였다. 또한 이 곳은 당초 예수의 제자 중 가장 친근한 내원적 제자(內圓的 弟子)들 말하자면 요한, 안드레, 베드로, 빌립이 처음 예수와의 만남에서 제자가 되기로 결심한 지점이기도 하다(요 1:28 이하).

어떻게 생각하면 예수는 자기의 죽음을 목전에 예견하면서 거의 본능적으로 다시 출발점으로 되돌아왔다고 할 수도 있을 것이다. 다시 군중들이 예수와 일행 주변에 운집(雲集)하기 시작한다. 처음 세례 요한이 이 지점에서 세례운동을 전개하며 외칠 때만큼이나 군중들의 관심이 다시 예수에게 집중하기 시작하였다(요 10:41, 42).

요한복음의 저자가 "많은 사람이 왔다가 말하되 요한은 아무 표적도 행치 아니하였으나 요한이 이 사람을 가리켜 말한 것은 다 참이라 하더라 그리하여 거기서 많은 사람이 예수를 믿으니라"라고 요약한 문절은 이 때의 예수의 행적을 객관적으로 표시한 문절로서 심도 깊이 이해해야 하는 것이다.

많은 이 곳 사람들이 예수의 교훈과 이적을 경험함으로써 믿음을 얻었고, 특히 이번의 경우에는 요단강 동편 지역의 거주민들 사이에서 주로 믿는 자들이 속출하였다(요 10:42). 그러나 예수에게 계속 냉담한 많은 다른 사람들도 있었다. 그들은 전보다 더욱 근접하여 예수의 거동을 주시하며 기회만 있으면 시비와 논쟁을 걸어 왔으나 예수는 전혀 개의치 않고 줄기차게 선한 일과 사역에만 충실하였다 (참조 마 19:2, 행 10:38, 요 20:30).

"하나님이 나사렛 예수에게 성령과 능력을 기름 붓듯 하셨으매 저가 두루 다니시며 착한 일을 행하시고 마귀에게 눌린 모든 자를 고치셨으니 이는 하나님이 함께 하셨음이라(행 10:38)"

　위의 성경말씀의 두 문절은 배후에 깔린 많은 깊은 사연을 암시해 주며, 그럼에도 예수의 사역과 행적이 지극히 성스러운 것이며 그 특징이 어떠한가를 잘 설명해 준다.

　누가복음 13장 31절 이하의 문맥과 같이 바리새인들이 와서 이 지역을 떠나라, 이 지역의 통치자 헤롯이 당신을 죽이고자 한다 하여 예수로 하여금 다시 요단강 이편으로 돌아오게 하여 산헤드린의 권한으로 그의 신병을 확보할 술수(術數)를 써 보았으나, 그들 바리새인들의 권면 속에 숨어 있는 진의를 간파하신 예수는 "가서 저 여우에게 이르되 오늘과 내일 내가 귀신을 쫓아내며 병을 낫게 하다가 제 삼일에는 완전하여 지리라 하라 그러나 오늘과 내일과 모레는 내가 갈 길을 가야 하리니 선지자가 예루살렘 밖에서는 죽는 법이 없느니라 (눅 13:31~33)" 하여 당신의 굳은 결의와 의지를 피력하신다.

　예수의 이러한 격렬한 인물묘사에 대해 역사적 맥락으로 주목해야 할 이유가 있다. 빌라도는 비인간적으로 잔인하고 헤롯 안티파스는 비길 데 없이 교활하기 때문이었다. 그러나 예수의 표현은 또 다른 심층적 의미를 갖는다. "오늘과 내일과 모레는 내가 갈 길을 가야 하리니 선지자가 예루살렘 밖에서는 죽는 법이 없느니라(눅 13:33)"라고 말씀한 예수의 단호한 결의에서 세 가지 사실이 명백해진다.

　하나는 바리새인들이 예루살렘에서 여기까지 따라와 그를 유다와 예루살렘으로 되돌아가게 만들려는 술책에 대한 정확한 판단이고, 다른 하나는 예수가 당시 사회와 정치적 실정에 매우 정확한 현장적인 지식을 소유하였다는 사실과 정치 지도자의 성격과 특성에 관한 지식이 막연한 것이 아니었다는 것이다. 끝으로 당신이 하나님의 섭리와 결정대로 예루살렘으로 되돌아가 그 곳에서 죽임을 당할 필연을 결코 잊으시지 않았으며 그러한 명확한 인지(認知)와 함께 "오늘과 내일은" 내가 할 일을 하여야 하겠다고 한 단호한 태도가 지극히 놀라운 일이다.

우리가 교리적으로 이해한 예수 지식과는 상당히 비교될 만한 예수의 인품을 심층적으로 표현하고 있는 기사임을 올바르게 이해해야 한다는 것이다.

예루살렘을 중심한 유다의 일원(一圓)은 과거에 하나님의 종들을 많이 박해하고 살해한 하나님의 적들의 근거지이다. 성서의 내용 자체로는 여기까지의 상세한 자료들을 고찰하기는 어려우나, 누가복음 13장 34절, 마가복음 12장 1절 이하, 마태복음 2장 19절 이하의 각 문절들을 함께 묶어 음미하면 그러한 정치 내지 종교적 비극의 실상을 짐작할 수 있는 것으로 학자들은 생각한다.

특히 중요한 해석학적 사례연구(事例研究)로서, 마가복음 10장 42절 이하에서 예수께서 이방인의 집권자가 어떻게 권력을 남용하며 백성들을 가혹하게 주관하는가 하는 사실을 말씀하시면서, 섬기는 자가 큰 자이며 인자의 오심도 많은 사람을 섬기며 대속(代贖)의 희생이 되기 위하여 세상에 왔다고 하는 예수자신의 사명을 함께 말씀하신 것으로 보아 당시의 정치적 상황을 심도 있는 역사적 이해로 파악하신 예수의 지식이 주목되어야 하는 것이다.

나사로의 부활

예수께서 아직 요단강 동편 너머에 머물러 있는 동안 나사로가 위독한 병으로 사망하였다(요 11:1 이하). 그런 마르다와 마리아의 급한 전갈이 예수에게로 전달이 되자 예수는 다시 요단강 저편으로 되돌아가실 생각이었다. 그 때에 제자들이 "랍비여 방금도 유대인들이 돌로 치려 하였는데 또 그리로 가시려 하나이까" 하며 앞으로 일어날지도 모를 극악상황에 대한 염려를 말씀드렸다.

그러나 예수의 결심은 움직이지 않았다. 그러자 예수의 결단에 찬성한다는 의미보다는 일종의 반발이나 또는 자포자기의 심정에서 도마가 가세하여 "우리도 주와 함께 죽으러 가자(요 11:6)" 하며 객기(客氣)를 보인 것을 요한복음 저자는 지극히 현장적인 분위기로 기록에 남겨 놓았다.

그러한 상황에서 이미 사망하였던 이 나사로를 살리신 예수의 놀라운 이적은 요한복음 11장 38절 이하에 상세하게 기록되어져 있다. 나사로는 죽은 사람으로 무덤에 놓인 시신으로 있다가 걸어 나왔다. 요한복음의 저자는 그가 죽은 지가 나흘이 지났음을 명백하게 언급하며 부패작용에 의한 악취가 심한 것을 사실대로 설명한다.

그런데 그가 예수의 명령에 의하여 살아났으며, 그의 부활은 많은 목격자 앞에서 일어난 사건이었다. 그러한 현장의 목격자들 속에는 지금까지 줄기차게 예수의 행적을 부정적으로 조사하여 비판해 온 입장의 적지 않은 사람들이 섞여 있었다.

나사로가 무덤에서 걸어 나올 때 그는 유령이 아니었다. "죽은 자가 수족을 베로 동인 채로 나오는데 그 얼굴은 수건에 싸였더라(44절)" 이렇게 언급된 사도 요한의 증언은 매우 사실적인 의미를 지닌다. "풀어 놓아 다니게 하라" 하신 예수의 명령으로 나사로에게 죽음이 찾아오기 이전의 정상적인 생활이 회복되었음을 알 수 있으며, 또한 12장 2절에 나오는 기쁜 잔치석에 나사로는 예수와 함께한 좌중에 있었다. 그 뒤에 나오는 9절에 보면 유대인의 큰 무리가 이적을 행한 예수만이 아니라 다시 살아난 나사로를 직접 보기 위하여 구경꾼처럼 찾아왔다고 하였다.

나사로는 다시 정상으로 보행하고 잔치에 참석하고 먹고 마셨다. 제3세기의 유대종교의 랍비들은 예수께서 나사로를 다시 살리신 기적을 시각적 착각(視覺的 錯覺)이거나 아니면 강신술(降神術)일 것이라고 재해석하였다. 그 근거는 유대종교의 교의적(教義的)인 교훈에 따르면, 유사 예언자(類似 豫言者)들이 꿈이나, 환상이나, 마술이나, 감각을 마비시키거나, 강신술이나, 또는 순수한 이적을 행함으로 군중들을 오도하는 설교자들이라고 하였기 때문이다(신 13:2 이하, 18:20 이하). 순교자 저스틴의 말에 의하면 예수께서 세상에 생존하여 계실 때에도 이러한 비난이 언제나 항간에 돌고 있었다고 증언한다(Dialogue, 69:6 f.). 좌우간 예수께서 세상에 계실 때에도 이러한 초자연적 행위나 사건은 열기 있는 논쟁거리였으며 특히 나사로가 다시 살아난 사건은 격렬한 쟁점이었다. 그러한 나사로의 이야기가 쟁점으로 자주 거론되었다고 하는 간접적인 시사로서 우리는 이 시점에서 누가복음 한 곳에만 나오는 거지 나사로의 기사를 생각해야 한다(눅 18:19 이하).

예수의 예화의 모든 사례에서 볼 때에 이야기 속에 나오는 사람의 이름이 거의 정해져 있지 않다. 그러므로 거지 나사로의 이야기 속에서 그 부자의 이름은 다른 경우와 마찬가지로 정해진 바 없으나 유독 그 이야기에 등장한 거지의 이름은 나사로라고 말씀하신 점을 주목해야 한다. 예수님은 이 거지 나사로의 예화에서 "비록 죽은 자 가운데서 살아나는 자가 있을지라도 권함을 받지 아니하리라(눅 16:31)" 말씀하므로 다른 나사로 곧 다시 살아난 그의 이름을 들어 삽입하고 있는 것이다.

이 나사로의 부활과 상관하여 요한복음의 저자는 주저 없는 사실 논쟁으로 변증을 전개하고 있다. 그리하여 요한복음 11장 42절에 나오는 예수의 기도에 "이 말씀을 하옵는 것은 둘러선 무리를 위함이니"라고 분명하게 밝힘으로써 나사로의 부활이 결코 강신술(降神術)이나 혼령을 불러냄이 아님을 둘러선 증인들 앞에서 실증하신 것이다. 또한 동일한 이유에서 하드리안 시대 (the Days of Hadrian)에 생존한 변증론자 크아드라트스(Quadratus)는 예수가 치유했거나 다시 살려낸 몇 사람이 아직 자기와 함께 살고 있다고 언급한 바 있었다 (Eusebius:*Historia Exxlesiastica* 4, 3, 2).

요한복음에 의하면 나사로의 부활은 산헤드린의 긴급회의를 모이게 만드는 촉매(觸媒)가 되었다(요 11:47~). 요한복음의 저자는 그 맥락에서 그 해의 대제사장 가야바의 이름을 공식적으로 밝히고 있어서 가야바의 연설이 있는 그 공회가 틀림없이 가말리엘 1세, 금식자(禁食者) 자독(Zadok the Faster), 요하난 벤 자카이(Johanan ben Jakkai), 니고데모, 아리마데 요셉이 참석하였을 것이고 다소의 사울도 방청하였을 것으로 그 상황을 재현할 수 있게 한다 (Ethelbert Stauffer, *Jesus and His Story*, p.102).

물론 이 때 집결하기 시작한 군중과, 예수가 요단강 이편으로 돌아오자 즉시 나사로의 부활 이적으로 그 소문이 주변 사정에 절대적인 영향을 끼친 사실 등이 포함된 지난 몇 주간의 긴박한 사정의 분석이 그 회동의 동기였다.

그들의 목적에 대해서는 요한복음 11장 48절에서 "만일 저를 이대로 두면 모든 사람이 저를 믿을 것이요 그리고 로마인들이 와서 우리 땅과 민족을 빼앗아 가리라 하니" 라는 사실 묘사로 증명이 되며 그리고 그 긴박성을 묘사한 문절은 예수를 중심하여 새로 끓어오르기 시작한 긴장에 관한 적절한 묘사라고 하는 중요한 의미를 지닌다.

14년간 재임한 가야바의 정치공약(政治公約)은 사회 안정이었다. 또 그는 그렇게 행정을 이끌어 왔었다. 가야바가 혼신의 힘과 지략을 경주하여 사회의 평화를 곤고히 하려고 했으나 그럼에도 그 시대는 격동의 시대였다. 그리고 31년 10월에 세잔느(Sejanus)가 넘어진 후 로마제국은 모든 영지 관할 내에서 일어나는 일체의 정치활동을 면밀하게 검색하였으며 반역과 모반을 원천적으로 박멸하여 왔다. 만일 이러한 때 팔레스타인에 새로운 메시아 운동이 일어나고 있다는 소식이 로마제국의 촉각(觸角)에 감지되면 가야바의 모든 노력은 하루아침에 물거품이 되기 때문이었다. 그러므로 예수는 더 늦기 전에 제거되어야 한다는 견해가 산헤드린의 수뇌부의 지배적인 생각이었다.

Jesus-20
산헤드린의 결정

지금까지 예루살렘의 산헤드린은 예수를 체포하지 못하고 주저주저하였다. 아직은 예수에게 직접 손을 댈 수가 없는 형편이었다(요 7:20). 그러나 예수를 체포할 것인가의 여부를 결정내리는 산헤드린의 표결에 있어서 가야바가 그 양자택일의 결정표(決定票)를 쥐고 있었다(요 11:49). 유대의 최고심의기관인 산헤드린이 표결할 때에 의장이 최후의 한 표를 던지는 것이 관행인 것이다 (Sanh.4:2, Tos. Sanh.3, 8:7, 2ff. etc.,).

많은 경험이 있고 지극히 노련한 가야바는 항상 법적 집행과 신학적 견해를 결합시키므로 반대자를 무력하게 하는 탁월한 설득자(說得者)였다. 그가 사회하는 산헤드린 의원 중에 언제나 신중론을 펴 반대의 의사를 표시하는 의원으로 가말리엘, 요하난 벤 자카이, 니고데모, 그리고 아마도 아리마데 요셉이 있었을 것으로 생각된다. 그러나 그들도 가야바의 고수(高手)에 말려 끌려가서 의장의 과격하고 극단적인 결정에 속수무책이었다. 요한복음 11장 50절에 "한 사람이 백성을 위하여 죽어서 온 민족이 망하지 않게 되는 것이 너희에게 유익한 줄을 생각지 아니하는도다" 하였다.

이와 같이 예수 한 사람을 제거함으로 현실적으로 로마로부터 닥쳐올 재난을 미연에 방지하며 궁극적으로는 나라를 구하는 일이 될 수 있다는 정치, 법률, 신학의 개념이 결합된 그의 견해를 그 자리에 있는 어느 신중론자도 반대할 수가 없었다. 가야바의 결정은 극단적이었다. 그러나 그 필요성과 시간을 더 지체하지 않고 그러한 조치를 당장에 내릴 수밖에 없다는 불가피성을 번복할 아무런 대안이 나올 수가 없었다.

본래 한 사람이 제거됨으로 그 사회의 안정을 얻는다고 하는 가야바의 제의는 유대종교의 전통적인 해석에 속하며, 한 사람의 이단을 신속하게 제거함으로써 그 백성의 타락을 방지한다고 하는 원리이다 (신 17:7,; 22:21 이하, 24:7, 고전 5:6, 13). 이러한 분위기에서 내려진 결정은 예수의 처형이었다(요 11:53). 이러한 결정이 내려지면, 곧 후속조치로 그의 불법이 공시되고, 모든 유대인은 토라에 충실하여 그 이단에게 접촉하지 말라고 널리 방(榜)을 붙인다.

이러한 공시가 발표되면 모든 유대인은 개별적으로 그 내용에 지적된 이단에 대하여 일체의 관계를 끊는 단호한 행동을 보여야 할 의무를 지닌다 (신 13:8, 레 5:1, Sanh 7:10, 4:5). 뿐만 아니라 누구든지 예수가 어디에 있는지를 알고 있는 사람을 그가 있는 곳을 곧 알려야 한다 (요 11:57). 아니면 불고지죄(不告知罪)가 성립된다.

이러한 산헤드린의 법적인 절차가 진행되었다는 사실이 산헤드린 43a에 기록으로 남아 있는데 그 랍비문서에 보면, 다음과 같이 말씀이 전승된다. "유월절 전야 하노스리 예수 (Jeshu Hannosri)가 처형되다. 40일 전에 소리치며 고시하는 자가 '그가 마술을 행하여 이스라엘을 속여 옆길로 나가게 오도하였으므로 돌로 쳐 죽일 것이다. 누가 나와서 변호하여 그가 정당함을 무엇이든 이유를 들어 할 말이 있는 사람은 나와서 그 사실을 천명하시오' 하였으나 아무도 변호하지 않으므로 그를 유월절 전야에 처형하였다."

위에 인용된 문서에 보면 예수의 이적행위(異蹟行位)와 예수의 사형선고가 원인과 결과의 관계론으로 설명되어 있다. 그것은 요한복음 11장 46절 이하와 동일하다. 그 내용에 보면, "그 중에 어떤 자는 바리새인들에게 가서 예수의 하신 일을 고하니라 이에 대제사장들과 바리새인들이 공회를 모으고 가로되 이 사람이 많은 표적을 행하니 우리가 어떻게 하겠느냐(46~47)……이 날부터는 저희가 예수를 죽이려고 모의하니라(53)"라고 명시되어 있다. 탈무드의 내용은 역사적 기사를 법의 절차대로 기술한 것이다. 다시 말하여 그 계류사건(繫留事件)을 긴 토의의 절차를 따르거나 아니면 속결(rapid execution)로 처리하든지 간에 처형을 집행했다고 하는 것이다 (Cf., Sanhedrin 11, 3과 passim).

예수의 처형에 관한 객관적인 사실은 첫째로 이단이라는 비난선포(非難宣布)가 취해졌다는 것과 또한 탈무드의 검증에 나오는 예수의 집행이 수주 간이나 연기되었다는 기록이다. 물론 유대인의 탈무드는 복음서의 내용과 같이 산헤드린의 토의나 빌라도 총독의 아내의 만류나 헤롯 안티파스의 교활한 변절이나 그러한 이유를 밝히고 있지는 않으나 그러한 여러 가지 요인의 역학관계 때문에 아마도 탈무드가 지적한대로의 유월절 전 약 40일 간이나 기일이 경과했을 것으로 추정된다.

그와 같은 배경을 참작하면 요한복음 11장 57절의 고시 내용인 "이는 대제사장들과 바리새인들이 누구든지 예수 있는 곳을 알거든 고하여 잡게 하라 명령하였음이러라"의 고시가 발표된 때가 대충 기원 32년 2월의 어느 날일 것이라고(좀 생각보다는 햇수가 늦기는 하나) 슈타우퍼 교수는 역사적 시간을 점찍고 있는 것이다 (Stauffer, p.104).

이렇게 숨가쁘게 긴장과 갈등과 위기가 점차로 고조되고 있는 이 막바지의 기간에 예수님은 예루살렘시 안으로 발을 들이지 않았고, 베다니에서 북쪽으로 후퇴하여 제자들과 함께 광야로 몸을 피하였다. 요한복음 11장 54절에 보면, "그러므로 예수께서 다시 유대인 가운데 드러나게 다니지 아니하시고 여기를 떠나 빈들 가까운 곳인 에브라임이라는 동네에 가서 제자들과 함께 거기 유하시니라"고 기록하고 있는 것이다.

예수의 생애와 행적을 역사적 구성으로 재현하려고 시도하는 학자들은 마태복음 23장 37절 이하와 누가복음 13장 34, 35절 이하에 나오는 "예루살렘아, 예루살렘아 선지자들을 죽이고 네게 파송된 자들을 돌로 치는 자여 암탉이 그 새끼를 날개 아래 모으려 한 일이 몇 번이나 그러나 너희가 원치 아니하였도다"라고 하신 예수의 탄식이 마태복음의 구성처럼 유월절 기사에 나오거나 누가복음처럼 예루살렘 여행기사에 속한 일부이기보다는 바로 이 때에 북쪽으로 떠나면서 감람산에서 표시한 비통한 심정일 것으로 재구성하기도 한다.

요한복음 11장 54절에 의하면 이 때에 예수와 일행은 사마리아로 피하였으며, 그 곳에서 비교적 산헤드린의 핍박이 미치지 못하는 안정을 얻었으나 몇 주간 머무는 동안의 행적 내용에 관하여는 알 길이 없다.

예루살렘으로 가는 길

예수께서는 공생애의 처음부터 이미 폭력에 의하여 죽임을 당할 일을 명확히 알고 있던 것으로 원초적인 로기야(logia)에 명시되어 나온다. 그러나 그러한 로기야 지식은 그대로 받아들이면서 여전히 다음과 같은 질문이 가능하다. 폭력에 의한 죽음을 수용할 준비가 되어 있는 예수께서 어찌하여 이 때에 북쪽으로 몸을 피하였는가? 하는 질문이다. 우리는 바로 이러한 질문이 제기하는 문제의 해결에서 예수의 인격에 있어서 쉽게 풀리지 않는 가장 심층에 자리잡은 이 신비성을 향하여 접근하게 된다.

위에서 언급한 질문에 관한 해결의 시도는 여러 가지일 것이다. 그러나 나는 대담하게 말하여 예수께서는 유월절에 처형되기를 원하셨다는 전제를 정립하고 싶다.

그와 같은 전제를 정립하는 이유는 그 후에 계속되는 예수의 행적이 그 전제를 뒷받침하여 주기 때문이다. 유월절이 다가오자 예수와 제자들 일행은 북쪽의 은신처에서 나와 갈릴리의 순례자들과 합류하여 여리고와 베다니쪽의 통로를 통해 예루살렘으로 상경하기로 정하고 이동하였다. 시간구조로 보아 예수의 이 최후의 여행은 공사역의 최후 주간 그리고 십자가 처형의 날과 무리없이 연결되는 시간순서로 해석된다. 물론 복음서 신학자들은 예수가 처형된 그 최후의 날의 결정을 공관복음과 요한복음을 분리하여 이야기하므로 두 가지 설이 양립되는 것으로 보아 이 문제가 역시 난제인 것은 틀림없는 사실인 듯하다.

예수와 일행은 목요일에 동쪽 계곡을 통하여 요단강을 건너 순례자의 행로(行路)에 합류하였다. 마가복음 10장 32절에 보면, "예루살렘으로 올라가는 길에 예수께서 제자들 앞에 서서 가시는데 저희가 놀라고 좇는 자들은 두려워하더라" 하였다 .

예수와 일행은 여러 시간을 계속해서 남쪽을 향해 보행으로 전진하다가 마침내 갈릴리에서 남북으로 전진하는 순례자들과 요단강을 넘어 동서로 전진하는 순례자들이 여리고에서 합류하는 십자로까지 도달하였다.

이 지역은 바로 예수께서 세례 요한에게 세례를 받으신 곳이다(요 1:28). 또한 바로 여기 이 요단강 동편은 불과 몇 개월 전, 예수가 새롭게 많은 무리들에게 말씀을 선포한 곳이기도 하다(요 10:41 이하).

그러한 이유 때문에 두 물줄기가 합류하는 것과 흡사한 순례자들의 합류 속에서 지금까지 예수의 교훈에 큰 감동을 받은 사람들 또는 그의 큰 이적과 크신 권능의 표적을 보고 들어 알고 있는 많은 열심 있는 친근자(親近者)들을 순례자들의 대열 속에서 만나게 되었을 것으로 생각함이 자연스럽다. 그러나 예수는 제자 열두 명을 더욱 친밀하게 별도로 두시고 제자들에게만 "보라 우리가 예루살렘에 올라가노니 인자가 대제사장들과 서기관들에게 넘기우매 저희가 죽이기로 결안하고 이방인들에게 넘겨 주겠고 그들은 능욕하며 침 뱉으며 채찍질하고 죽일 것이니 저는 삼 일만에 살아나리라(막 10:33)"는 말씀을 교훈하셨다.

  그 곳에서 여리고로 향하는 길은 경사가 급한 언덕길의 연속이다. 여리고 성 남쪽은 사람이 살지 못할 벌판이고 그 곳은 주로 쿰란사회(Qumran Community)와 또한 엣세네 사람들의 거처하는 심히 험한 지경이다. 바로 이 광야의 빈들에서 과거 세례 요한이 생활했었다.

  여리고 성의 성문이 있는 곳에서 예수님은 많은 호의적인 순례자들의 환영을 받았다. 누가복음 18장 38절 이하에 나오는 앞을 보지 못하는 소경이 "다윗의 자손 예수여 나를 불쌍히 여기소서"라고 외친 사실로 짐작하건대 이 여리고의 성문 가까이에서 상당히 많은 무리들이 예수의 일행을 발견하고 "다윗의 자손 예수여"하며 칭송했을 상황을 어렵지 않게 추측할 수 있다.

  성 안에 들어서면서 예수의 주변에 다시 큰 무리들이 모였으며 (눅 19:3 이하) 그 밤을 예수님은 삭개오라고 하는 이름의 세리장의 집에서 유하였다. 삭개오는 부자이며 그 저택은 크고 넉넉하였다. 예수의 일행이 다함께 그 곳에서 투숙하였을 것이다. 금요일 이른 아침이 되자, 예수가 거처한 한 창가에 군중이 모여 그를 칭송하였다. 그 이유는 누가복음 19장 11절의 "자기가 예루살렘에 가까이 오셨고 저희는 하나님의 나라가 당장에 나타날 줄로 생각함이러라"라는 기록과 같이 예수의 일행이 예루살렘에 입성하면 예수의 왕권이 중심된 하나님의 나라가 새로이 곧 출현할 것이라고 하는 지극히 급진적인 기대가 군중들 속에 있었기 때문이다.

시간적으로나 장소의 여건으로 미루어 가장 급진적인 상상력이 작용하여 무엇이건 사건이 터지고 말 상황이었다.

세잔느 황제의 멸망, 전통적으로 메시아가 출현한다는 의미로 지켜 온 유월절은 다가오고 이 고장은 과거 헤롯 대왕이 사망하고 시몬이라는 노예가 왕으로 봉기한 후, 누가복음 13장 1절과 같이 정치적 메시아 운동의 과격한 다수의 갈릴리 사람들이 빌라도에게 처형된 사실이 있으며, 사해(死海) 주변은 환상적인 묵시 문학의 종말론 신봉자들이 집결한 거점이었고, 요단강 너머로 건너 온 순례자들은 예수의 뒤를 따라 오면서 이미 상당한 흥분상태에 있었다.

이러한 여러 가지의 여건들이 복합적으로 작용하여 당시 상황이 상당히 과열된 형편이었다.

이런 때에 누가복음 19장 12절 이하의 기록에 보면 예수께서는 마치 저희들의 뜨거운 메시아 왕국의 기대를 측량하는 듯한 비유를 교훈하여 "어떤 귀인이 왕위를 받아 가지고 오려고 먼 나라로 갈 때에……" 이렇게 서두가 시작이 되는 열 므나를 종 열에게 장사 밑천으로 맡겨두고 간 교훈을 말씀하였다.

마리아의 향유

누가복음 19장 12~27절의 맥락으로 이해할 때에 예수의 비유는 군중들이 하나님의 나라가 당장에 나타날 줄로 기대하며 흥분상태에 있는 사실에 대한 일종의 경고의 성격을 지닌 교훈이었다. 여리고 성의 지점에서 흥분을 나타내기 시작한 군중들은 예수가 말씀하신, 이 왕권을 받아 가지고 돌아온 귀인과 그가 뒤를 당부하며 떠나면서 장사하라고 나눠 준 열 므나에 관한 비밀스러운 비유의 의미를 이해하지 못하였다.

그러나 그러한 준엄한 경고가 깃들인 교훈이 있은 후, 예수와 제자 일행이 여리고를 떠날 때 무리들은 아직 조용하였으며 아무런 메시아 소동이나 흥분이 없었다. 예수는 일행과 동행하면서 저만큼 선두에서 혼자 침묵으로 걸어가셨다. 누가복음 19장 28절의 내용으로 보면 무거운 침묵에 싸인 불안한 제자들과 봉사하는 몇 명의 경건한 여인들이 다시 거리를 두고 예수의 뒤를 조용히 따랐다.

금요일 저녁 무렵이 되자 일행은 감람산에 있는 벳바게에 도착하였다. 당시에는 안식일의 안식이 저녁 여섯 시쯤에 시작이 된다. 그 다음 날 일찍이 순례자가 예루살렘으로 떠나는 마지막 행로의 동네인 가까운 베다니로 예수와 일행은 걸어가신다(막 11:1).

짐작하건대 베다니 촌에서 안식일의 모임에 참석하기 위하여 갔을 것이고, 저녁 무렵에는 전자에 예수께서 병을 고쳐 깨끗하게 해 준 한 문둥이 시몬의 집에 손님으로 초대받았다(요 12:2 이하, 막 14:3 이하).

이 저녁 식사 때였다. 마리아가 지극히 비싼 향유 곧 순전한 나드 한 근이 든 옥합을 깨 그 향유를 예수에게 붓는 일이 일어났다. 요한복음 12장 3절에는 "예수의 발"에 부었다고 했고, 마가복음 14장 3절은 "예수의 머리"에 부었다고 서로 차이 있는 묘사를 한다. 짐작하건대 마리아가 이러한 봉사를 하자 곧 그러한 봉사가 야기시킨 격론이 너무나 열띤 것이었기 때문에 마리아의 봉사 자체의 중요성이 도외시되고 초점이 흐려지면서 상반된 전승이 보존되었을 것으로 생각된다 (참조 요 12:3 이하, 막 14:3 이하, 마 26:7 이하, 눅 7:37 이하). 아무 말없이 나사로의 누이인 마리아가 한 근의 향유를 가지고 예수에게 접근하여 그에게 부었다.

　가룟유다가 즉시 흥분하여 사회문제와 결부시켜 불평을 시작하였으며, 그 자리에 있는 수명이 같은 반응으로 분내어 그 마리아를 책망까지 하는 분위기가 되었다. 그러나 예수는 가룟유다를 비롯하여 그와 의견을 같이하는 불평을 중도에서 가로막아 "가난한 자들은 항상 너희와 함께 있거니와……"라고 말씀하였다.

　이 말씀은 구약 신명기 15장 11절에 있는 말씀의 인용이다. 그 신명기의 말씀은 "땅에는 언제든지 가난한 자가 그치지 아니하겠는고로 내가 네게 명하여 이르노니 너는 반드시 네 경내 네 형제의 가난한 자와 궁핍한 자에게 네 손을 펼지니라"라고 한 유대인 누구나가 친숙하게 알고 있는 구제의 계명을 말씀하신다. 그리고는 추가하여 "그러나 나는 네게 말한다" 하시는 유일무이한 권위로 언명하시는 권위적 선언으로 해석을 주신다.

　우선 그 모세의 글 전반부의 말씀으로 가룟유다의 불평을 침묵시킨 후에 그 이유로서 "(그러나) 나는 항상 있지 아니하리라(요 12:8)" 하였다. 이 마리아의 아름다운 행실에 대한 변호로 예수께서 하신 말씀을 마가복음 14장 8절 이하로 다시 음미하면, 우리는 전자에 마르다가 많은 일로 분주히 준비하다가 오히려 예수 앞에 경청하는 한 가지 일에 전심한 마리아보다 못한 까닭에 마리아가 더 좋은 편을 선택하였으며 그 몫을 빼앗기지 않을 것이라고 칭찬한 사실(눅 10:38 이하)과 상통하는 칭찬을 여기에서도 다시 찾게 되므로 마리아와 그의 큰 누이 마르다 그리고 그 가정과 이 에피소드의 일관된 역사성을 확인할 수 있는 것이다.

　여기 마리아가 순수하고도 직선적인 사랑으로 귀한 향유를 예수의 발에 부은 아름다운 행실에 관하여 예수께서 주신 말씀은 "저가 힘을 다하여 내 몸에 향유를 부어 내 장사를 미리 준비하였느니라 내가 진실로 너희에게 이르노니 온 천하에 어디서든지 복음이 전파되는 곳에는 이 여자의 행한 일도 말하여 저를 기념하리라(막 14:8~9, 참조 요 12:7)"이었다.

마리아가 순수하고 또 직선적인 신앙으로 예수께서 예루살렘으로 상경하시면 메시아 임금으로 등극하실 것이기 때문에 그것을 예상하여 기름을 붓는 상징적 행위로 왕께 대한 경외를 표시한 것인지는 분명하지 않다. 분명한 사실은 예수 자신이 즉시 찾아올 왕 같은 죽음에 대한 확실한 인지와 함께 그러한 맥락에서 가룟유다의 사회적 관심과 사회적·조건이 항상 존재하는 사회현실이지만 예수의 죽음은 단회적(單回的)이고 구속적인 십자가이심을 비교론적으로 천명한 것임에 주목해야 하는 것이다.

다시 말하여 사회적 관심이 여전히 중요한 의무와 책임이지만 이 에피소드의 핵심은 가룟유다가 예수께서 고난받으시고 죽임을 당할 구주이시고 하나님의 아들이심을 전혀 깨닫지 못한 반면에 한 평범한 여인이 거의 직관적으로 어렴풋이 그러한 구속적 기독론에 도달하였다고 하는 사실적 교훈을 배워야 하는 것이다.

예수께서 마리아에게 "천하에 어디서든지 복음이 전파되는 곳에는 이 여자의 행한 일도 말하여 저를 기념하리라" 하신 말씀은 나사로와 그의 누이 마르다와 마리아의 성격이나 분위기와 모든 복음서의 맥락에서 일치한 내용이며, 따라서 활동적인 마르다와 사색적이고 쉽게 순종하고 헌신하는 마리아의 성격 등으로 미루어서 이 기사의 역사성이 지극히 정확하게 그리고 치밀한 전승에 의한 방법으로 보존되었다가 초대교회에 소중한 간증으로서 문서화되었을 것이라고 슈타우퍼 교수는 해석하였다 (E. Stauffer, p.224).

필자는 이 시점에서 예수의 공생애 양끝에 자리를 정한 두 가지 매우 유사한 사건인 마리아의 향유(香油)와 요단강에서 세례 요한이 집전한 예수의 세례를 비교하여 초대교회의 증언문서인 복음서의 저자 특히 마가복음의 의도를 생각해야 한다고 지적하고 싶다.

본래 초대교회의 그리스도 고백에 의하면 예수는 메시아 왕이시다. 그리고 복음서는 바로 그 왕에 관한 증언문서인 것이다. 초대교회의 사회적 조건에서 말하면 당시의 왕의 역사는 반드시 세 가지 구비조건이 갖추어져 있어야 한다. 하나는 왕의 계보이고, 둘째는 그 왕의 등극이 예전적(禮典的)인 수고(受膏, anointment), 즉 머리에 붓는 기름이며, 셋째는 그 왕의 위업과 생의 종언(終焉) 즉 사망기록이다.

복음서의 형식에는 상술한 세 가지 조건 중에서 왕의 등극인 머리에 기름을 붓는 기록을 어디에서도 찾을 수 없어서 그것이 성서신학의 중요한 문제가 된다. 피상적으로 생각하면 여기 마리아가 향유를 예수에게 부은 사건이 있지 않는가 할 것이다. 그러나 왕이 등극해서 머리에 기름을 붓는 집전은 반드시 제사장이 해야 하며 마리아는 그러한 의미에서 실격이다. 또한 왕의 등극은 왕의 생애 초에 위치가 정해져야 한다. 그리고 무엇보다 더 확실한 해석은 바로 예수 자신의 해석이다. 예수는 분명 마리아의 가상한 행위가 당신의 죽음에 대한 준비라고 하였으며, 마리아의 헌신이 비록 한 평범한 여인의 지각(知覺)이지만 예수에게 줄곧 교육을 받아 온 제자들보다 더 명확하게 예수가 이번 예루살렘에서 최후의 죽음을 맞을 일을 직감했다는 점에서 더욱 애절하게 돋보인다. 그러나 그 상황과 일치하는 좋은 해석은 결코 이 마리아의 헌신이 왕의 등극을 뜻하는 수고(受膏)행위가 아니었음을 확실하게 하는 것이다.

그렇다면 메시아 왕의 기록인 복음서 형식에서 예수께서 왕이심을 변증할 사건을 어디에서 찾아야 하는가. 여기에서 마가복음의 예수의 세례집전은 중요한 신학적 의미를 지닌다. 지금까지의 보편적인 이해는 예수의 세례를 하나님의 아들이 죄인의 모습으로 십자가에 달린 똑같은 유추에서 죄인의 자리에 참여한 회개의 세례 (a baptism of remission)로 풀이한다. 그러나 마가의 신학에서(특히 1, 2장을 그와 같이 중시하거니와) 예수의 세례를 종말사건의 차원에서 종말에 오신 왕 곧 메시아의 인지행위(認知行爲)로 해석해야 한다.

그러므로 세례 요한에게 세례를 받은 많은 군중들은 요한의 설교를 경청하면서 각기 결단의 표시로서 스스로 물 속에 들어가 세례의 예전을 스스로 함께 행하였으나, 예수만이 제사장의 반열인 세례 요한에게서 직접 개인집전을 받았다고 해석한다 (Morna D.Hooker 교수의 강의에서). 그리고 예수가 종말사건으로 드디어 강림한 왕이기 때문에 최후에 싸울 장사라고 소개하였다(막 1:7). 그의 이러한 일련의 소개 내용에 예수가 종말에 성령으로 세례를 줄 역할을 천명하였다(막 1:8).

예수가 이 세례를 받으시고 물 위로 올라오실 때, 하늘이 열리고 비둘기 같이 성령이 강림하였으며 하늘의 소리가 있었다. 우주의 창조시에 물 위를 운행한 비둘기 같은 하나님의 영이 종말의 구원사건에서 다시 비둘기 같은 성령으로 강림했다고 증언하며, 하나님의 음성이 직접 아들 예수에게 확언한 이 일련의 소중한 사건은 즉시 메시아 왕의 등극사건으로 해석되어야 한다.

예수의 공생애, 메시아의 출발은 이처럼 정당하였다. 그러나 예루살렘을 초입에 둔 이 마리아의 향유는 왕의 주검을 기념한 참으로 영원히 기억이 될 시적 사건(詩的 事件)이었다.

Jesus-21
예수의 대결
(Confrontation)

예루살렘 성전이 몰락되기 전, 그 당시 유대인들이 예루살렘에 찾아와 지킨 유월절은 참으로 인상적이고 대단한 축제였다. 혹 현대종교에서 그와 비길 만한 것이 있다면 일년에 한 번 현대 모하메드교가 지키는 메카의 순례 (the annual Haj to Mecca)라고 하는 학자도 있다.

당시의 유대인들은 어디에 유랑하여 거주지를 정하였든지간에 서쪽에서는 서바나에서 그리고 동쪽 변경을 넘어선 원국(遠國)에서부터 그 절기에는 예루살렘을 찾아오는 것이 소원이었다.

그 당시 얼마나 많은 순례자의 인구가 예루살렘 한 지점에 주입되었는지 확실한 통계를 말할 수 있는 사람은 아무도 없다. 과거의 고전 기록은 50만에서 1,200만이라고 하는 큰 차이를 보여 준다.

현재의 예루살렘의 인구는 5만 정도이다. 그리고 유월절 기간에는 적어도 그 상주인구의 6배가 불어난다고 하는 추산이 보수주의 신학자들의 견해이다[1]

당시의 예루살렘에는 그 모든 순례자들을 도저히 수용할 능력이 없었다. 그리하여 대부분의 순례자들은 성 밖에 임시로 천막들을 치고 유숙할 수밖에 없었다.

---

1) J.Jeremias, *Jerusalem in the time of Jesus* (SCM Press, 1969). pp.77~84.

최후의 예루살렘 방문 (Last Visit to Jerusalem)

여기에 언급하려고 하는 특정 유월절은 예수의 공생애를 시간구성(時間構成)으로 재현하여 아마도 세 번째에 해당하는 유월절일 것이다.[2]

그 어간에 참으로 많은 일들이 일어났다. 처음 그는 세례 요한의 회개운동에 참여하는 한 무명의 갈릴리 목수였다. 지금에 이르러 각자의 시각과 입장에 따라 그에 대한 평은 유명한 선생이라고 하는가 하면 악명 높은 신성모독자라고 입장을 달리한다. 그러나 지난 2년간 예수가 과연 누구인가 하는 군중의 시각에서나 측근에서 주목하여 온 자들의 판단으로 이제는 그의 정체가 누구인가 비교적 확실한 이미지로 비춰졌을 것이다.

예수와의 대결을 불가피한 것으로 여겨 온 예루살렘의 종교 지도자들과의 최후의 맞대결이 이제는 목전에 와 있는 것이다.

그러므로 "인자가 많은 사람의 대속(代贖)으로 원수에게 넘겨져 고난과 죽음을 당하리라"는 예견이 막연한 추측이 아니라 가시적으로 확실해졌다. "선지자가 예루살렘 밖에서는 죽는 법이 없느니라(눅 13:33)" 하는 그의 언급 그대로 그는 예루살렘에 올라왔다.

예루살렘은 예수의 출현을 기다리는 분위기였다. 유월절이 시작하기 전 일 주일은 순례자들이 운집하는 나날이다. 유월절 전에 정결의 의식 (the necessary rites of purification before the festival)을 거쳐야 하며 그리고 자연 숙박할 만한 곳도 정해야 한다. 사도 요한은 "저희가 예수를 찾으며 성전에 서서 서로 말하되 너희 생각에는 어떠하뇨 저가 명절에 오지 아니하겠느냐(요 11:55~57)"라고 기록하였

---

2) R.T.France, *The Radical Jesus*, p.149.

다. 군중들의 예수에 대한 기대와 기다림의 열기(熱氣)는 대단했다. 물론 예수께서 자신의 안전을 고려했다면 하면 이번 절기에는 예루살렘으로 자신을 노출해서는 안 된다. 적대자들의 적개심과 살의가 군중들의 기다림과 같은 위험수위에 있었기 때문이다.

유월절의 흥분이 고조된 이러한 예민한 때에는 그의 행동에 조심이 요구되는 때이다. 특히 그 해의 유월절은 그럴 만한 이유가 한두 가지가 아니었다. 예를 들어 바로 얼마 전 독립투쟁의 봉기가 분쇄된 바 있었고, 그 주모급의 연루자들이 처형을 기다리며 아직 감옥에 있는 형편이다(막 15:7). 이러한 상황에서 로마 통치자들은 많은 열광적인 추종자들을 거느린 그 갈릴리의 설교자의 입성이 아니더라도 각별히 경계하고 있는 와중이었다. 그런데 예수는 예루살렘으로 오시고 말았다.

물론 유월절에는 모든 성인남자가 참여할 것을 율법은 명령한 바 있다. 그러나 본인이 생명의 위협을 감지한 경우 말고도 불참이 부득이한 것으로 양해되는 이유는 얼마든지 있는 터이다. 그러나 예수는 예루살렘에 와 있어야 할 필연의 요구, 그에게는 직선적으로 순종의 길을 걸으려고 한 불굴의 결의가 있었다.

예수에게는 자기만이 민족 앞에서 행해야 하는 그런 매우 촉박(促迫)한 선포가 있었으며 자기 민족을 흔들어 깨워야 하는 도전이 있었다. 그리고 그것의 성취를 위하여 온 세계에서 모든 유대인들이 한 장소로 돌아온 이번 유월절의 호기(好機)를 절대로 실기(失機)할 수 없었다. 더구나 예수는 그의 구속 사역이 자기의 희생적인 죽음으로 완성되어야 하는 하나님의 의지이며, 과거 역사적으로 유대인의 생명을 대신한 유월절 어린양의 죽음이 하나님의 백성을 태어나게 한 것과 같이 당신의 속량적인 희생이 참 하나님의 백성을 태어나게 하는 하나님의 구속적 의지임을 확신하고 있었다. 그러므로 그가 아들로서 순종으로 성취해야 하는, 백성과 많은 인류의 구원이 이 유월절 말고 다른 적기는 있을 수 없었다.

참으로 극적인 입성 (The Dramatic Entry to Jerusalem)

예수는 동쪽으로 우회하여 여리고를 통하여 예루살렘 시로 입성하신다. 같은 길을 거쳐 갈릴리에서 남하한 순례자들과 요단 주변에서 대기하다가 함께 상경하는 상당히 큰 무리들이 예수의 뒤를 동행하여 따라왔다. 그리고 예수께서 상경하신 그 무렵 이 순례자의 수는 최대로 팽창한다.

예수께서는 제자들과 함께 그 전에도 여러 절기에 누구의 주목을 받는 일 없이 상경한 것처럼 이번에도 원하시면 아무런 어려움 없이 자연스럽게 무리들과 섞여 진행할 수 있었을 것이다. 그러나 이번에는 예수께서 결정적인 기회에 많은 사람들의 주목이 되기를 원하셨다. 그리하여 참으로 극적인 입성이 전개되는 것이다(막 11:1~10, 참조 눅 19:28~40, 요 12:12~19).

동쪽의 진입로를 선택하여 입성하는 순례자들은 감람산이라고 하는 완만한 구릉에 의하여 가로막히는데, 감람산은 기드론 깊은 골짜기가 바로 예루살렘 시와 진입로 사이를 가로지른다. 예수께서는 베다니 근처의 동쪽지역의 모처에서 나귀새끼 한 마리를 빌려 그 위에 타신다. 한 마리의 나귀를 빌리기 위하여 제자들 중 둘을 보내어 "주께서 쓰시겠다(눅 19:31, 34)"라고 일러주신 대로 약속의 신호를 되풀이하니 (they repeated the 'password') 즉시 양해된 이 작은 에피소드는 예수께서 이번 예루살렘의 입성을 세밀한 데까지 치밀한 계획을 하신 의지를 알 수 있게 한다.

그러나 왜 나귀새끼를 빌려 타셨는가. 예수께서 피곤하셔서 라고 하는 설명은 너무나 피상적이다. 먼 갈릴리에서부터 도보로 오신 그가 목전의 마지막 3마일(오리 정도) 지점에서 피로하였다고 하는 설명은 상황과 일치하지 않는다. 그리고 복음서의 기록으로는 예수께서 지금까지 도보여행이 아니었다고 하는 예외가 발견되지 않는다.[3] 그러므로 그것은 확실히 상징적 행위였다. 구약문서에 친숙한 모든 유대인들에게 예수는 확실한 메시지를 주시려고 하신 것이다.

과거 다윗 왕은 아들 압살롬이 왕권을 탈취하려는 시도에서 반란을 일으켰을 때 나귀를 타고 감람산 너머로 위난을 피하였고, 사태가 진압되어 다시 왕도(王都)로 귀환할 때에도 그는 평화의 상징으로 다시 나귀를 타고 귀경(歸京)하였다(삼하 15:30, 16:1~2). 그러나 예수의 의도는 우선적으로 스가랴 9장 9, 10절의 배경이었다고 생각한다.

"시온의 딸아 크게 기뻐할지어다 예루살렘의 딸아 즐거이 부를지어다. 보라 네 왕이 네게 임하나니 그는 공의로우며 구원을 베풀며 겸손하여서 나귀를 타나니 나귀의 작은 것 곧 나귀새끼니라 내가 에브라임의 병거와 예루살렘의 말을 끊겠고 전쟁하는 활도 끊으리니 그가 이방 사람에게 화평을 전할 것이요 그의 정권은 바다에서 바다까지 이르고 유브라데 강에서 땅끝까지 이르리라"

이 스가랴의 축복은 모든 병기의 파기와 국제사회의 통제원리가 평화라고 하는 위대한 선언이다.

그러므로 군중들에게 예수는 확실한 메시지, 다시 말하면 예수 자신이 바로 예루살렘이 오래도록 기다린 다윗 전통과 왕손에 의한 왕이며 메시아라고 하는 자기 천명이었다. 그러나 바로 그 점이 예수의 의도였거니와 예수께서는 당시의 일반 여론이 기대하는 그러한 방법

---

[3] 미쉬나(Hagigah 1:1)의 설명에 보면 유월절에 참례하는 모든 건강한 유대인들은 도보로 예루살렘과 성전에 와야 한다는 규정이 나온다. 그러한 맥락에서 나귀를 타신 예수의 이미지는 다른 계획적인 의지가 동기로 있어야 설명된다.

과는 크게 상충이 되는 (in stark contrast) 동작과 표현으로 천명한 메시지였다고 하는 것이다. 로마군을 역전에서 무찌른 그런 무적의 전의로 결속한 전사의 행진 선두에 군마를 타고 당당하게 입성하는 왕이 아니었다. 뜨거운 소망의 시선으로 주목받은 예수는 나귀새끼를 타셨고 추종자들은 순례자들이었다. 평화의 왕으로 성문으로 들어오신 것이다.

예수의 추종자들이나 같은 길에 동행하던 모든 사람들에게 예수의 명백한 의지가 정확하게 파악되었을 것이다. 군중들은 즉흥적으로 상의를 벗어 붉은 카펫을 깔듯 그가 전진하는 길에 깔았다. 이러한 순례자들의 동작은 예수의 입성을 승리의 개선이 되게 하였다.

"하나님을 찬양! 하나님이시여 주의 이름으로 오시는 자에게 복을 주소서. 하나님께 영광이라!" 함성을 울렸다.

이러한 예수의 입성을 현장에서 목격한 자들 중에 선지자 스가랴의 예언으로서 예수가 비정치적인 메시아이심을 이해하는 일부도 있었을 것이 틀림없다. 그러나 동시적으로 오해하는 자가 더 많을 수 있어, 다윗의 예언에 준한 해석을 선호하며 불가피하게 병력에 의한 승리이어야 한다고 생각하는 자들도 있었을 것이다. 특히 갈릴리에서부터 추종한 순례자들 속에는 결국 지금까지 유보된 예수의 혁명적인 숨은 의도가 표면으로 나온 것이 아니냐고 생각하는 단순한 착오도 있었을 것이다.

성전에서의 실력행사 (The Demonstration in the Temple)

예수의 예루살렘 입성이 아무리 비군사적이고 평화적인 메시아 역할을 의미하는 것으로서 신중을 기한 일이었다고 해도 전자에 몇 번의 다른 무장봉기가 있어 곤혹을 치른 경험이 있는 당국은 쉽게 의혹을 불식할 수 없었다. 그런 분위기에서 또한 연이어 일어난 일련의 사건들은 사태를 더욱 악화시키고 말았다.

모든 순례자들은 성문 안에 들어서게 되면 으레 성전을 찾는 것이 첫번째의 관심사이다. '이방인의 뜰'이라고 불리는 비교적 넓직한 외역구내(外城構內)에 들어서면 그늘진 주랑(柱廊) 주변에 상당히 많은 군중들이 자리를 정한다. 그런 그늘진 공간에서 제단으로 끌고 갈 희생물들이 매매되고, 상가나 거리에서 통용되는 로마인의 주화와 성전 은화를 교환하여 성전세와 헌금을 마련하는 일 등으로 술렁이는 곳이 눈에 띈다. 이런 일들이 처음에는 먼 거리에서 그리고 외국에서 온 순례자들에게 편리를 제공하기 위하여 시작된 것이지만, 시간이 가면서 성전 제사장들이 웃돈을 얹어 장사하는 일을 은연 중에 권장하여 수중에 들어오는 이익이 막대하였다.

예수님은 이러한 활발한 장사행위의 장소로 걸어가셨다. 그리고 심각한 사건을 일으키신다. "성전 안에서 매매하는 자들을 내어쫓으시며 돈 바꾸는 자들의 상과 비둘기 파는 자들의 의자를 둘러엎으시며 아무나 기구를 가지고 성전 안으로 지나다님을 허치 아니하시고······" 라고 마가복음은 예수의 실력행사를 요약하였다(막 11:15~16)[4]

이 예수의 실력행사는 단독행위였다. 그러므로 성전지기 경비원들

---

4) 요한복음 2장 14절 이하에 나오는 성전 혁신 사건은 공관복음의 증언과 일견 모순되는 것처럼 지금까지의 복음서 신학자의 견해가 일치하지 않았던 것이 사실이다. 그런 차질의 해결을 위하여 해마다 유월절에 예수께서 상경하였을 때, 필연적으로 이런 충돌이 있었고 공관복음은 최후의 것을 요한복음은 최초의 것을 선택하였다고 하는 조화를 위한 추리가 있다. 그러나 이런 연중행사와 같은 사건에 대한 언급이나 두 번째 또는 세 번째의 실력행사에 관한 저자의 언급이나 대적자들의 언급이 발견되지 않는다.

그러므로 요한복음의 언급은 시간구성의 시각에서 해석한 것이 아니며, 최근의 자료비평이나 편집사학파의 해석이 아닌 새로운 해석학적 시각인 "이야기 비평학 (Narrative Criticism)"에 의하면 저자 요한의 의도는 시간 구성을 뛰어넘는 이야기 구성이라고 하는 당시의 주된 저술의 방법인 수사학적인 "循環論法"의 응용이라고 보아야 하지 않는가 하는 것이 필자의 견해이다.

이나 사직 당국이 적극적으로 개입하면 예수의 단독행위는 역부족의 사태가 되었을 것이다. 아마도 예수의 권세와 품위와 인격이 모든 상인들과 군중들을 순복하게 만들었다고 생각된다. 그러니 당국이 미처 손쓰기 전에 일은 끝난 셈이다.

성전에서 행한 예수의 혁신운동은 아버지의 집이 잘못 사용되고 있는 현실을 목도한 분노였다고 생각하는 학자들이 많다. 예수의 행동과 동시에 표명된 예수의 책망의 말씀이 거룩한 장소여야 할 기도하는 집을 도적들의 굴혈로 삼았다고 하는 강력한 항변이었다.

그러나 예수의 이 행동은 일반적으로 생각하는 것처럼 상황적으로 자연히 일어난 행동이 아니라고 하는 것이다. 마가의 증언에 의하면, 첫날은 입성 후에 "성전에 들어가 모든 것을 둘러보시고(막 11:11)"라고만 하였고 그 이튿날이 되어서야 그의 행동은 일어난다. 다시 말하면 이 실력행사는 전날밤에 깊은 의중 가운데 세워진 결단이며 예수께서 나귀새끼를 미리 준비하여 입성하신 것과 같이 깊이 생각하시고 준비하신 결행이라고 하는 것이다.

그러므로 예수의 실력행사에는 성전 구내에서 상인들을 추방하는 결과 이상의 목적과 의도가 있는 것이다. 단 한 번만의 결행으로 오랫동안 상당한 액수의 검은 이익을 성전 고위층에게 공급하여 준 그 관행이 툭 끊어내듯 철폐되고 말 것이라고 예수는 결코 기대하시지 않으셨다. 그러므로 이 결행은 의도된 개혁(改革)이라고 하기보다는 상징적 행위(象徵的 行爲)였다 (It was a gesture rather than an attempted reform).

상징적인 행위였으므로 참으로 더욱 숨막히는 행위였다 (As a gesture, it was breathtaking). 단 한 번의 도전으로 예수는 이스라엘 성전 제사 기능의 전체를 인정하지 않으신 것이다.

하나님의 거룩한 전을 이와 같이 금전욕을 채우는 수단으로 사용하는 유대종교와 성전 고위층을 단번에 불신임하신 것이다. 예배를 대신하여 상행위가 있고, 이미 그 자리는 하나님의 집이 아니었다. 예수의 상징적 행위는 하나님께 드리는 예배가 완전히 새로 갱신되어야 한다는 의중의 표시였다. 예수의 이 한 번의 상징행위로 말미암아 하나님께 드리는 예배가 전적으로 새로이 접근되어야 함을 요구하는 것이라고 해석해도 지나친 일이 결코 아니다.

이 한 번의 실력행사로 하나님 예배의 혁신이 시작되면 그 새로운 발전 속에서 예수의 역할이 무엇인가만을 암시한 것이 아니다. 성전의 혁신은 메시아 도래와 동반적으로 발생할 하나의 축복이라고 하는 유기적 전체의 일부로서의 의미가 있었다.[5] 말라기 3장 1~3절에 나오는 구약의 두 문절이 이러한 의도를 보여 준다고 볼 수 있다.

"또 너희의 구하는 바 주가 홀연히 그 전에 임하리니 곧 너희의 사모하는 바 언약의 사자가 임할 것이라 그의 임하는 날을 누가 능히 당하며 그의 나타나는 때에 누가 능히 서리요 그는 금을 연단하는 자의 불과 표백하는 자의 잿물과 같을 것이라 그가 은을 연단하여 깨끗케 하는 자같이 앉아서 레위 자손을 깨끗케 하되 금, 은같이 그들을 연단하리니 그들이 의로운 제물을 나 여호와께 드릴 것이라"

예수의 성전 혁신과 더욱 밀착된 예언은 스가랴 14장 21절의 다음과 같은 문절이다.

"그 날에는 만군의 주의 전에는 다시는 장사꾼이 없을 것이요 (And there shall no longer be a trader in the house of the Lord of hosts on that day)(RSV)"

---

5) 에스겔 40~48장에 나오는 환상이 이미 이러한 기대와 소망을 정립하고 있으며, 스가랴 6장 12~13절이 그러한 소망에 가세한다. 몇 개의 후기 유대문서가 이러한 소망을 열렬히 피력한 바 있고, 예수시대에는 이것이 일반적인 유대인들의 정서였다.

불꽃 튀는 파상적(波狀的)인 논쟁의 시작
(Preliminary Skirmishes)

유대인 사회에서 그리고 유대 종교가 생활의 축으로 돌아가는 맥락 속에서, 어느 개인이건 유대 종교와 계율의 기본 축을 들먹거리는 비판을 당국은 용인할 수가 없었다.

당국의 입장으로 말한다면 도전의 장갑을 먼저 상대방의 발아래 던진 자는 갈릴리 목수 예수였다. 그들로서는 그 도전의 장갑을 집어들 수밖에 없는 사정이라고 할 것이다. 복음서 저자들은 막판에 빚은 이 불꽃 튀는 연쇄적인 논쟁의 일부를 기술한다. 상대방 제사장들과 바리새인 지도자들이 연합한 실체는 훈련된 논쟁자들을 투입하여 파상적(波狀的)인 논쟁을 일으킨다.

그들이 먼저 내건 질문은 예수의 행위가 무슨 권한과 근거로 하는 행위인가에 대한 공격이다. 그리고 계속되는 질문들은 광범위하고도 다양한 논제의 영역에서 자유자재로 구사하여 사후부활(死後復活)에 관한 문제에서 로마인들에게 세금을 바치는 것이 정당한가에 이르기까지 신학문제(神學問題)와 아울러 실제 생활에 있어서의 실천적 문제의 난제(難題)들이었다.

그들이 제기한 난제들은 하나같이 위장(僞裝)된 덫이었다. 본래 유대인 지식인들은 이러한 공개 논쟁의 명수들이다. 그들의 예수가 자신을 누구라고 생각하는가 하는 신분(身分)의 명시(明示)를 이끌어내는 유도 질문은 신성모독의 올무를 씌우려는 의도였고, 예수의 자기 언어로 메시아 주장을 유도하려고 한 의도는 그렇게 함으로써 로마 지배자들에게 정치적인 저항자로 보이게 하려는 전략이었다.

그래도 예수가 그 어느 것도 무관하다고 유화적(宥和的)으로 회피하면 이번에는 그를 추종하는 군중에게서 원성(怨聲)과 비난이 쏟아

져 나오도록 몰아세울 전략이었다. 군중들이 예수를 추종하는 이유는 명백히 그가 오실 메시아라고 하는 이해에 근거해서였다. 예수는 지금까지의 주장을 굽힐 수 없으며, 그의 입지를 약화시킬 수도 없는 형편이었다. 도전자들은 절대로 실패하지 않을 것을 자신하였다 (They could hardly lose).

그런 의도가 있는 논쟁들을 예수는 노련한 정치인의 기술로 맞서셨다 (Jesus handled the delicate situation with all the skill of a politician). 예수는 할 수만 있으면 저희들의 수중에 잡힐 언질의 답변을 피하셨다. 어떤 경우에는 질문자들이 스스로 대답을 말하도록 유도하는 역습을 하셨다.

그러나 세속 정치인들이 하는 것과는 다른 점이 있다. 그것은 예수께서 단지 언어유희로 시간을 낭비하는 일을 하시지 않는다는 것이다. 그는 거침없이 세례 요한이 하나님이 보내신 선지자인 것과 같이 자신이 하나님이 보내신 분임을 선명하게 언급하였으며, 지금의 예수의 행위가 정당함을 주장하신다.

그러한 줄거리에서 막중한 신학적 내지는 실천적 중요 문제들을 일괄 통달하시면서 예수는 자신이 각별히 유대인 일반이 기대하는 정치적 메시아나 다윗의 이상주의에 근거한 민족주의적 "다윗의 후손"보다 지극히 차원이 높은 메시아이심을 천명하셨다(막 11:29~33, 12:35~37).

지금 우리가 소유한 복음서의 내용에는 최후의 유월절을 목전에 둔 그런 불꽃 튀는 논쟁 중 몇 가지만이 남아 있다고 생각된다.

그러나 이런 와중에서도 우리가 확실하게 해 두어야 할 것은, 그들의 질문의 답변에 골몰하여 유화적인 답변을 주거나 또는 지금까지 일관되게 종교 지도자들을 겨냥하여 행하셨던 격렬한 비판과 비난과 책망의 어조를 조금도 누그러뜨리지 않으신 일관된 예수님의 면모인 것이다.

이러한 일련의 긴장이 막바지로 고조된 상황에서 예수님은 저 유명한 악한 포도원 소작인이 추수를 위해 보낸 주인의 아들을 모살(謀殺)한 내용의 비유(막 12:1~12, 마 21:33~46, 눅 20~9~19)와 같은 가시 돋친 교훈을 말씀하심으로 자신의 나갈 길을 하나의 비극적 종국 이외에는 없는 불가피한 상황이 되게 한다.

가룟유다 (Judas Iscariot)

파상적으로 야기된 논쟁의 와중에도 예수의 관심은 지도자들과 전문적인 교사들과의 대결이 아닌 그의 교훈을 듣기 원하는 모든 군중에게로 향하신다. 그런 무리들과의 만남의 자리는 뜨거운 햇볕에서 비교적 시원한 그늘을 만들어 주는 주랑(柱廊)이 중심이 된 광장이었다.

예루살렘에 상경하신 후 예수는 주로 주간에는 이 곳에서 공개적으로 교훈의 말씀을 하신다. 이 무렵, 예수께서 무리들에게 주신 교훈이 무엇인지에 관해서는 소상히 알 수 없다. 왜냐하면 복음서 저자들은 이 막바지의 예루살렘의 사역에서 주로 당국의 지도자와의 논쟁과 제자들에 대한 집중적인 교훈만을 기술하고 있기 때문이다. 그러나 예수의 당당한 공개적 입성이 있은 후, 군중들의 그에 대한 관심이나 예수의 그들에게 향한 관심이 갑자기 중단되었다고 보아야 할 아무런 이유도 없는 것이다.

군중들의 여전한 관심은 당국자들로 하여금 섣불리 손을 쓸 수 없게 하였다. 그리고 이러한 유월절의 흥분된 군중들이 보는 앞에서 예수를 체포하는 일은 가장 치안이 염려스러운, 유월절에 폭동을 유발하게 하는 우거(愚擧)이다. 또 다른 한편으로는 어느 피의자도 체포

없이 재판에 세울 수는 없다. 그러므로 해답은 군중들이 모르게 예수를 밤에 체포해야 한다는 것이다.

그러나 밤에 예수를 체포하기란 쉬운 일이 아니었다. 해만 지면 예수는 어둠 속으로 사라진다. 예루살렘 성 밖의 수많은 야숙자(野宿者)들의 천막촌 속으로 스며들면 도저히 그 한 개인을 가려낼 길이 없다. 누가복음에 보면 밤마다 예수는 감람산에서 밤을 보내셨다(눅 21:37)[6] 체포당하신 마지막 밤도 역시 겟세마네에서였다.

그러한 맥락에서 유다가 등장한다. 한밤중에 아무도 눈치채지 않는 곳에서 예수만 체포할 수 있는 기회를 일러주겠다고 한 유다의 밀고는 매우 편리한 제보였다. 유다의 동기에 관하여 여러 가지 시각에서의 해석과 설명이 있으나 결국 그는 배가 침몰하기 전 충분한 보수를 얻고 그 배를 버리기로 마음먹은 사람이었다. 일 년에 한 번 바치는 성전세가 은화 반 세겔인 것에 비교하면 은 30세겔[7]은 넉넉한 상금이었다. 성서학자들의 해석에 의하면 이 은 30세겔은 120데나리온에 해당하며 당시 하루의 노임이 1데나리온인 것을 감안하면 일반 서민이 4개월간 벌어들인 전액에 해당하는 금액이다. 그리하여 가롯유다는 영원히 배신자의 낙인이 찍힌다.

그의 배신 동기를 심각하게 생각하는 해석에서는 그가 갈릴리 태생이 아닌 단 한 사람의 제자라는 점을 주시한다. 공교롭게도 예수의 내원(內圓)의 제자들은 모두 갈릴리 사람들이다. 그러니 짐작컨대 그가 비교적 학식을 구비한 예외적인 인물이었을 경우 지극히 평범한 갈릴리 어부나 노동자들 속에서 자기의 두각을 나타내지 못한 실패

---

6) 예수는 첫번째 밤은 베다니 촌에서 숙박하신다(마 21:17, 막 11:11~12). 그리고는 나머지의 수일은 겟세마네 동산에서 야숙하신 것으로 기록에 나온다(참조 눅 22:39, 요 18:2).

7) R.T. France, p.159.

가 그런 배신을 생각하게 한 심리적 동기라는 생각을 한다. 말하자면 문화적 소양을 가진 자의 자존심 (an element of cultural pride)과 좌절감이 동기라는 것이다.

가룟유다 연구에서 최근의 경향은 그가 배신자가 된 이유에 대하여 그의 인격에 있는 특수한 결함에서 원인을 찾기보다는, 그가 참여한 예수운동의 기본적인 성격이 그가 추구하던 민족해방의 영웅적 투쟁과는 너무나 거리가 먼 지극히 순수한 종교행위라는 것이 막판에서 확실하게 되자 그에게 일어난 환멸과 좌절에 그 원인이 있다고 생각한다.

또 시각을 달리하면, 예수께서 이번에 예루살렘으로 가면 반드시 죽임을 당한다고 하신 언급이 현실감 있는 상황이 되면서, 훗날에 다소의 사울이 예수를 믿는 자들을 핍박하는 것이 하나님께 향한 열심인줄 안 것처럼 일종의 자기를 정당화하는 자위행위의 시각에서 당국에 그를 거짓 선지자로 고발한 것이라고 생각된다.

이런 접근들을 다시 요약하면 첫째는 서민 노동층과 지식인이 잘 융화되지 못한 교양과 지식의 굴절이 심화된 동기로 전제한다고 보며, 두 번째는 예수의 사역에 대한 실망과 좌절이 준 반사행동이고, 세 번째는 비뚤어진 의무감 때문이라고 그의 동기를 심층적으로 분석한다. 이런 가룟유다의 동기분석은 설교형식으로 구성하지 않은 시각이어서 주목된다.

유다의 배신 동기에 관한 오늘 우리의 지식은 추측이다. 그러나 그의 배신은 사실이다 (The motive is guesswork, but the fact is clear). 가장 바람직한 밀고자가 정확한 정보를 적시에 제공한다. 예루살렘 고위층은 아무것도 주저할 일이 없게 된 셈이다. 유월절이 시작하기 전에 체포하면 되는 일이었다.

최후의 만찬 (The Last Supper)

시간이 얼마 남지 않은 것을 예수는 아셨다. 예수와 제자 일행이 예루살렘 성으로 들어와 이것이 최후의 유월절이라고 하는 것과 그리고 사태가 급진전하여 예수는 자기가 살아서 유월절이 시작되는 것을 보지 못할 것을 예감하신다. 그러나 예수는 죽음이 오기 전에 제자들과 최후의 유월절 식사를 같이하기를 간절히 소망하셨다(눅 22:15).

그리하여 성전에서 유월절의 어린 희생양들을 잡는 때와 함께 유월절이 시작되는 전날 밤에, 예수님은 다락방에서 유월절을 예상하는 참으로 의미 깊은 저녁식사를 주재하신다.[8]

---

8) 요한복음 18장 28절, 19장 14절 등은 예수의 처형이 정식으로 유월절 식사를 먹는 저녁이 오기 전의 낮에 일어난 사건이라고 언급하였다. 이러한 처형의 시간은 바벨론 탈무드 (Sanhedrin 43a)의 기사와 일치한다. 그 언급에 의하면 예수는 유월절 전날 저녁에 교수형이 되었다고 했다. 공관복음은 전체적으로 예수의 처형일이 하루가 늦다.

그러나 우리가 항상 당시의 유대인의 종교행사가 우리와는 달리 하루의 시작이 저녁이라고 하는 것과 그 오후 3시부터 어린양들을 잡기 시작하고 그 유월절 식사는 해가 진 후부터 라고 하는 관행을 전제하여야 하는 것이다. 이러한 당시의 시간구조를 염두에 두면 공관복음의 시간구조가 반드시 요한복음과 하루의 시차가 있는 것이 아니라고 말할 수 있다.

왜냐하면 만일 다락방의 준비된 저녁식사가 성전에서 유월절 어린양을 잡는 전날 저녁에 취한 식사이며 그러면 최후의 만찬은 마가복음 14장 12절이 언급하는 같은 날이며 예수의 처형은 그 다음날 오후 성전에서 어린양들을 잡는 같은 날에 일어난 사건임을 알 수 있다.

이것은 공관복음 역시 요한복음과 한가지로 예수의 체포는 유월절 축제가 시작하기 전날이라고 하는 것과 일치한다. 이 경우에 자연스러운 해석은 정상적인 유월절 식사가 아니라고 귀결된다.

지금의 복음서 증언에 의하면 그 유월절 식사의 중심이어야 하는 성전에서 잡은 어린양의 언급이 전혀 나오지 않고 있어서 주목이 된다(막 14:12, 14, 눅 22:15). 어린 양의 고기가 식탁에 없었다고 하는 것과 하루 전날이라고 하는 시간설정이 저자의 의도인 것이다. 다음에 제시한 도표를 참조 할 것 (R.T.France, p.162n)

```
           오늘 우리의 달력.              당시의 유대인의 달력
                              일몰 ------------------
                              자정                    (니산 13)
  (木曜日)
                              일몰 ------------------
           최후의 만찬                                 (니산 14)
           --------------- 자정
  (金曜日)                     유월절 전야(eve)
           십자가 처형      낮
           장사             성전에서 어린양들을 잡는다
                              일몰 ------------------
                              유월절 식사를 먹는다(니산 15)
           --------------- 자정
  (土曜日)
                                     안식일(Sabbath)
                              일몰 ------------------
                                                     (니산 16)
           --------------- 자정
  (日曜, 주일)
           예수의 부활
```

   24간이 지나면 다른 유대인들과 가족들은 정상적인 잔치식사를 즐기게 된다. 그러나 그 시간에 이미 예수는 죽었을 터이다.
   예수와 일행 열두 제자들을 위하여 이것은 고별식사였다. 그러나 다시 한 번 염두에 두어야 할 것은 입성과 성전에서의 실력행사와 같이 이 다락방의 식사는 상징의 의미로서 중요하다 (It was

deliberately symbolic).

　예루살렘 성 안에 넉넉하게 지은 돌집 한 채가 있고 손님방인 다락방에 일행을 위한 저녁식사가 마련된 것은 특별한 의미를 지닌다. 훗날에 그 집주인 여인의 아들인 마가는 사도 바울과 베드로를 동반하여 도와 준 일과 그리고 마가복음의 저자로 영원히 기념될 만한 그의 이름을 남기게 된다. 예수께서 아직 생존하여 공중 사역을 하신 막바지에 자발적으로 모험을 무릅쓰고 예수와 일행을 위한 뒷바라지를 그것도 예루살렘 성내에서 주저하지 않았다고 하는 일은 참으로 놀라운 일이다.

　요한복음은 이 다락방의 최후 교훈을 13장에서부터 17장까지 장장 5개 장을 할애하는 기록으로 남겼다. 그에 의하면 이 이야기는 예수께서 제자들의 발을 씻으신 상징적인 행위에서 시작하여 자기가 떠난 후 적대적인 세상에 제자로서 남아 있는 삶이 무엇을 의미하는가에 관한 간곡한 교훈과, 하나님께 저희들의 안전을 의탁하시는 대제사장의 기도로 끝내시는 중요한 증언을 남겼다.

　이 저녁 최후의 만찬 식사에서 예수는 처음으로 배신자의 정체를 밝혀 그가 열두 제자 중 한 사람임을 내원의 제자 (the inner circle)에게 일러주신다. 그러나 유다의 위장과 자연스러운 행동으로 인해 다른 제자들은 그런 진상을 까맣게 알아차리지 못했다. 만일 알았다면 그 자리의 다른 제자들이 그를 그대로 두지 않았을 것이 뻔한 일이다. 물론 예수의 언급은 지극히 완곡하여 그는 아무런 제재 없이 밖으로 나올 수 있었다.[9] 예수께서 자기의 죽음을 향해 가는 사건 발전의 흐름을 바꾸려 하시지 않은 것은 이번 일이 처음은 아니다.

---

9) 공동식사의 자리에서 座長이 떡을 집어 가운데 놓인 접시에 있는 음식물에 찍어 그 자리의 객이나 함께 있는 취식객에게 주는 행위는 항상 있는 관행이다(막 14:17~21, 요 13: 21~30).

그러나 이 최후의 만찬의 초점은 예수께서 떡과 잔을 취하여 엄숙한 상징으로 제자들에게 교훈하신 내용에 걸려 있고, 그 후 교회는 그것을 매우 소중한 예배 전통으로 중심에 둔다. 예수는 떡을 취하여 "너희를 위하여 준 내 몸"이라고 하셨으며 또한 잔을 취하여 많은 사람을 위하여 흘린 "언약의 피"라고 하셨다(막 14:22~23). 고린도전서 11장 23~25절에 나오는, 복음서 기록에 나오지 않는 오래된 전승에 의하면 "이것을 행하여 마실 때마다 나를 기념하라"고 말씀하셨다는 것과 함께 "주의 죽으심을 오실 때까지 전하는 것이라"라고 바울은 증언한다.

이 예수의 이야기에서는 이 성만찬 신학의 다양한 시각과 입장을 검토하거나 비교할 여유가 없다. 중요한 사실은 예루살렘 성 안에서 그 유월절 전야에 당혹한 제자들이 처음 이 말씀을 접하며 무엇을 깨달았는가 하는 것이다. 첫째로 그간 여러 번 예루살렘에 올라갔지만 이번에는 그것이 죽음을 의미한다고 예수께서 하신 말씀이 사실적인 의도가 아닐 것이라고 하는 최후까지 설마하는 마지막 희망의 포기였다. 예수는 지금 몇 시간의 거리를 두고 자기를 기다리는 죽음을 명확하게 일러주신다.

그리고 예수께서는 왜 그 죽음이 필요한가를 설명하신다. 자기 몸을 "너희를 위하여" 내어 준 것이고 "많은 사람을 위하여" 쏟는 그의 피는 이미 오래 전에 제자들에게 일러주시려고 하신 바와 같이 구속적 목적에 의한 예수의 죽음인 것이다. 이러한 맥락을 더 서술적인 글로 담은 것은 마태복음 26장 28절로서, "죄 사함을 얻게 하려고"라고 구체적인 이유가 천명되어 나온다. 예수의 죽음은 어떤 불행한 원인의 결과가 아니라 많은 사람을 하나님께로 돌아가게 하는 희생물이며 인류를 위함이었다.

유월절의 절기가 주는 의미가 처음 유월절 양의 피로 어떻게 하나님의 백성이 구원받았는가를 회상하게 하는 날이므로 예수가 의도한 이 교훈의 의미를 놓칠 수 없는 것이다. 이스라엘이 하나님의 백성으로서 시내산에 모여 하나님의 계약을 받게 된 전진의 시작, 곧 존재론적인 하나님의 백성의 시작이 이 유월절이다. 예수의 희생으로 새로운 계약이 성립되고, 새로운 이스라엘 백성이 탄생된다. 이 밤으로 시작하여 오직 예수만이 하나님의 진정한 백성의 기초인 최후의 완전한 희생이 되신다. 이러한 심오한 의미의 가시적 반복으로 성만찬을 자주 행함으로써 예수께서 많은 사람의 죄를 위하여 죽으신 것과 새로운 계약이 맺어진 첫 유월절을 대신한 더 큰 유월절을 회상해야 한다.

성만찬을 기념하여 행하는 교회는 천 수백 년간 깊은 의미를 계속 토론해 왔다. 앞으로도 그 토론은 계속될 것이다. 그러나 그날 밤 다락방에 모인 제자들에게는 원초적인 의미로 족하였다. 오히려 그 정도의 의미도 감당하기 어려웠을 터이다. 오늘의 크리스천들이 교회사적으로 논쟁을 축적해 온 애찬신학(愛餐神學)에서 한시적으로 벗어나, 그 밤에 예수께서 설명하시고 교훈하신 것만으로 족한 단순한 상징과 교훈으로 주신 언어를 되새기는 일은 유익하다.

모든 일반인들에게 죽음이란 종언(終焉)이다. 제자들이 예수의 죽음을 처음으로 실감하게 되면서 절대절명 아무런 소망이 없어져 정상적인 의식활동이 멎는 것과 같은 무거운 침묵 속에 가라앉았다고 하면 무리가 없는 사정이다. 그러나 예수께서는 이미 그 운명의 24시간을 넘어선, 시간의 지평선 너머를 바라보시는 시선으로 "진실로 너희에게 이르노니 내가 포도나무에서 난 것을 하나님 나라에서 새것으로 마시는 날까지 다시 마시지 아니하리라"고 말씀하신다(막 14:25). 곧 발생하려고 하는 사건의 흐름은 모든 것의 끝장이 아니라 새로운 시작이다. 다른 말로 하나님의 나라가 리얼리티가 되기 시작하며 미래는 장례(葬禮)가 아니라 축제(祝祭)이다 (The future was not a funeral, but a feast).

겟세마네(Gethsemane)

열한 제자들은 그 다락방을 떠나면서 마음 속에 폭풍이 일고 있었을 것이다. 밀고자는 이미 자기 자리를 이탈하였다. 최후의 재난이 곧 들이닥쳐올 것이 불을 보듯 뻔하다. 주님이 체포당하신 후 저희들은 어떻게 될 것인가. 그러나 예수의 권고와 격려가 조금 이해가 됐다고 해도, 무엇인지 알 수 없는 경이로운 미래가 봇물처럼 저희들을 삼켜 그 후의 역사가 그들을 그런 경이적 전환점의 중심에 있었던 중인이라고 영원히 기억하게 되리라고는 전혀 생각지 못했다. 그것은 고사하고라도 구속사적으로 하나님이 용서받은 많은 사람들을 원근 각처에서 구별 없이 모으시는 그 출발점에 그들이 서 있다고 하는 특권을 전폭적으로 알 리가 없을 터였다.

예수께서 일행을 인도하여 성문 밖 기드론 골짜기를 가로질러 완만한 구릉으로 된 감람산으로 오르시니, 그 곳은 자주 찾으시는 겟세마네 동산이다. 겟세마네라는 이름은 그 곳이 원래는 기름 짜는 곳이었기 때문에 붙여진 이름이다. 이미 밀고자는 그들의 일행에서 떠난 지 오래이다. 예수께서 마음만 먹었다면 다른 곳으로 즉시 이동하여 안전한 곳으로 피할 수도 있는 일이나, 다시 한 번 예수는 이미 진행되고 있는 흐름을 가로막으실 의사가 없으셨다. 예수는 그 자리에서 닥쳐올 체포대(逮捕隊)의 너무나 손쉬운 표적처럼 그 자리를 움직이지 않으셨다.

그러나 물이 흐르는 대로 사건의 진전에 간섭하지 않으시는 예수는 고난과 죽음의 혐오감을 순간순간(瞬間瞬間) 사실적으로 새삼 느끼셨다. 몇 시간을 초조한 긴장으로 보내며 당혹과 실망과 좌절에 짓눌린 제자들은 자정도 되고 하여 쉽게 잠에 떨어진다. 그러나 예수는 홀로 아버지께 기도를 시작하신다.

"아버지여 아버지께서는 모든 것이 가능하오니 이 잔을 내게서 옮기시옵소서 그러나 나의 원대로 마옵시고 아버지의 원대로 하옵소서 (막 14:32~36)"

훗날에 이 예수의 기도를 언급한 저자 마가는 마가복음 14장 33절에서 "심히 놀라시며 슬퍼하사 (and began to be greatly distressed and troubled)"라는 표현으로 예수께서 비감으로 자신이 무너지는 것과 같은 고통을 경험하신 것을 절묘하게 증언하였다.

여기 마가복음에 참으로 고통스러운 이 표현이 왜 나오는가에 관하여 성서학자 간에 쟁점이 되고 있는 것이 사실이다. 하나님께 순종해야 하는 아들의 길, 그리고 구속하시는 메시아의 길이 이 길뿐인 것을 아신 그가 왜 여기 최후의 단계에서 이같은 단장(斷臟)의 언어로 말씀하셨는가에 관해서 여러 가지의 해석학적인 시각이 견해를 달리할 수 있을 것이다.

예수께서 잠시 후면 당하실 십자가의 처형이란, 그 처절한 잔혹함에 있어서 소크라테스가 독약 헤므록을 마시는 것과는 도저히 비교가 되지 않는다. 그러므로 소크라테스는 죽음에 종용할 수가 있었으나, 예수의 경우에는 이 죽음이 그의 절대 순종이라는 의지임에도 불구하고 원색적인 반발이 꾸밈없는 현상이었을 것이다.

그러나 많은 경건한 학자들의 해석은 예수의 고통이 감당할 수 없는 많은 인류의 죄짐을 걸머진 자의 고통이라고 이해한다(사 53:12, 6). 그러나 아무리 심오한 신학이 그 맥락을 통찰하였다고 해도 우리가 예수의 심중을 다 이해한다고 하는 것은 보수적 기독교 신앙의 자세로 말하여 참람(僭濫)한 태도일 것이다 (It is presumptuous to imagine we could ever understand it).

중요한 점은 겟세마네에서의 예수의 기도는 예수가 우리 모두와 감정과 정서를 달리하거나 초월한 일종의 반신(半神, a sort of demi-god)이 아니라는 것을 말해 준다는 것이다. 이것은 고전사회의 상식과 영웅전과 구별되는 초대교회와 역사적 기독교의 확실한 기독론의 본질이다. 이 겟세마네의 기도로 표시된 예수의 영적인 고통은 몇 시간 후에 경험하실 십자가의 처형에서의 육체적 고통과 상응 일치하는 중요한 증언이다.

그러나 영적인 고통과 육체적인 고통, 이 양자의 고통보다 더욱 강렬한 의지는 예수의 순종의 결단이었다. 그의 기도는 "나의 원대로 마옵시고 아버지의 원대로 하옵소서"로 결론이 난다. 이 문제의 시비는 사실 예수께서 세례를 받으신 후 광야에서 있었던 사단의 시험이라는 대결에서 이미 결정이 끝난 기본적인 대결이었다. 그러나 하나님의 아들이라고 해도 대속(代贖)의 무거운 짐을 진다고 하는 것은 용이하지 않은 막중한 사역이다.

유다가 나타났다. 그는 이미 자기 몫을 받은 후이다. 예수는 아무런 저항을 하지 않으셨고, 군인들은 잠을 자다가 깨어난 제자들 덕분에 아무런 힘도 들이지 않고 일을 끝낸다. 이런 과정에서 예수께서 조용히 아이러니한 한 마디 말씀을 하신다.

"너희가 강도를 잡는 것같이 검과 몽치를 가지고 나를 잡으러 나왔느냐(막 14:48)."

제자들은 아무런 저항도 염두에 두지 못하고 감람나무의 어두운 그늘 속으로 사라지고 만다. 예수는 홀로 묶인 채 성 안으로 끌려가신다.

Jesus-22
정죄받으심
(Condemnation)

재판과 십자가 처형

유월절 전야가 왔다. 해가 뜨면 즉시 큰 절기의 준비로 부산해진다. 그날 중으로 수천 마리의 어린양들이 성전에서 도살되며 절기가 시작하는 저녁에 그곳 예루살렘에 모인 모든 유대인들은 그 어린양의 고기가 놓인 식탁에서 유월절 식사를 하게 된다. 그런 후 온 도성과 주변 산야에 유숙하는 모든 순례자들은 그 밤이 깊어지면서 잠에 든다.

그러나 대제사장을 위시한 유대인 지도자들은 그 다음날 큰 안식일이 시작하기 전에 끝내야 할 막중하고도 화급(火急)을 다투는 사건에 손을 댈 수밖에 없었다.

복음서의 기록에 따르면 그 이튿날 정오 이전에 여러 절차에 의해 최소한 다섯 번의 심문 앞에 예수는 세워진다. 우리가 흔히 알고 있는 예수의 재판은 전후사정과 수평관계가 지극히 복잡하게 연결된 전체의 일부에 관한 언급이다.

그러나 처음부터 명확한 사실은 그 재판의 결과가 어떠하든 저녁이 오기 전에 예수에게는 사형이 선고되고, 그리고 처형이 되어야 한다는 사전의 시나리오였다.

첫번째의 심문, 안나스 (First hearing : Annas)

요한복음에 따르면 그 밤 즉시 체포대들이 예수를 끌고 간 곳은 안나스의 저택이었다(요 18:12~23)..

이 안나스는 과거 오랫동안 대제사장의 직무를 관장하다가 15년 전 로마 당국이 해임시켰다. 그 후 얼마간의 공석기간이 지난 후 그의 사위인 가야바에게 그 직권이 인계된 그런 원로였다. 그러나 움직일 수 없는 사실은 그가 대제사장 가문의 가장격(家長格)이라고 하는 점이다. 그러므로 복음서가 그를 그렇게 부르고 있는 것과 같이 많은 유대인의 안목으로는 그가 여전히 대제사장이었다. 바로 이 안나스가 예수를 박멸하려고 한 배후의 총지휘자격이었다. 그러므로 예수는 제일 먼저 그 앞에 끌려간 것이다.

요한복음은 다만 간단하게 그의 심문을 기록할 뿐이다. 법적으로 안나스는 아무런 결정권이 없으므로 즉시 예수를 가야바에게로 보낸다. 가야바는 현직 대제사장이므로 유대인의 최고 재판기구인 산헤드린의 의장직을 그의 직함에 따라 겸직하고 있었다.

두 번째의 심문, 산헤드린 (Second hearing : the Sanhedrin)

유대인의 상식으로 말하면 산헤드린에서 진행된 예수의 재판은 정식 재판이다. 유대종교의 최고 권위에 도전하는 일체의 종교활동은 마땅히 산헤드린 앞에서 심문을 받아야 한다.

로마 통치자들은 이미 이러한 종교적인 관행을 양해하고 있었다. 그들은 유대인들의 종교논쟁에 개입하기를 극히 피하였다. 종교문제에 대한 산헤드린의 판결은 시비의 대상이 아니며 최후의 판결이었다.

유대인의 종교법은 심히 복잡한 우여곡절을 거쳐 신성모독과 같은 범법행위는 사형에 처하였는데, 바로 예수는 이 경우에 해당된 셈이다. 그러나 로마 통치권은 원칙적으로 사형 언도와 집행의 권한을 자기들의 유일무이한 권한으로 지켜왔다.[1] 이에 대한 산헤드린 당국의 견해는 이미 저희들이 내린 사형 언도가 다시 로마인들의 허락을 얻어야 실효가 있다는 절차를 심히 불필요하고 불편한 절차라고 생각하였다 (a regrettable necessity).

산헤드린이 예수를 조사한 마가복음의 기록(마태복음은 그대로 따르고 있다)에 보면 예수는 두 번에 걸쳐 산헤드린의 재판을 받으셨다. 하나는 밤중에 가야바에게 받은 자세한 조사이고, 다른 하나는 로마 총독청으로 이관하기 위한 준비와 같은 성격의 것으로 아침에 다시 받으신 재판이다.

그러나 누가복음에 의하면 밤에 가야바의 관저로 끌려간 재판에 대해서는 언급이 없고 대신에 마가복음에 나오는 아침에 실시한 재판과정에서 마가의 심야재판의 내용과 동일한 재판이 나오고 있다. 물론 이러한 차질을 설명하자면 심야의 재판은 아침에 있을 공식재판을 준비하기 위한 사전 조율과 같은 성격의 재판이라고 말할 수 있을 것이다.

그러한 가정에서는 심야의 재판이나 아침의 재판이나 성격이 같은 것이고 정확히 말하여 심야에 내려진 사형이 아침에 산헤드린의 전 회원이 출석한 법정에서 확인되었다고 말할 수 있다.

예수의 재판이 정당하게 진행된 재판이 아니라고 하는 견해에 의하면 유대인 사회, 특히 당시의 유다 지역의 재판 관행과 규례(規例)를 언급한 몇 가지의 고문서를 근거하여 예수의 재판은 석연치 않은

---

1) 이러한 전제는 사도행전에 나오는 스데반의 사형(행 7:54~60)과 같은 실례를 들어 당시에 상당히 예외적인 경우가 있었다고 주장하는 학자들이 있다. 그러니까 범 로마제국에서는 공적으로 사형 언도와 처형권을 지방통치자들에게 위임한 일이 없으나 그러나 유대지역에서는 유대인의 미묘한 종교 범주 때문에 그러한 영역에서 내리는 사형과 처형을 암암리에 묵인하였다.

점들이 있다고 지적한다.[2]

　유대인의 재판 관행에서는 중범자의 경우 변호인의 진술부터 먼저 들어야 하는데 예수의 재판의 경우에는 전혀 그러한 기록이 없다. 그리고 심야에 있었던 첫번째의 재판과 아침에 있을 두 번째의 재판 사이 중간 시간에 예수를 지키는 유대인 군인들의 조롱이 일어나며 그러한 조롱 행위에 중립을 지켜 엄정해야 할 산헤드린의 회원들도 가담하였음을 마가복음은 증언한다(막 14:65). 이런 분위기는 결코 공정한 재판이 성립될 수 없는 분위기이다. 예수의 재판사건을 음미하면 이미 사형하기로 사전에 모의하고 그러한 절차만 밟는 진행이었음을 쉽게 알 수 있다.

　그러나 정상적인 재판의 관행을 염두에 두었을 때 예수의 재판은 사전에 변호인들의 청문이 빠져 있다고 하는 것 말고는 유대인의 재판관례를 상당히 심중하게 밟고 있다고 하는 해석이다.[3]

　기소 사실을 뒷받침하는 여러 명의 증인들이 청문된다. 그러나 여러 번의 심중한 대질신문을 하고도 기소사실을 뒷받침하는 일에 실패한다 (They failed to establish their testimony). 여러 가지의 증언 중에서 하나 명확한 것으로 집약되는 내용은 예수께서 예루살렘 성전을 헐고 그 자리에 다른 새 성전을 짓겠다고 하는 요지였다. 이 고발의 요지는 예수께서 성전의 멸망을 예언하신 일이 있어서 확실한 것으로 뒷받침이 된다. 그러나 이 예언 역시 비록 예수의 성전에 관한 비판적인 견해는 인정되나 신성모독이라고까지 단정하기에는 아직 미흡하다. 그러한 혐의를 전제하려고 생각하면 예수께서 최근 홀로

---

　2) 미쉬나 산헤드린 4~7에 보면 다음과 같은 규정이 자주 나온다. 사형에 처할 만한 중범자의 재판은 절기 축제일이나 그 전날에 재판하지 않는다. 밤중에 재판하지 않는다. 이러한 중범자는 변호인의 진술부터 먼저 청문하여야 하며, 같은 날에 기소하여 판결을 내리지 않는다.
　3) 그러한 주장은 마가복음 14:55~64의 증언에 근거한다.

의 결단과 결행으로 성전을 청결케 하신 사건은 그러한 혐의선상에서 또 하나의 증거 보완이라고 단정되나 이것 역시 대질심문에서 확정하는 데는 실패한다.

예수는 심문과정에서 대체적으로 침묵을 지키셨다. 예수의 침묵은 자기의 결백을 위한 어떤 변호도 상대방의 적개심이 일방적으로 충일한 이런 상황에서는 왜곡될 뿐인 것을 아셨기 때문일 것이다.

여기까지의 심문과정은 가야바를 난처하게 만들었다. 누구라도 확실한 증거의 제기 없이는 판결을 내릴 수 없는 일이고, 지금까지의 증언들은 모두가 확실하게 할 수 없는 불충분한 것들이었다.

가야바는 자기가 직접 심문하기로 결정하고 자기의 자리를 일어선다.[4] 가야바는 자기의 자리를 떠나 예수에게로 와서 직접 면전에서 예수께서 더 침묵하실 수 없는 유일한 직설적인 질문을 한다. "네가 찬송 받을 자의 아들 메시아냐" 가야바는 예수의 교훈과 그의 추종자들이 기대하는 바를 지혜롭게 요약한 질문을 당돌하게 함으로써 예수의 침묵을 깬다. 예수께서 그간 여러 번의 경우 그리고 다양한 질문자에게 받아온 이 질문에 대하여 혹은 침묵을 명하시거나 혹은 침묵하여 오셨다. 그러나 이 정체론적인 기본 문제가 여기에서는 본인의 언어로 변증되어야 할 최후의 시각에 서 있는 예수는 명확한 자기의 언어로 답변을 주신다. "내가 그니라(막 14:62)"

그러나 예수는 그것만으로 자기의 답변을 끝내시지 않았다. 전자에 베드로가 정체론적으로 신앙고백을 한 경우에서도 예수는 즉시 "인자……"로 시작된 메시아의 기능을 추가한 일이 있다. 지금 가야

---

4) 재판장은 통상 자기 자리에 앉아 있어야 한다. 미쉬나 산헤드린 7:5에 보면, 신성모독의 심문을 마친 때에야 자리를 일어서야 한다. 그렇다고 하면 이 예수의 재판은 가야바가 자기 자리를 일어섬으로 말미암아 예수의 재판을 신성모독이라고 이미 전제하는 행위임을 보여 준다고 풀이된다.

바가 심문의 내용으로 거론한 "메시아" 질문도 예수는 그대로 끝내 선 안 된다고 하는 자신의 의중을 보이시는 중요한 단서를 언급하신 다. 왜냐하면 예수는 그의 "메시아" 인식이 상식적으로 정치적 역할 로 결정되어 버리는 편견을 교정하기 원하신 것이다. 그러므로 예수 의 추가적 답변은 심문에 대한 거부가 아니라 그 이상 바랄 수 없는 긍정적 강조였다. "인자가 권능자의 우편에 앉은 것과 하늘 구름을 타고 오는 것을 너희가 보리라(막 14:62)" 가야바에게 있어서 그 이상 더 바랄 것이 없는, 본인의 증언이었다. 그러므로 신성모독의 현장을 확인하는 동작으로써 반드시 자기 옷을 찢어야 하는 전통에 따라 가 야바는 자기 옷을 찢는다. 그는 "우리가 어찌 더 증인이 필요한가" 하 고 소리쳤다. 그리하여 사형의 판결은 출석한 전원의 만장일치였다. 예수는 신성모독자, 그리고 그의 처벌은 사형이었다.

이것이 유대인의 법적인 결정이다. 그러나 사형언도의 처형을 위 해서는 반드시 로마인 총독의 공식 인정이 있어야 한다. 본디오 빌라 도는 그런 맥락에서 등장하며 역사적으로 영원히 기억될 모멸받는 자가 되고 만다.

그러나 로마인 총독에게 신성모독의 죄가 사형에 해당된다고 하는 주장은 어불성설이다. 그러므로 이 단계에서도 가야바의 책략은 빈 틈이 없었다. 그는 예수에 대한 고발 중에서 특히 메시아, 즉 서민 다 수의 지지와 호응을 받고 있는 정치적인 구원자라고 하는 입장을 강 조하여 고발한다.

이런 두 가지의 요구, 하나는 신성모독자라고 하는 증거에서 유대 인 지도자들의 동의를 얻어내며, 동시에 정치적 해방자라고 하는 고 발로 로마인 관변측의 납득을 얻어낸 가야바의 책략은 지극히 지능 적인 것이다. 로마인의 입장에서는 정치적인 과격지도자라고 하는 이유에서 사형을, 유대인들에게는 애국자나 순교자가 아닌 신성모독자로 모양새를 충족시킨 것이다.

세 번째와 네 번째의 심문, 빌라도와 안티파스
(Third and fourth hearings : Pilate and Antipas)

새벽같이 총독 관저의 현관에 유대인 고관들이 방문하여 대기중이라고 하는 급한 전언에 아침 잠을 깨는 빌라도는 과격하고 위험한 선동자의 즉각적인 사형을 요구하는 방문이라는 것을 알게 된다.

물론 빌라도에게는 하나도 놀랄 일도 새로운 사실도 아니었다. 그는 가장 소요가 일기 쉬운 유월절에는 항상 무엇인가 일어날 것을 예상하며 효율적인 대처를 위하여 예루살렘으로 임지 집무처를 옮기는 것이 오랜 관행이었다. 근자에도 과격한 민족주의자를 체포한 일이 있는 그는 금년 유월절이 평온하게만 지나가기를 예상하는 것은 아니었다.

그러나 빌라도는 이런 일에 조심할 수밖에 없었다. 산헤드린의 중요 공회원인 사두개인들이 로마 당국과 외교적인 친분이 있고 협력적인 것이 사실이지만 그러나 로마 당국이 지금껏 그러한 정보가 없는 터에 과격 혁명가라고 어떤 유대인 동족을 고발하여 올 경우 그것은 자신이 지극히 경계해야 할 문제라고 즉각 판단되기 때문이다.

더욱이 성격상 빌라도는 유대인들이 제기하는 문제에 전후사정을 면밀하게 파악하는 과정 없이 쉽게 동의하는 위인이 아니었다. 그리고 그들이 일방적으로 최종판결을 내린 문제에 무조건 동의하며 서명을 하는 성격도 아니었다.

동시대의 문서에 나오는 빌라도의 인물평은 신축성이 없는 데다가 이기적이며 잔인한 성격을 종합한 사람이라고 하였다.[5] 당시의 역사

---

5) Philo, *Legatio ad Gaium* 38(301).

문헌에 의하면 총독 빌라도는 전후 다섯 번에 걸쳐 유대 종교 문제에 관여하여 세 번은 잔인한 학살행위로 겨우 질서를 회복한 자라고 하는 오명 갖고 있는 위인이다.

　가야바 측의 대표자들도 빌라도에게서 우호적인 협력을 쉽게 얻어 내리라고 기대하여 온 것은 아니다. 그러므로 그들 나름대로의 몇 가지의 술책을 가지고 왔다.

　빌라도는 그들의 방문을 현관에서 맞는다. 복음서의 기록만으로 이 면접의 진행을 소상하게 알 길은 없으나 예상한 바와 같이 빌라도가 순순히 협력하는 자세가 아니었다. 아직까지는 이 고발의 정당성 여부와 상관없이 빌라도의 성격과 유대인 지도자 간에 상호 불신하는 긴장관계가 있었기 때문이다.

　누가복음의 기록에 의하면 예수에 대한 유대인의 고발이 진행되는 중에 빌라도에게 의외의 기회가 주어지는 듯 싶었다. 사두개인의 고발에서 피고의 경력이 으레 갈릴리 지역에서의 활동이 있는 것으로 언급되면 피고에게 매우 불리하게 사건이 진행되는 것이 관례였다. 그러한 선입관에서 고발자는 예수의 갈릴리 사역에 관해 언급한다. 그러나 이 유월절의 경우에는 갈릴리 분봉왕인 안티파스가 역시 예루살렘에 체류하고 있는 중이었다. 빌라도는 즉시 갈릴리 지역 행정의 책임자에게로 이송하라고 하는 주장을 하게 된다.

　그런 우연한 이유에서 벌어진 헤롯 안티파스 앞에서의 심문은 일종의 단막 '코미디'였다. 이 헤롯 왕의 예수 지식은 그가 경이적인 이적사(異蹟師)라고 하는 것이 전부였고 그 밖의 어떤 혐의에 대해서는 자기 소관이 아니라는 태도였다.

　그는 예수가 자기에게 오자 다만 이적에 대한 흥미가 동하였으나 아무런 이적도 행하지 않는 그에게 별로 심문 같은 심문 하나 하지 않고, 단지 병정들의 희롱에 가세하여 그가 왕이면 자기의 빛난 홍포

(紅袍)를 입고 가라 하여 입혀 보낸다(눅 23:11).

다섯 번째 심문, 빌라도 (Fifth hearing : Pilate)

그제서야 빌라도는 이 재판을 더 기피할 수 없는 처지인 것을 알게 된다. 복음서의 증언이 일치하고 있는 예수 재판의 최종판결은 "유대인의 왕"이라고 하는 제목으로 집약된 정치적인 성격의 것이다. 신약의 어디를 보아도 예수께서 자기를 이러한 공식 명칭으로 제시한 일은 한 번도 없었다. 그러나 예수의 메시아되심을 정당하게 이해하지 않는 자들에게 이러한 결론으로 유도하는 일은 너무나 용이하였다. 사실 최근에 예루살렘 입성의 모양새는 스가랴 9장 9절이 언급한 "시온의 딸아 크게 기뻐할지어다 예루살렘의 딸아 즐거이 부를지어다 보라 네 왕이 네게 임하나니 그는 공의로우며 구원을 베풀며 겸손하여서 나귀를 타나니 나귀의 작은 것 곧 나귀새끼니라"라고 한 내용과 문자적으로 일치한다. 그러므로 빌라도의 첫 질문은 "네가 유대인의 왕이냐"였다. 앞서 가야바에게서 직접적인 질문을 받은 것과 같은 직접적인 질문을 받은 예수께서는 두 번째로 침묵을 깨시고 대답하신다. 그러나 이번에는 전자보다 덜 결정적인 답변인 "네 말이 옳도다 (You have said so)"였다.[6]

이 예수의 답변은 부정이 아니다. 또한 결정적인 긍정도 아니다 (It is not a denial, but neither is it a straight acceptance). 예수는 과연 유대인의 왕이시다. 그러나 빌라도가 생각하는 것과 같은 그런 왕은 아니시기 때문이다. 그러므로 요한복음은 즉시 계속하여 예수님의 설명을 부연한다.

---

6) "네가 유대인의 왕이냐"라고 한 빌라도의 질문과 예수께서 침묵을 깨시고 "네 말이 옳도다" 대답하신 기록은 공관복음에 모두 나온다 (막 15:2~5, 마 27:11~14, 눅 23:2~5).

"내 나라는 이 세상에 속한 것이 아니라(요 18:33~38)"

사실 세속적 권력자들에게 예수께서는 당신의 왕권에 관하여 많은 말을 할 수가 없는 것이다.

빌라도는 그 나름대로 노련한 정치가이다. 그러므로 즉시 예수가 자기와의 정치적 경쟁자도 아니며 사회적으로 해를 끼치는 인물이 아니라 그가 표시한 종교적인 시각이 기성체제인 유대 종교지도자와 크게 차이가 있거나 기성체제에의 침체와 무기력을 비판한 이유로 증오를 받고 있는 것을 안다. 이러한 경우를 현명하게 처리한 앞서간 로마 정치가들의 관행을 생각하면서 빌라도 역시 이 피고를 광신자라고 하는 범주로 놓으려고 마음먹는다.[7]

예수가 범법행위가 없는 종교적인 알력의 희생자인 것을 간파한 그는 즉시 자기류(自己流)대로 맵시 있는 해결을 생각해 낸다. 그것은 당시 유월절의 절기에 유대인의 민심을 회유하는 방법으로 1년에 한 번 한 사람의 죄인을 석방하는 관행이 있었다. 빌라도는 그 명분을 사용할 것을 마음먹는다. 그러나 즉시 그 생각이 군중들에게 먹히지 않는 것을 알았다. 왜냐하면 대사면(大赦免)의 대상자는 유대인 일반에게 인기가 있는 영웅이어야 하는데 예수의 경우에는 지지자들이 일반 서민층 중에서도 빈한 자(貧寒者)들이거나 일부 부녀자들 뿐이었다. 그리고 대제사장 측에서는 이미 그들의 계획 중에 대사면(大赦免)으로 요구할 자가 따로 있었다. 그는 바라바였다. 그는 당시 민중의 영웅이었다. 용의 주도한 대제사장 측은 자기들의 요구가 관철되

---

7) 기원 62~64년에 유다의 총독이었던 알비노(Albinus)가 다른 예수, 아나니아의 아들을 재판한 사건이 있었다. 아나니아의 아들 예수는 이스라엘의 멸망을 직설적으로 예언함으로써 심각한 문제가 되자 당시의 유대 지도자들이 알비노 총독에게 그를 고발한다. 그 때 알비노가 취한 태도 역시 지금의 빌라도의 입장과 유사하였으며, 아나니아의 아들 예수 역시 자기 변호를 완강히 거부하였다고 한다 (Josephus, B.J.vi.5,3 [300~309]).

게 하기 위한 수단으로 지지해 줄 많은 군중을 이미 동원하여 놓았다. 빌라도의 대사면 제의는 "바라바요!"라는 외침에 파묻히고 만다. 그리고 가일층 군중들의 격한 목소리는 예수의 처형의 요구였다.

빌라도의 관저 앞에서 바라바를 큰 목소리로 요구한 이 군중에 대하여 며칠 전에 입성 시에 "호산나 다윗의 자손이여 찬송하리로다 주의 이름으로 오시는 이여 가장 높은 곳에서 호산나"라고 환호로 지원한 무리들과 동일시한다면 어찌 이와 같이 돌변할 수가 있는가, 이것이 사람들의 마음인가 하여 개탄하게 된다. 그러나 엄격하게 판단하면 여기 모인 군중이 동일 군중이라고 할 아무런 근거가 없다. 예수께서 입성 시에 예수를 뒤따른 큰 무리들은 갈릴리에서부터 동행하여 예루살렘에 도착한 같은 고향의 순례자들이었다.

그러한 입성시 군중의 환호성에 이미 예루살렘에 와 있던 "디아스포라"의 무리들과 거주민은 그저 어리둥절하였을 것이다.[8]

다시 지역조건으로 생각할 필요가 있다. 빌라도가 묵고 있는 로마인의 관저 앞에 있는 충독 관저(官邸)와 연결된 길은 좁은 골목과 같은 통로이다. 그러한 조건에서는 유대지도자들이 의도적으로 동원시킨 무리가 먼저 들어서면 다른 공간은 전혀 없는 곳이다. 예수를 살해하기로 모의하여 온 예루살렘 지도자들이 통제할 수 없는 큰 무리가 형성되도록 방임하지 않았다고 생각해야 하고, 갈릴리에서 동행한 무리들은 그 이른 시간에 유월절 준비에 한참 분주하여 다른 무엇을 생각하지 못할 시간이다.

---

8) 마태복음 21장 9~11절에 보면 갈릴리에서 예수와 동행하여 온 무리들과 예루살렘에 있는 무리들과의 사이를 구분하고 있다. 갈릴리에서 함께 온 순례자들은 자랑스럽게 "갈릴리 나사렛에서 나온 선지자 예수라"라고 소개한다.

로마 관청의 판결 (The Roman Verdict)

유대인 지도자들과 군중의 도전으로 말미암아 자기의 시도가 완전히 실패한 빌라도는 타협책을 생각한다. 그리하여 죄수에게 태형을 명한다. 당시의 태형은 지극히 잔인한 형벌이다. 십자가 처형에 해당되는 극악한 죄수에게 그의 처형을 태형으로 시작하는 경우가 있으나, 그러나 빌라도는 사형에 일등급 감한 태형의 혹독한 처벌로써 군중의 감정을 진정시킬 수 있으리라는 심산이었다. 이러한 심리적 효과를 더하도록 하는 것으로 죄수에게 헤롯이 입혀 보낸 왕의 홍포를 그대로 입히고 가시관을 머리에 눌러 씌웠다. 빌라도는 군중에게 말한다. "이 사람을 보라!(요 19:5)"

그러나 그것은 빌라도의 오산이었다. 유대인의 정서에서 신성모독의 결론은 사형이다. 그리하여 그보다 못한 처벌은 무엇이라도 거부한다. 오히려 "십자가에 처형하라!" 하는 고함소리만 높여 놓았다.

빌라도가 시종 예수의 무죄를 언급하였고 그를 사형이 아닌 다른 방법으로 처벌하여 결국 놓으려고 한 그의 우유부단한 태도를 언급하는 신학자 중에는 역사적인 사실의 기술보다는 로마인 독자들을 의식한 저자의 문학적인 조절이 있었다고 하는 주장을 한다. 그러나 이러한 그의 우유부단함은 빌라도가 진상의 사실규명을 통한 확고한 정의편에서 행동하려고 한 것이 아니라 그의 교활한 성격으로 하여 우선 유대인 지도자들의 주장을 저지하려고 하는 저차원의 동기 때문이었다고 하는 것이 오히려 설득력 있다. 어떤 독자적인 유대인 문서에 보면 예수가 본래 친 로마의 기질이 있는 교사였기 때문에 빌라도가 간단하게 굴복하지 않으려고 했다는 설도 나온다.[9]

---

9) Babylonian Talmud, *Sanhedrin* 43a.

그러나 복음서의 맥락으로 정당하게 파악된 이해에서 우리는 대제사장편에서부터 일종의 협박적인 압력이 있었음을 간파하게 된다. 결국 상황이 고조된 시점에 도달하자 그들의 협박의 본색이 드러난다. 만일 이 메시아 예수를 처형하지 않으면 황제의 권한에 도전한 자에 대한 우유부단함으로 고발하겠다고 하는 언급이다. 그들은 "그를 놓아주면 가이사의 친구가 아니다!(요 19:12)" 라고 강력히 주장한다. 이 협박은 공허한 소리가 아니다. 사실 빌라도는 그 후 얼마 안 있어 자신의 실정을 사마리아 사람들이 수리아 총독에게 고발하였고, 그는 로마 황제에게 소환되고 만다.

유대인들과 빌라도 총독과의 담판은 빌라도가 궁지에 몰리는 결과가 되고 만다. 빌라도는 예수를 사형장으로 넘겨준다.

십자가 처형 (The Crucifixion)

드디어 경비병의 병사에서 예수의 모습이 밖으로 나온다. 태형으로 등 뒤 옷이 찢어진 부위에 피가 낭자하다. 십자가의 옆 목을 등에 얹고 피를 흘리며 걸어나오는 그의 처절한 모습을 처음 바라본 밖의 무리들이 곡성을 울렸다(눅 23:27).

시세로의 글에 의하면 십자가 사형은 인간이 인간에게 가할 수 있는 가장 잔혹한 형벌이라고 하였다. 요세푸스는 십자가에 처형되는 죄수는 가장 불쌍한 자라고 언급한다.[10]

원래는 로마인 사회에서 노예들에게만 해당되던 처형이었으나 예수시대에 와서는 모든 피지배 사회에서 로마 관원들이 일종의 공포를 통한 질서유지의 수단으로 널리 영지에서 시행하였다. 어떤 때는

---

10) 십자가 처형의 설명을 위해서 M.Hnngel, *Crucifixion* (SCM Press, 1977)를 읽을 것.

길 양편에 많은 수의 십자가 처형이 줄지어 세워진 때도 있었다고 한다.

예수의 십자가가 다른 십자가 처형의 경우와 다른 것은 없으나, 통상 십자가 처형의 방법이 죄수를 십자가형의 형목(刑木)에 밧줄과 못으로 고정시키는 일인데 예수의 처형은 더욱 가혹한 방법으로 진행되었다. 공로를 지나가는 행인들이 "유대인의 왕"이라고 하는 푯말을 보고는 로마 제국에 항거한 개인의 저항이 얼마나 미약한 힘인가를 다시 뼈아프게 느끼도록 구경거리가 되었고 몰지각한 자들의 조롱거리가 되었다.

그러나 예수의 십자가는 몇 가지 이유에서 범상한 처형과 구별된다. 첫번째로 예수는 빨리 운명하였다. 보통의 경우 3, 4일 이상이나 사형수의 목숨이 이어진다. 그러나 예수는 몇 시간 안에 숨을 거두신다.

두 번째로 보통의 경우 처형당한 자는 초반에는 발악상태에 있다가 서서히 의식을 잃는 상태로 진행된다. 그러나 십자가에 달리신 예수님의 말씀을 음미하면 예수께서는 끝까지 지극히 맑은 의지와 마음으로 말씀하신다. 당시 예루살렘의 경건한 여인들이 죄수의 고통을 덜어 주기 위하여 산성(酸性)이 높은 술을 먹이게 한다. 예수의 형장에도 이러한 선한 여인들이 찾아왔다. 그러나 예수님은 그들의 술을 거부하시고 끝까지 맑은 정신으로 계시다가 순간적으로 숨을 거두신다.

복음서 저자들의 의도는 형장에서도 주권자는 예수 자신이며, 로마 군인이나 조롱하는 제사장들이 그 상황의 주인이 아니라고 하는 명시로 받아들이게 한다.

세 번째로 일반적으로 처형을 당한 자들은 고함치거나 울부짖고 저주를 토한다. 그러나 예수님은 기도로 숨을 마치셨다(눅 23:46).

이 암울한 십자가의 형장은 초대교회를 비롯 오늘의 교회가 지극히 소중하게 간직하게 될 예수의 육성 언어를 제공한다. 그것은 십자가에서 큰 목소리로 남겨 주신 최후의 말씀 "나의 하나님, 나의 하나님, 어찌하여 나를 버리셨나이까(막 15:34)"이다. 십자가에서 주신 이 마지막 말씀은 크리스천이나 비크리스천이나 다같이 감동으로 기억되는 절규(絶叫)이다. 문자적으로 음미하면 이 구절이 시편 22편의 머리글이라고 생각된다. 그리고 예수께서 "많은 사람의 죄를 대신 감당하는 것"이 무엇을 의미하며, 전야에 겟세마네에서 기도하시면서 바로 눈앞에 다가오는 이 고난의 경험을 직시하며 왜 두려움의 기도를 올리게 되었는가를 이해하는 단서가 된다. 그러나 지체 없이 예수의 고난은 승리로 마감된다. 예수는 "다 이루었다(Finished)"는 승리의 함성을 지르신다.

예수의 처형을 지휘하던 한 로마 군인 장교는 많은 처형을 목격했으나 예수의 죽음이 주는 감동을 표현하여 "이 사람은 진실로 하나님의 아들이었도다(막 15:39)"라고 고백하고 있다.

누가 예수를 죽였는가? (Who Killed Jesus?)

공식문서에 나오는 기록만을 가지고 말하면 예수는 또 한 사람의 유대인 저항자로서 사직당국에 의하여 제거된 것으로만 되어 있을 것이고 그 이외의 상세한 설명이 없을 것이다. 당시 기록 문서의 유일한 것으로서 로마 역사가의 일지에 보면 "티베리우스 황제 치세 시 총독 본디오 빌라도의 사형언도에 따라 사형으로 처형되다"라고만 간단하게 나온다.[11]

---

11) Tacitus, *Annals* xv.44.

고문서의 양식에 의한 역사문서로 말하면 그것 뿐이라고 한다.

그리고 예수의 죽음이 유대인 지도자들의 모의와 압력에 의한 것이라고 하는 주장은 그후에 로마인 사회에 놓인 기독교도들의 일방적인 선전에 의한 것이라고 피상적인 뒷이야기로 묻어 두려고 한다. 그러나 불행하게도 이러한 시각은 오류일 뿐 아니라 불성실한 역사 이해인 것이다. 신약성경 안에 나오는 모든 복음서 저자들이 비교적 소상히 예수와 유대인 지도자들과의 마찰과 갈등을 언급하면서 그러한 충돌의 결말을 처형으로 기술하고 있으며, 모든 초기 기독교의 문서들만이 아니라 유대인의 전승과 문서들이 예수의 죽음은 유대인 지도자들이 책임져야 할 처사라고 언급한다.[12]

요세푸스는 "우리 중 대제사장 몇 사람이 고소한 근거로 빌라도가 예수를 십자가에 처형하였다"고 했으며,[13] 동시에 반 기독교도인 겔서스(Celsus) 역시 2세기 후반에 기술한 문절에서 "유대인들이 예수를 정죄(定罪) 한 후 처형되어야 함을 주장했다고 하는 것은 누구나가 아는 상식"이라고 언급하고 있다.[14]

의외적인 문서, 전혀 직접적으로 하등 기독교나 유대주의와 공히 관련이 없는 한 수리아의 현자의 글이 발견되었다. 그의 글에 유대인들이 그들의 참으로 어진 임금을 사기적인 재판으로 살해하고 말았다. 결과적으로 그 나라는 패망의 길을 걷게 되었고 흩어져 사는 유랑민이 되고 만다고 한 그 역시 로마 관변의 책임 소재에 관해서는 아무

---

12) 탈무드는 모든 법적 절차가 유대인의 법적 권한에 의한 것이며 로마인 총독의 관여에 대해서는 아무런 언급이 없다 (*Sanhedrin* 43a).
13) *Ant.* xviii.3.3(64) 여기에 나오는 유명한 문절들은 요세푸스가 처음 기술한 후에 회랍되는 어간에 기독교도들의 저술의 손에 의하여 조절되었다. 그러나 그 내용에 나오는 자세한 상당기술은 원래 저자의 것이라고 널리 알려져 있다.
14) Origen이 인용한 문절, *Contra Celsum* ii.4, 5, 9.

런 시사도 하지 않았다.[15]

여기까지의 줄거리를 정리하면 빌라도가 유대인 지도자들의 압력에 굴복하여 그들이 요구하는 대로 예수의 처형을 인정한 것이므로 예수의 죽음에 대한 기본 책임은 유대인 지도자들에게 있다고 하는 것으로서 복음서의 맥락과 일치하는 것을 알 수 있다.

사실 인류사적으로 시대마다 자행된, 그리고 지금도 완전히 사라진 것이 아닌 기독교에 대한 박해는 그 시작이 예수의 죽음이라고 하는 잘못된 폭력에 근거한 것이다. 물론 엄정하게 말하면, 예수의 처형은 유대인 전체의 의사가 아니라 대제사장들의 소수 지도자의 의지였다. 영향력이 큰 소수가 "십자가의 못박으라"라고 한 외침이 역사의 향방을 정해 버린다.

물론 오늘의 우리가 1세기의 조상을 책임추궁하려는 것은 아니다. 문제의 소재는 오늘도 비합리의 횡포와 수수의 폭력자의 편견은 여전히 인류의 원죄로 존재한다고 하는 사실이다. 사도행전 3장 17, 18절에 보면, 베드로와 다른 제자들은 궁극적으로 유대인 지도자들이 그러한 결정을 내린 것이 아니라고까지 생각한다. 그리하여 "형제들아 너희가 알지 못하여서 그리 하였으며 너희 관원들도 그리한 줄 아노라 그러나 하나님이 모든 선지자의 입을 의탁하사 자기의 그리스도의 해 받으실 일을 미리 알게 하신 것을 이와 같이 이루셨느니라 그러므로 너희가 회개하고……" 라고 발언하였다(참조 행 2:23). 예수께서 십자가로 나가게 한 것은 우연적 요인인 세속적 사건이 전부가 아니라 만민의 대속(代贖)을 위한 피 흘리시는 속죄양으로 하나님이 정하신 하나님의 영원하신 섭리로 해석한 것이다.

---

15) 그의 글을 1세기 후반의 것으로 추정한다. F.F.Bruce, *Jesus and Christian Origins outside the New Testament* (Hodder, 1974), pp.30, 31을 참조할 것.

기원 1세기, 로마제국의 한 변경지에서 일어난 일종의 종교적인 결정론과 정치와 이념이 혼합된 여건이 조성된 그런 적대적 상황에서 한 사람의 순수한 설교가(說敎家)가 그런 와중을 헤쳐나가지 못하고 처형된 것이라고 피상적으로 풀이해도 나름대로의 논리는 설 것이다. 그러나 그 십자가의 형목(刑木)이 그후 어떤 이유에서 많은 사람들에게 구원과 소망의 상징이 되었는가 하는 근본문제를 외각적으로 회피한 시각일 수밖에 없다. 결론부터 언급하면 그 사건은 정치와 사회와 종교적인 갈등이 빚은 사건이 아니라 하나님의 의지와 목적이었다 (It was the purpose of God).

예수의 시신은 당시 처형된 죄수의 매장과는 엄청나게 판이한 정중한 예우를 갖춘 장례를 치렀다. 예루살렘 시민 중에서도 부호이며 또한 산헤드린의 공회원인 아리마데 요셉과 같은 지도자 자신이 총독청(總督廳)의 허가를 얻어 예수의 시신을 바위를 옆으로 뚫어 마련한 자기 무덤에 장례를 했다고 하는 일화는 많은 것을 여운으로 남긴다.

Jesus-23

예수의 부활에 관한 신약의 증언(證言)은 역사적 사실(歷史的 事實)인가?

1. 인류의 기쁜 소식

　불과 7주 전, 하나님의 아들 예수를 십자가에 폭력 수단으로 처형할 무렵, 그러한 암울한 비극이 고비를 향해 서서히 전진하는 언저리에 공포와 혼란에 숨이 막힌 베드로는 철저한 부정 형식으로 그 "갈릴리 사람"을 아는 바 없다고 세 번이나 부인하였다.
　그러한 동일인 베드로가 7주 후 예루살렘 광장에 가득히 운집한 군중 앞에서 행한 기념할 만한 최초의 설교에서 "하나님께서 사망의 고통을 풀어 살리셨으니 이는 그가 사망에 매여 있을 수 없었음이라(행 2:24)"라고 증거한다.
　이와 같이 예수의 부활이 신적 불가피성(神的 不可避性, a divine imperative)의 것임을 증거할 때에 그는 참으로 믿을 수 없는 확신으로 충일해 있었다. 그러나 현대인의 예수 부활 이해(復活理解)는 그러한 경이로운 사건의 진의와 상관없이 말초적(末稍的)이고 회피적(回避的)이다.
　복음서 안에 보면 예수께서는 직설적으로 자기의 부활을 말씀하셨다. 이러한 예수의 예고는 결코 은유(隱喩)나 비유(比喩)의 언사, 또는 정의와 불의의 이원론적(二元論的)이고도 우주적(宇宙的)인 드라

마가 빚는 종말론적인 숙명이라고 인유(引喩)한 교훈적인 수사(修辭)가 아니라 문자적으로 수용해야 할 예고였다 (참조 막 8:31, 9:31, 10:33 이하).

현대인이 애써 추상화하는 예수 부활은 폭력에 의하여 중절(中絶)된 신뢰와 권위의 회복으로, 심지어는 한 절대 결백한 의인을 흉악범처럼 처단하였기 때문에 생겨난 불안한 집단심리(集團心理)의 굴절작용(屈折作用)에서 부활이라고 하는 대사심리(代謝心理)가 창작하여 놓은 하나의 종교문학적(宗敎文學的) 걸작(傑作)이라고 비신화화(非神話化)하여 받아들이려고 한다.

교회에 충실히 출석하며 예수 신앙에 깊이 젖은 신자 중에도 비교적 지성적인 회중 중에는 예수 부활이 단순히 형이상학적 표현이거나 억압된 관념의 탈출경험(脫出經驗)이라고 상상하는 사람들이 있으니 참으로 막연하다. 그리하여 현대적 해석은 예수의 죽음과 무덤은 사실적으로 존재하나 그의 고매한 도덕 인격의 미화(美化)가 소수 제자들의 내면세계(內面世界)에서 "예수 부활"이라고 하는 교리형식을 형성하였다는 합리적인 이해를 선택하려고 한다.

그러니까 예수는 죽었으나 그렇게 죽은 본인과는 상관 없이 타인의 의식세계에서는 부활이라고 하는 기적이 생겼다고 하는 이야기이다. 예를 들어 소크라테스는 헤므록을 마셨고 그의 시신은 부패하여 먼지가 되고 말았으나 그의 고매한 지성과 그의 이론은 영원불변으로 부활하여 현대인의 지성 속에 살아 있다는 동일한 유추인 것이다.

다시 말하면 어떤 절대순결의 인격이 폭력의 희생으로 군중의 목전에서 종언을 고하는, 그림에도 최후까지 아버지의 축복을 희구하는 너무나 본질적인 비극이었기 때문에 인류가 그 앞에서 참회의 눈물을 흘렸고 그는 인류의 가슴 속에 부활의 소식이 되었다고 하는 현대의 합리주의이다. 이러한 일체의 해석은 성서의 본문과는 아무런 관계가 없는 탈맥락(脫脈絡)적이고 탈역사(脫歷史)의 재해석(再解釋)인 것이다.

2. 부활신앙의 원초성(原初性)

만일 위에서 말한 것과 같은 감상주의적 동기가 부활사실의 원인이라고 가정하면 그러한 센티멘털리즘이 확신으로 자리를 잡게 될 때까지 얼마나 많은 시간이 흘러야 하며, 더욱이 그러한 소식이 적대적인 군중에게 변증론적으로 설득력을 지니려면 얼마나 많은 시간과 시행착오를 겪어야 하는가 말이다.

그런데 초대교회의 예수 부활은 초대교회 신앙의 원초적 형식으로 처음부터 있었다. 이것이 중요하다. 그러므로 최우선으로 확립되어야 할 변증(辨證)은 부활신앙의 원초성(原初性)이다.

"그런즉 이스라엘 온 집이 정녕 알지니 너희가 십자가에 못박은 이 예수를 하나님이 주와 그리스도가 되게 하셨느니라 하니라 저희가 이 말을 듣고 마음에 찔려 베드로와 다른 사도들에게 물어 가로되 형제들아 우리가 어찌할꼬 하거늘(행 2:36~37)"

여기의 이 본문이 언급한 베드로의 부활 소식은 십자가 사건이 있은 지 두 달이 못 된다. 그러한 원초적 시점에서 베드로가 열화(烈火) 같이 포문을 연 이 변증 설교와 그리고 군중의 충격적인 반응을 주목해야 한다.

이러한 군중들의 집단적인 충격이 기왕의, 그리고 오늘의 부흥사들의 일률적인 해석처럼 베드로 개인에게 일어난 성령 경험의 카리스마적인 '페이도스(pathos)' 하나만의 현상적 동기(現像的 動機) 때문인가, 아니면 맥락의 전후관계로 미루어 저희들이 신성모독(神聖冒瀆)이라고 극형에 처해버린 이 예수를 하나님이 직접 변증 (a divine imperative)하신 예수의 부활의 사실성이 준 충격 때문인가?

그리고 거의 시간낙차(時間落差)가 없는 7주 전만 하더라도 베드로는 공포와 비겁함으로 군중 앞에 설 수 없는 한 명의 필부였다. 요는 사실이 아닌 것을 사실처럼 위장하거나 아니면 난국을 극적으로 타개하기 위하여 부활이라고 하는 형이상학적 발전(形而上學的 發展)을 성취해낼 위인(爲人)도 못 되고 시간적인 여유도 없었다.

이러한 판단은 정확하다. 더구나 예수를 처형한 군중들의 이성 잃은 분노가 아직 가라앉기 이전이다. 오히려 그 후 바울의 행적으로 추측하건대 예수운동의 잔당(殘黨)을 소탕하기 위한 치열한 반(反)예수 운동이 치밀하고도 격렬(激裂)하게 이어지던 때였다. 이러한 적대적인 상황에서 상당수의 부녀들도 섞인 다락방의 모임에서 걸어나온 불과 100여 명의 소수, 희열에 가득한 변화, 그리고 그들 전원이 배석한 광장에서 베드로가 행한 초대교회 최초의 기록된 설교에서 예수의 부활이 변증된 것이다.

사실적으로 사도행전을 읽는 사람은 누구나 그리 어렵지 않게 초대교회가 특별히 "부활하신 그리스도의 교회"임을 알게 된다. 이러한 강렬한 인상은 초대교회의 출발이 십자가의 종국보다는 오히려 부활사실이 전제되어야 자연스럽게 수용된다. 특별히 초대교회가 유대인이나 이방인에게나 공히 도전적인 다이내믹이었음을 고려하면 그러한 해석은 더욱 확연한 것이 된다. 이러한 부활신앙의 본질을 부활신앙의 원초성(原初性)이다.

이러한 초대교회의 원초적인 다이내믹은 베드로가 처음으로 이방인의 집으로 초대되어 그의 선교사신(宣敎使信)을 전한, 참으로 예외적인 경우인 고넬료의 문중과의 접촉이 좋은 예가 된다. 현장에서 베드로가 행한 예수의 생애와 사역에 관한 설교 중에서 특히 10장 40, 41절의 문절에 의하면, "하나님이 사흘 만에 다시 살리사 나타내시되 모든 백성에게 하신 것이 아니요 오직 미리 택하신 증인, 곧 죽은 자 가운데서 일어나신 후 모시고 음식을 먹은 우리에게 하신 것이라" 하였다. 여기에서 주목해야 할 해석의 문제는 "모시고 음식을 먹은 우리"라고 하는 문절의 정확한 의미이다. 이는 예수께서 부활하신 후 제자들이 그 예수와 함께 식사를 하였다고 하는 문자적 의미(文字的 意味) 외에 다른 의미는 전혀 불가능하다고 하는 사실이다. 한 자리의 모든 제자들이 다 같이 같은 환상을 보았다고 하거나, 아니면 이 최초의 이방인의 가족 곧 하나님을 두려워하는 경건한 사람들 (God-fearing people)과의 접촉에서 베드로가 소설과 같은 상상을 전하였다고 하는 재해석은 너무나 무리한 편견이다. 그리고 이 베드로의 증언은 부활하신 주와 같이 갈릴리 호반에서 조반을 함께 취한 누가의 기사와 일치한다(눅 24:42 이하).

부활신앙의 원초성은 사도 바울의 증언에서도 여실하다.

바울은 그의 유명한 고린도전서 15장에서 예수의 부활에 관한 포괄적인 보고를 한다. 중요한 점은 서두에 있다.

"형제들아 내가 너희에게 전한 복음을 너희로 알게 하노니 이는 너희가 받은 것이요, 또 그 가운데 선 것이라 너희가 만일 나의 전한 그 말을 굳게 지키고 헛되이 믿지 아니하였으면 이로 말미암아 구원을 얻으리라 내가 받은 것을 먼저 너희에게 전하였노니 이는 성경대로 그리스도께서 우리 죄를 위하여 죽으시고 장사 지낸 바 되었다가 성경대로 사흘 만에 다시 살아나사……(고전 15:1~4)"

여기의 맥락에서 바울의 부활변증은 이중적 중요성을 지닌다. 다시 말하여 예수의 부활사건은 바울 자신의 경험으로 아는 지식이며, 그의 지식의 타당성을 입증할 수 있는 생존증인(生存證人)이 아직 250명이 된다고 하는 경험론적 타당성이 첫번째이고, 두 번째의 의미는 바울이 이 지식과 신앙을 처음 받아들일 때 이미 예수의 십자가와 부활이 불가분의 하나로 복음의 기준이었다고 하는 원초적 형식에 관한 전체론적(全體論的)인 증언이다. 그러므로 예수의 부활은 뒤에 발전한 십자가에 대한 해석학적 발전이 아니었다. 사도 바울에게 있어서 예수의 부활이 없으면 모든 미덕과 희생과 박애주의와 지혜와 총명과 심지어는 크리스천의 신앙행위 자체가 허무(虛無)이다(참조 고전 15:17~19).

여기에서 예수 부활의 원초성을 변증하기 위하여 간과할 수 없는 또 하나의 에피소드는 사도행전 1장 15~26절에 수록된 다락방 안에서 행한 베드로의 연설이다. 그는 사도의 빈 자리를 채우기 위한 초대교회 지도자의 선출에서 오로지 예수의 부활의 증언만이 유일한 사도의 자격이라고 하였다.

여기까지의 공정한 이해는 예수의 부활이 뒤늦게 발전한 십자가의 재해석이 아니라는 것과 바울신학이 연역해 낸 헬라주의와 히브리 사상의 종합이 아니라는 것, 초대교회가 제도화(制度化)되면서 교리로 형성된 산물이 아니라는 원초적인 시간의 자리를 주목해야 한다.

3. 예언(豫言)의 부활변증

성서의 사건과 사상을 정확하게 이해하기 위하여 저자의 원초적인 시간상황을 정당하게 이해하는 일이 최우선이다. 그러한 규율에 의한 접근으로 오순절 광장에서 행한 베드로의 설교에서 그의 논리적인 중요 방법인 예언의 변증에 주목해야 한다.

오늘의 우리에게 이 방법은 상당히 생소하다. 그러나 당시의 유대인의 사유나 성서의 구성에서 이 예언의 변증은 절대적이다. 베드로는 예수의 부활이 신적 불가피 (神的 不可避, a divine imperative)였음을 변증하기 위하여 그의 설교의 결론 부분에서 군중을 설득하는

방법으로 "이는 그가 사망에게 매여 있을 수 없었음이라 다윗이 저를 가리켜 가로되……"(2:24~25)

이와 같이 그의 변증이론을 다윗의 예언에 걸었다. 유대인의 사유에서 예언은 하나님의 보증이다. 만일 사실이 아닌 것을 감히 하나님의 보증에 걸어 군중 앞에서 선전하다가는 특히 이 점에 예민한 예루살렘 유대인들의 분노를 격발(激發)시키는 결과를 낳아 베드로는 그의 설교 도중이라도 돌벼락으로 처단되고 말았을 것이다.

더구나 베드로는 성군 다윗의 큰 예언을 사용하였다. 뿐만 아니라 대담무쌍한 비교론으로 성군 다윗도 죽어 그의 무덤이 우리와 함께 있으며 그의 무덤의 소재를 우리가 알거니와 이 예수는 하나님이 일으키시었다고 단언하였다 (2:29. 참조 시 16, 시 22).

우리는 오늘, 당시 베드로가 그 광장에서 유감 없이 발휘한 지극히 다이내믹한 변증적인 '페이도스(pathos)'와 그러한 격렬한 호소가 성취된 근거로서의 확고한 윤리적 근거인 '이터스(ethos)'를 유감스럽게도 실감하지 못한다.

4. 정당(正當)한 해석(解釋)이 무엇인가?

예수께서 46년간 진행한 성전 건축에 대하여 "헐어버리라, 그리하면 삼일이면 다시 세울 것이다(요 2:19~21)." 한 것과 같이 유대인의 도전과 예수의 응전에서 구사한 불꽃이 튀는 것과 같은 논법은 3일 안에 다시 일어나실 당신의 몸을 지칭한 비유였다.

그러나 예수께서 제자들에게 자기의 고난, 죽음, 그리고 부활에 관하여 말씀하실 때 결코 비유가 아닌 직설적인 표현으로 하신 경우가 있다. 그러한 직설의 예고가 공관복음에 공통의 것으로 나오고 있으나 가장 원초의 것으로 3회에 걸쳐 언급한 마가복음의 텍스트에 주목할 필요가 있다(막 8:31, 9:31, 10:33, 34). 그런데 예수께서 주신 그 예고의 말씀에는 반드시 폭력에 의한 죽음과 부활이 연결되어 나온다. 이 텍스트를 어떻게 해석하여야 정당하며 좋은 해석인가.

예수의 사역에서 그의 혼신을 쏟아 주신 많은 교훈과 권면에도 결과적으로 자기를 거부한 갈릴리와 예루살렘의 유대인들을 포기한 후 자기를 좇는 소수 제자들에게만 최후적으로 그의 사역을 집중하여야 할 때, 이미 그는 대중을 대상으로 늘 사용하던 비유나 예화를 지양하였고 마지막 직설의 방법만이 효율의 수단으로 남아 있었다.

이러한 상황의 변화도 변화이거니와, 그 이상으로 예수는 자기의 고난 예고를 삼 회에 걸쳐 "인자가……"의 엄숙한 주어의 문절로 주셨고 그것은 엄숙한 직설법의 제시였다. 우리는 이러한 상황의 이동(移動)과 변화, 그리고 예수의 의도를 이해하는 데 있어서 혼란이 없어야 한다.

만일에 예수의 부활이 그의 사상이나 교훈이나 명성의 회복을 의미한 관념(觀念)의 것이라고 하면 동일 문절과 맥락의 전반부는 무엇인가. 동일 문절인 그의 십자가의 죽음이 나무형틀에 의한 사실적인 죽음이 아닌 역시 관념의 사망이란 말인가. 만일 동일 문절의 후반부인 부활의 해석이 관념이며 형이상학이라고 한다면 예수의 죽음도 구체적인 나무의 십자가가 아닌 관념과 형이상학의 의미로만 받아들여야 할 정신적인 종말이어야 하지 않는가. 그러나 이 엄연한 사실을 보라. 예수님은 십자가에 못박혀 피흘려 죽임을 당하신 것이다.

그러므로 무엇이 좋은 해석인가? 예수의 죽음이 문자 그대로의 사실적인 죽음인 것과 같이 예수의 부활 역시 문자 그대로의 부활로 말씀한 것으로 수용하여 재해석이나 곡해가 없어야 하는 것이다. 왜냐하면 예수의 죽음과 부활은 하나의 본문이고 하나의 맥락이며 하나의 사건이기 때문이다.

Jesus-24
예수의 승천

"이 말씀을 마치시고 저희 보는 데서 올리워 가시니 구름이 저를 가리워 보이지 않게 하더라 올라가실 때에 제자들이 자세히 하늘을 쳐다보고 있는데 흰옷 입은 두 사람이 저희 곁에 서서 가로되 갈릴리 사람들아 어찌하여 서서 하늘을 쳐다보느냐 너희 가운데서 하늘로 올리우신 이 예수는 하늘로 가심을 본 그대로 오시리라 하였느니라 제자들이 감람원이라 하는 산으로부터 예루살렘에 돌아오니 이 산은 예루살렘에서 가까워 안식일에 가기 알맞은 길이라(행 1:9~12)"

예수의 승천에 관한 이 본문은 문자적인 의미, 역사적 확실성(歷史的 確實性), 그리고 신학적(神學的)인 의미 등 적어도 세 가지의 질문을 제기하게 한다.

문자적 의미를 확정하는 접근에서는 같은 저자 누가가 언급한 예수의 승천 기사가 왜 두 가지이며(눅 24:50ff, 행 1:9ff.), 그 두 가지 문절이 서로 모순이 아니냐 하는 것. 두 번째로는 이 예수의 승천이 역사적 사실 그대로 일어난 사건인가 하는 것. 그리고 마지막으로 이 예수의 승천이 오늘 우리와 어떤 관련이 있는가 하는 물음이다.

1. 누가는 두 가지 모순되는 기술을 했는가?
   (Did Luke Contradict Himself?)

저자 누가는 첫권 누가복음을 기술하면서 예수의 승천으로 종결지었다. 그리고 같은 승천 기사로 뒤따라 오는 사도행전을 시작하고 있어서 두 권이 단절이 아닌 한 권의 연속성을 의도한 표시로서 지극히 적절한 구성이다. 왜냐하면 승천은 예수의 지상 생애와 사역의 종결이 되며 그리고 이 승천은 성령으로 말미암은 새로운 예수의 사역의 서곡이 되기 때문이다. 그러므로 동일 저자의 글에서 이 승천 기사가 서로 모순일 수가 없는 것인데 서로 모순이 된다고 하는 비평학자가 있다.

헨켄 교수(Ernst Haenchen)는 말하기를 승천 기사가 부활과 승전 맥락에서 하나(눅 24:51), 그리고 40일 후에 또 하나의 승천(행 1:9) 이 두 가지 중에서 어느 쪽이건 하나는 불필요하다고 하였다. 그러나 신중하게 음미하여 보면 양자의 언급은 본질적으로 서로 모순되지 않는다. 그 두 가지의 언급은 하나는 종결, 다른 하나는 시작으로서 무리 없이 조화될 수 있는 것이다.

어떤 신약학자가 주장하는 바와 같이, 누가복음 안에는 40일의 사역이 언급된 바 없는 것이 사실이다. 그러나 성격이 전혀 다른 부활과 승천을 하나의 사건이라고 해석하는 것은 무리한 주장이다. 사실 누가복음에 나오는 부활과 현현의 기사는 정확한 시간의 구분과 상황의 상세한 비교를 언급할 필요가 없는 집중적인 요약의 맥락이다. 그러나 확실하게 저자 누가는 부활과 승천을 혼동한 일이 없으며, 두 가지 사건이 아닌 하나의 승천만을 언급하고 있는 것이다.

누가복음과 사도행전의 두 승천 기사를 밀착하여 음미하여 볼 때 피차 같은 언급의 되풀이가 아니라 서로 다른 기사에 나오지 않는 상세한 각각 언급을 하고 있음을 주목해야 한다.

　사도행전의 승천 기사가 누가복음의 것보다 더 자세하다. 예를 들어 누가복음에서는 예수께서 양손을 들어 저희들을 축복하셨고 그들은 예수를 경배하였다(눅 24:50ff.). 누가는 이러한 언급을 사도행전의 승천 기사에서는 생략한다. 그 대신에 구름이 예수를 감싸 그들의 시야에서 보이지 않게 된 것과 천사로 해석되는 흰 빛난 옷을 입은 두 사람이 제자들 곁에서 증언한 내용이 나온다. 그러나 사도행전에 나오는 이 추가부분은 누가복음의 승천 기사와 모순되지 않는다.

　그 다음 쟁점이 되고 있는 승천 위치에 관한 문제제기이다. 사도행전은 승천의 위치가 안식일 하룻길 거리로 예루살렘과 떨어진 감람산이라고 하였고(1:12, 미쉬나에 의하면 2,000규빗으로서 1,100미터에 해당된다), 누가복음은 예수께서 승천 직전에 제자들을 베다니 근처로 인도하셨다고 하였다(눅 24:50). 이 베다니는 감람산의 동쪽 경사에 위치하고 예루살렘으로부터는 2, 3마일 거리이다. 컨첼만 교수(Conzelmann)는 비평하여 "사도행전에 나오는 지리적인 언급은 누가복음의 언급과 명백히 모순된다"라고 하였고 헨켄(Haenchen)은 "저자 누가에게 예루살렘의 정확한 지리적 지식이 없는 것이 노출된 언급이다"라고 하였다.

　그러나 누가가 복음서의 기술에서 그와 같이 확실하지 않은 듯한 표현을 한 것은 의도적인 모호(模糊)라고 하여야 한다. 누가는 복음서의 기술에서 예수의 승천을 명확하게 언급한 것이 아니다. 다만 제자들을 그쪽 방향으로 인도하셨다고 말한 것뿐이다. 그의 언어 "heos pros"를 가장 적절하게 번역한 NIV는 "to the vicinity of Bethany" (우리 말 성서, 최근의 본문으로는 "베다니 앞까지")라고 번역하였다.

　위의 두 곳의 위치가 상이(相異)한 것으로 보이는 사건 기술을 놓고 세 가지 기본여건인, 날짜(date), 자세한 설명(details), 그리고 장소(place)의 시각으로 분석을 할 필요가 있다. 그와 같이 하면 결과적으로 다음과 같이 네 가지 점에서 상기 두 언급이 공통성을 지니고 있음을 알 수 있게 된다.

(1) 두 가지 기술이 모두 땅끝까지의 선교명령을 주신 후에 일어났다.

(2) 두 가지 기술이 모두 예수의 승천이 예루살렘 동쪽 외곽지점 감람산 근처라고 하였다.

(3) 두 가지 기술이 모두 예수의 승천을 수동태로 표시하여 예수의 부활과 같이 아버지 하나님의 행위였음을 드러낸다. 이 중요한 요점을 극화하여 설명한 크리소스톰(Chrysostom)은 "하나님께서 왕의 어거(御車)를 그에게 보내셨다"라고 하였다.

(4) 두 가지의 기술이 모두 승천 후에 예수께서 명시한 약속에 의한 성령의 오심을 기다렸음을 언급한다.

이와 같이 양자의 문절이 보여 주는 차이보다는 일치하는 조화가 더 돋보인다. 사도행전의 맥락에서는 저자 누가가 용어와 어구적으로 반복하여야 할 강박감 없이 자유롭게 자료를 선택한 편집과 같은 상황에서 앞서 나온 복음서의 승천기사와 상보적으로 조화된 언급을 하고 있어서 중요한 의미가 있는 것이다.

2. 승천은 사실적인 사건인가?
(Did the Ascension Really Happen?)

요즘의 크리스천들이 성실한 신앙생활과 상관 없이 예수의 승천을 심각하게 생각하지 않으려는 경향이 없지 않다. 그러한 이완된 의식의 이면에는 저자 누가의 시대에는 위의 어디엔가 어떤 실재가 존재하며 예수는 그 '위의 실재'로 올라갔다고 하는 감각이 무리가 없었으나, 지금은 과학의 시대가 아니냐 하는 의식이 세속사회의 상식이기 때문이다. 그러므로 필연적으로 고전인의 종교의식에 대한 비신화화(非神話化)의 작업이 있어야 한다고 생각하여 구름을 타고 하늘로 올리우심을 받았다는 표현 대신에 "아버지께로……" 회귀(回歸)하신 것으로 개념이 재해석(再解釋)되어야 한다는 것이다.

그리고 이러한 부정적인 견해에 추가적으로 늘 주장되는 것이 이 예수의 승천 기사가 누가복음과 사도행전 저자의 글에만 나온다는 점이다. 다시 말하여 다른 복음서 저자들은 승천 기사를 생략하였다는 것이다. 신약의 전체로 고찰하면 예수의 부활과 승천은 동일 사건의 양면처럼 구분 없이 취급하였다. 그러므로 하르낙 교수(Harnack)는 "승천 기사는 역사적 탐구에 있어서 거의 무의미한 기사이다"라고[1] 언급하는 정도였으며, 심지어 네일(William Neil)같이 상당히 보수적인 신학자도 "당시의 역사 저술가로서 누가는 상상력 있는 그림언어가 역사 기술의 방법으로써 적절하다고 생각하였을 것이며 따라서 문자적으로 수용할 필요는 없는 것이다. 그러므로 그리스도의 승천에 대한 시와 상징 이상의 축자적(逐字的)인 취급은 누가의 의중과 목적에 대한 심각한 오류를 범하는 일이다"라고 하였다.[2]

그러나 다음과 같은 확실한 근거에서 예수의 승천이 문자적, 역사적 사실임을 부정하는 주장에 대한 반론을 제기하려고 한다.

첫째로 이 승천의 이적이 정당함을 변증하기 위하여 반드시 선례를 필요로 하지는 않는다.

18세기의 이신론자들은 우리의 경험 밖에 속하는 이상한 일이 발

---

1) Adolf Harnack, *The Acts of the Apostles* (translated into Engtlsim,Williams and and Norgate,London,1909),p.241.

2) William Neil, *The Acts of the Apostles,in the New Centrury Bible* (Oliphants/Marshall, Morgan and Scott,1973),p.66.

생하면 그 정당성은 우리의 경험 안에 있는 어떤 유추가 가능할 때만 성립한다고 생각하였다. 만일에 모든 이적이 이러한 유추로만 변증되는 것이라면 성서 안에 나오는 많은 이적들, 예를 들어 물 위로 걸어가신 일, 오병이어의 이적, 죽은 자들을 다시 살게 하신 일 등 예수의 승천만이 아니라 모든 것이 부정되어야 한다.

예수의 승천이 우리가 항상 지배를 받은 중력의 법칙을 무시하므로 불가능하다고 한다면 예수의 부활은 유추가 가능한 것인가? 부활과 승천은 모두 단 한 번의 사건이며 공히 유추는 없다. 그러므로 그 전이나 그 후에 유추를 찾아낼 수 없음은 그 사건이 진리임을 파괴하는 것이 아니라 오히려 단 한 번의 사건임을 변증하여 준다 (The fact that we can produce no analogies before or since confirms their truth, rather than undermining it).

두 번째로 신약 전체는 어디에서나 예수의 승천을 기정사실로 전제한다 (The Ascension is everywhere assumed in the New Testament). 마가복음 18장 19절은 원저자의 글이 아니라 후대에 추가된 글이라고 비평이 되므로 누가복음만이 예수의 승천을 기술한 것이 된다. 그러나 다른 신약의 저자들은 그 사실을 알지 못하였다고 하는 것은 정당한 시각이 아니다. 요한복음의 부활기사에서 예수는 아직 아버지께로 가지 않았으니 나를 만지지 말라고 말씀한 이야기가 나온다(요 20:17). 오순절의 설교에서 베드로는 예수께서 부활하사 하나님의 우편으로 영광의 들림을 받으셨다고 하는 언명(행 2:31ff.,)과 그의 첫 편지에서 예수의 승천을 확인한다(벧전 3:21, 22). 바울도 예수의 부활과 구별하여 그리스도가 권세와 존귀의 자리에 들림을 입으신 것을 언급한다 (예: 고전 15:1~28, 엡 1:18~23, 빌 2:9~11, 3:10, 20, 골 3:1, 참조 딤전 3:16).

또한 히브리서 저자는 예수의 부활과 승천을 혼동한 바 없다 (예:

히 1:3, 4:1ff., 8:1, 9:11ff., 13:20)

세 번째로 누가는 예수의 승천을 간결하고도 엄숙한 것으로 서술하였다 (Luke tells the story of the Ascension with simplicity and sobriety). 당시의 유행이었던 일체의 묵시문학적인 미화와 장식문이 배제되고 있어서 주목된다. 신화나 전설에서 흔하게 보는 그러한 중복성과 과중한 설명이나 장식의 경향이 전혀 발견되지 않는다. 누가의 승천 기사에는 상징(象徵)이나 시어(詩語)의 표현이 보이지 않는다. 헨켄(Haenchen) 역시 이 문절이 지극히 간결하여 그러한 미화의 흔적이 없다고 인정하였다.[3]

네 번째로 누가는 제자들의 목격(目擊)이라고 하는 실증을 거듭 강조하였다. "저희 보는 데서 올리워 가시니⋯⋯ (He was taken up before their very eyes)" "구름이 저를 가리워 보이지 않게 (and a cloud took Him out of their sight)," 제자들이 자세히 하늘을 쳐다보고 있는데⋯⋯ 두 사람이 저희 곁에 서서⋯⋯ 어찌하여 서서 하늘을 쳐다보느냐⋯⋯ (Why do you stand here looking into the sky?)," "하늘로 가심을 본 그대로 오시리라 (will come in the same way as you saw Him go into heaven)."

이와 같이 간결한 문맥에서 5회나 그 승천이 목격된 가시적(可視的)인 사건이라고 강조하고 있다. 저자 누가는 무의미하게 5중적인 강조를 하고 있는 것이 아니다. 구체적으로 사도들의 목격으로 변증이 되는 역사적 사실임을 강조하는 것이다. 베드로가 가룟유다의 흠석(欠席)을 새로운 사도의 선출로 보충해야 할 필요를 설교하면서 언급한 바는 사도의 자격 조건은 시종 예수의 공생애에 관한 증인이어야 한다는 것이다. 그리고 그 예수의 공생애는 요한의 세례로 시작하

---

3) Ernst Haenchen, *The Acts of the Apostles*, p.151

여 예수의 승천으로 종결을 짓는다고 하였다(행 1:22).

다섯 번째로 승천을 도외시하면 예수의 부활 현현의 진행과 그리고 다시는 현현(顯現)이 계속되지 않았다고 하는 단절에 대한 적절한 설명이 빠지고 만다.

부활 후의 예수는 그 후 어떻게 된 것인가. 왜 현현이 끝난 것인가 하는 물음에 대한 책임 있는 설명(說明)을 할 수 없게 된다. 초기 공동체가 어떤 근거에서 부활하신 예수의 사역이 정확하게 40일간이었다는 기간을 설정하였으며 그러한 확신의 기원이 무엇인가? 이러한 근본적인 질문에 대한 신약 내중에 의한 근거는 부활이 그 현현의 시작이고 승천이 그 현현의 종결이라고 하는 것 이상의 더 확실한 근거는 없다.

여섯 번째로 예수의 승천이 가시적으로 일어난 역사적 사건이라고 하는 저자의 기술에 관한 적절한 해석을 위하여 부활 이후의 예수는 이미 물리법칙의 지배 아래 있는 존재가 아니라는 범주의 차이에 유념해야 한다. 다시 말하면 이미 물리세계(物理世界)의 이동(移動) 또는 공간(空間) 속에서의 여행이 아니라고 하는 차원의 변화이다 (Jesus had no need to take a journey in space). 그렇다고 예수를 최초의 우주인 또는 그와 유사한 물리법칙에 따른 어떤 존재로 해석하려는 현대주의의 해석은 우스운 일이다. 예수께서 부활 이후 홀연히 나타나시고 홀연히 사라지신 것처럼 그런 행위와 일치하는 연장선에서의 승천인 것이다.

다만 예수께서 제자들의 목전에서 가시적인 방법으로 승천하신 이유는 구속사적으로 명확한 구획선을 그으신 의도라고 생각해야 한다. 이후에는 다음에 다시 있을 부활 현현을 기대하지 말아야 한다는 중간기(中間期)를 끝내는 구획선이다 (but now this interim period was over).

이 사건으로 예수는 하나님의 우편으로 아주 승천하신 것이다. 이제는 제자들이 예수의 부활 현현을 기다릴 것이 아니라 약속된 성령의 강림을 기다려야 한다(행 1:4). 그 약속된 성령은 예수께서 아버지께로 떠나가셔야 실현된다. 그 약속된 성령의 권능을 힘입어야 땅끝까지의 복음선교가 추진된다. 이러한 종합적인 맥락에서 볼 때 제자들의 목전에서 가시적으로 일어난 예수의 승천 사건은 매우 중요하며, 그런 목격이 있은 후에 제자들은 예루살렘으로 돌아와 약속대로 강림하실 성령을 기다리게 된다.

3. 승천 이야기의 영원한 가치는 무엇인가?
(What is the Permanent Value of the Ascension Story?)

가시적인 사건으로서의 예수의 승천이 제자들에게 끼쳐 준 의미가 무엇인가를 앞서 논한 바 있다. 그러면 그것이 오늘의 우리에게는 어떤 의미와 가치를 지니는 것일까? 이 문제에 대한 답변은, 예수께서 속량(贖良)의 대속(代贖)을 끝내시고 위대한 대제사장이 되셨다고 한 히브리서 전체의 포괄적인 이해와 요한복음이 증언한 인자의 영광과 바울이 증언한 우주적 주권자인 기독론, 그리고 시편 110편 1절이 예언한 원수를 발등상이 되게 하리라 하는 최후의 승리를 포함한 신약 각 권의 저자 모두의 기독론이 완전히 이해된 종합적인 성격의 것이어야 한다.

그러나 저자 누가의 의도는 그러한 신약 신학적 기독론이 아니었다. 저자 누가가 왜 이 승천 기사를 언급하였는가 하는 원초적인 의도를 알기 위해 사도행전 1장 10절에 나오는 제자들과 같이 그 자리에 배석한 흰 옷 입은 두 사람을 주목해야 한다.

저자 누가는 그들의 외모 그대로 '사람'이라고 했다. 그러나 빛난 흰 옷과 권위 있는 자의 이미지로 보아 천사들이었다. 누가의 이야기에서는 몇 군데의 결정적인 계기에 천사들이 등장한다. 예수의 탄생 때에도 천사들이 나타나 고지하였고 다른 사본에 보면 누가복음은 겟세마네의 고독한 기도에서 천사들이 예수에게 힘을 주며 시중들었다고 말한다(눅 22:43). 부활의 아침 향품을 가지고 찾아 온 여인들에게 찬란한 옷을 입은 두 사람이 다시 사신 예수를 일러 준다(눅 24:4ff.,). 그러므로 여기 현장에 두 천사들이 나타나 제자들에게 예수의 승천을 설명하여 주는 맥락은 누가의 이야기에서 지극히 당연하다.

그들은 직선적인 질문을 한다. "갈릴리 사람들아 어찌하여 서서 하늘을 쳐다보느냐(11a)." 10절과 11절 안에 "하늘"이라고 하는 언어가 네 번이나 나온다. 천사들의 권면 속에 반복된 "하늘"은 제자들이 하늘을 살피는 자가 되어선 안 된다고 하는 암시가 있다.

여기에는 두 가지의 이유가 있다. 하나는 예수는 다시 오시기 때문이다. "너희 가운데서 하늘로 올리우신 이 예수는 하늘로 가심을 본 그대로 오시리라(11b)." 말하였다. 천사들의 암시는 지금 하늘을 바라본다고 하여 승천하는 예수를 되돌아오게 하지는 못한다는 권면이 포함되어 있다. 예수는 그들을 떠나셔야 한다. 그리고 그의 뜻에 의하여 다시 오실 때 지금의 모습대로 오신다고 하는 진리이다. 우리는 이 천사들이 일러준 재림(parousia)에 역점을 두어야 한다. 그러나 이 맥락에서 역시 주의해야 할 것은 예수의 재림이 다시 감람산에서 승천의 필름을 역(逆)으로 투사(投射)하는 것과 같이 모습과 의상(衣裳)이 동일하다는 것은 아니다.

예수의 승천과 재림의 양자간의 동일성과 차이는 성서가 성서를 풀어 주는 접근에서 해석되어야 한다. 동일성의 차원은 재림의 예수가 승천하신 예수와 동일 인격자라고 하는 것이고 동일한 영광의 몸과 성품이라고 하는 점이다. "하늘로 가심을 본 그대로"의 "그대로"는 가시적이고도 영광된 모습으로 (visible and glorious)의 의미이다.

1장 9절에 언급된 "구름이 가리워 보이지 않게"는 변화산에서 내원의 세 제자가 목도한 영광의 구름과 같은 양태를 의미하며, 구약에서 여호와 하나님의 임재를 표시한 상징과 같은 맥락이다. 승천과 동일한 양태로 재림 때에 그 구름의 수뢰(chariot)로 나타나실 것이다[4]

그러나 예수의 재림이 승천과 동일 양태가 아닌 몇 가지가 있다.

재림 시의 예수는 승천과 같은 인격이지만 강림하실 때는 혼자가 아닐 것이다. 그리고 승천 시에는 주로 열두 제자가 목도한 경험이 있으나 재림 시에는 온 인류가 동시에 그를 지켜 볼 것이다(계 1:7). 승천 시에는 홀로였으나 재림 시에는 성도들과 천사들의 군단이 수행할 것이다(눅 9:26, 참조 살전 4:14ff., 살후 1:7). 다시 오실 때는 여기다 저기다 하는 국지적 사건(局地的 事件)이 아니라 이 땅끝에서 저 땅끝으로 단숨에 번개같이 조명하는 범세계적 사건이 될 것이다 (눅 17:23, 24).

천사가 암시한 또 하나는 그리스도가 다시 오시기 전까지 사도들은 증언을 계속하여야 함이 최우선의 과제라고 하는 것이다. 이 명령은 그 실천이 즉시적이며 중단이 없어야 할 의무이다. 땅끝까지 복음의 선교를 위하여 달려가야 할 그들이 한 지점에 머물러 하늘만을 응시하는 행위는 기본적으로 변칙행위(變則行爲)이다 (something fundamentally anomalous). 그들은 한 지점에 연연하여 하늘을 지켜 볼 것이 아니라, 최우선의 동기 부여가 땅에 있어야 한다 (It was the earth not the sky which was to be their preoccupation).

그들의 소명은 별의 관찰하는 자가 되는 것이 아니라 증인이 되는

---

[4] Stott, *John R.W.*, p.50.

일이다 (Their calling was to be witnesses not stargazers). 그들이 개발해야 할 환상은 하늘을 쳐다보는 향수(鄕愁)가 아니라 잃어버린 바가 된 세상 밖을 향한 선교의지(宣敎意志)여야 한다.

이러한 실천명령은 우리에게도 동일하다.

하늘에 향한 호기심, 예언과 성취에 관한 집념, 시대와 징조를 살피는 섬세한 감각, 이런 것들이 어느 하나 잘못된 것은 아니지만 그러나 우리의 최우선 과제인 하나님이 주신 선교대명(宣敎大命)을 지연시키거나 늑장부리게 한다면 그것은 교정되어야 한다. 그리스도는 반드시 동일 인격으로 눈에 보이는 영광 속에 다시 오실 것이다. 그 약속은 신실하신 하나님의 약속이다. 그러나 그 기간에 우리는 성령의 능력 안에서 증언(證言)해야 한다.

아무런 활동 없이 "하늘 쳐다보기"만 하는 유익이 없는 소극적 신앙생활에 대한 교정 (the remedy for unprofitable spiritual stargazing)은 하나님이 정하신 구속사적 역사이해(救贖史的 歷史理解)이다. 다시 말하여 하나님이 결정하신 사건들의 순서이다. 첫째로 예수는 하늘로 돌아가야 한다(승천). 둘째로 성령이 오셔야 한다(오순절). 셋째로 교회는 세상을 향해 증언하여야 한다(선교). 넷째로 예수는 다시 오신다(파르시아). 이것이 하나님이 정하신 구속사이다. 이상의 순서중 어느 하나를 망각하거나 순서를 잘못 정하면 그것은 큰 혼란이 온다.

여기에서 유념해야 할 진리는 주가 현현하신 부활과 승천 사이의 사역기간, 다시 말하여 홀연히 나타나시고 홀연히 사라지신 주의 사역이 지금은 성령의 강림과 교회의 사역으로 그 양태적 동질성이 계승되었다고 하는 명백한 사실이다. 성령의 능력을 입은 교회는 그리스도를 증언하여야 한다. 천사들이 제자들에게 권면한 내용, "갈릴리 사람들아 어찌하여 하늘을 쳐다보느냐 너희가 본 그대로 예수는 반드시 오신다. 그 때까지는 성령의 능력주심으로 그리스도를 증언하기 위하여 세상으로 달려가야 하는 것이 아니냐!' 이것이 천사들의 조언이었다.

여기까지의 맥락에서 제자들에게 두 가지 오해가 있었음을 정리하여 본다. 첫째로 당초부터 그들은 정치적인 주권 회복을 소망하였다(이스라엘 왕국의 회복). 그리고 이러한 그들의 정치적 권력 지향은 좀처럼 교정되지 않은 채 예수의 부활이 실현된 때도 끝까지 여전히 남아 있었다. 두 번째로 예수의 승천 시(昇天時) 그들이 하늘을 쳐다보는 그러한 응시의 자세에서 그들의 고정된 의식이 드러났다(하늘의 예수에 대한 집념).

그러나 위의 두 가지는 모두 교정되어야 할 잘못된 열광주의 (熱狂主義, Both were false fantasies)였다.

첫번째의 오류는 이 지상에 인간의 노력으로 이상사회를 건설할 수 있다고 하는 정치적 오류이고, 두 번째는 하늘의 축복만을 주장하는 잘못된 경건주의의 오류이다.

누가복음의 시초에 나오는 광야의 시험을 이기신 주가 결과만 보장이 된다면 과정과 수단은 어떠한 타협도 정당할 수 있다고 하는 유혹을 단연히 거부함으로 그의 공생애가 정당하게 전개된 것과 같이, 여기 사도행전의 시작에서 오순절 이전에 제자들의 잘못된 행동주의와 잘못된 경건주의는 거부되어야 한다. 사도행전이 전개되면서 성령의 바른 인도와 능력 주심을 힘입어야 하며, 그러한 성령의 교정은 바로 초기 공동체로 하여금 정당하게 증언을 전개하게 하였다고 보아야 한다.

Jesus-25
예수의 이적(異蹟)

아놀드(Matthew Arnold)는 "이적은 발생하지 않는다"라고 단언하였다. 그 후 그가 언명한 바를 추종하는 학자가 적지 않다. 그러나 신약의 복음서 안에 많은 이적이 나오기 때문에 그것이 문제라고 생각을 한다. 과거 한동안, 복음서에 기재된 이적들을 불가능한 이야기라고 간단히 정리하여 버리면 될 일이라고 생각하던 때도 있었다. 그렇게 하면 뒤에 남은 예수의 이미지는 현대인에게 무리없는 윤리적 교사였다.

그러나 근자에 와서 이러한 현대화의 수술이 정당한 방법이 아님을 알게 되었다. 그것은 모든 이적이 단순한 방랑 설교자를 신격화하려고 경건한 신도들이 예수의 이야기에 그와 같이 도색(塗色)한 것이 아니라, 근원적인 지층에 자리를 정한 기본적인 것이어서 벗겨 낼 수 없다는 결론을 내리게 된 것이다.

더욱이 많은 예수의 교훈들은 이러한 이적을 전제로 발전한 것이어서 이적을 제거하면 예수의 교훈 자체가 무의미하게 되었다. 예수의 이야기에서 설교와 이적을 분리할 수가 없는 것이다. 이적은 설교와 한 덩어리가 되어 악마의 세력과 싸운 예수의 행적인 것이다. 예수 연구의 입장이 무엇이건간에 지금에 이르러 당시의 사람들이 예수를 주목한 이유가 전적으로 그 하나만의 이유는 아닐지라도 이적을 행한 예수였다는 것이 사실이다.

1. 병을 치유하신 이적 (Healing Miracle)

대체적으로 많은 이적은 치병과 축마(逐魔)였다. 예수는 이적으로 일어나는 치유 (miraculous healing)와 귀신을 쫓아내는 이적 (exorcism)으로 큰 소문이 나게 하였다.

예수께서 병을 고치신 사역이 방대하였다고 요약된 결론이 본문에 나오고 있고, 개별적으로 기술된 것을 종합하면 20회의 치유 이적과 7회의 축마 이적이 언급되었다(예: 막 1:32~34, 3:7~12, 6:55~56, 눅 7:21~22).

예수의 치유 대상은 반신불수, 소경, 귀머거리와 말이 어눌한 자, 나병, 수종과 같은 피부질환, 혈루증상, 척추의 고장, 그리고 칼이 절단한 말고의 귀 등 지극히 다양하다. 여기에 언급한 질병과 불구를 밀착 검토하면 과연 예수는 모든 질병을 치유하였다고 하는 복음서 저자의 언급이 결코 과장이 아님이 확인된다. 심지어는 완전히 사망한 자를 다시 살리신 이적이 세 번 나온다(막 5:35~43, 눅 7:11~16, 요 11:1~44).

예수의 치유는 이러한 다양한 병자만큼이나 변화 있는 방법에 의한 치유였으나, 대체적으로는 "병이 나아라" 하신 명령과 그런 유사한 지시에 의한 치유였다. 요는 당시의 일반적인 치유사(治癒師)처럼 결코 주문이나 독경이나 매체에 의한 고침이 아니라 권위로 명령하신 말씀의 치유였기에 중요하다.

이와 같이 명령에 의한 치유가 너무나 유명하여 심지어는 어느 백부장이 자기 하인의 중풍병을 고쳐 주시기를 청원할 때 말하기를 "다만 말씀으로만 하옵소서 그러면 내 하인이 낫겠삽나이다 나도 남의

수하에 있는 사람이요, 내 아래도 군사가 있으니 이더러 가라 하면 가고 저더러 오라 하면 오고 내 종더러 이것을 하라 하면 하나이다(마 8:8~9)" 하였다. 예수의 치유 이적에 관한 소문은 예수께서 부하에게 명령하는 것처럼 질병에 명령하면 곧 완치된다고 하는 것이었다. 예수께서 환자 있는 곳까지 가실 필요 없이 상당한 거리를 두고 명령으로 치유한 사례가 여기의 이 경우 말고도 두 번이나 있었다(막 7:24~30, 요 4:46~53).

그러나 예수의 치유 현장을 많은 사람들이 목격했고, 손으로 치유 부위를 접촉하거나 손을 잡으시고 치유하셨다. 매우 드문 경우에는 어떤 매체를 사용하신 일도 있다. 가령 침(타액)을 사용하신 일도 있다. 그런 방법은 오늘의 우리에게는 이상하게 느껴지는 것이기도 하지만 당시에는 일반적으로 흔한 일이었다 (막 7:33, 8:23, 요 9:6, 7). 어디까지나 이런 경우는 매우 예외적인 경우이고 일반적으로 예수의 치유 행위는 지극히 간결한 프로세스이다.

치유 행위에서 가장 돋보이는 예는 만성 혈루증상으로 고생하던 여인의 치유이다. 그녀가 예수의 옷자락 끝을 만진 것뿐이다. 예수는 그 여자가 뒤에서 접근하여 오는 것을 보시지 않았다. 그러나 즉시 자기의 몸에서 능력이 나간 것을 감지하신다(막 5:25~34). 예수의 몸이나 옷자락을 만짐으로 병 고침을 받은 사례는 그것 말고도 여러 번이었다고 생각된다(막 6:56, 눅 6:19). 이런 사례는 예수의 의사와 상관없이 치유의 역사가 그를 통하여 이루어짐을 의미한다.

피상적으로 이런 일이 마치 마술과 같은 작용이 아닌가 오해하기 쉬우나 그러나 여기에 전제되는 기본 요소는 신앙이다. 그러므로 예수의 옷자락을 만짐으로 치유된 그 여자에게 예수는 "딸아 네 믿음이 너를 구하였으니 평안히 가라" 하는 정당한 답변을 주신다(막 5:34).

많은 치유 기사는 병자 자신이나 그를 대동한 자들의 신앙이 명시된다(막 6:5~6). 예수의 치유의 골격은 마술적 주문이 아니었다. 기본적으로 예수의 능력이 병을 치유하실 수 있다고 하는 확신을 바탕에 둔 구하는 자와의 신뢰(信賴)의 관계 (關係, a relationship of trust)였다. 예수의 권위를 듣고 자기의 치유를 간구한 백부장의 동기는 놀라운 믿음이었다. 그의 믿음이 그의 하인의 병을 치유하게 한 것이라고 예수께서 그를 높이 천거하였다(마 8:10, 13).

예수께서 어떻게 병을 고치셨는가 하는 자세한 기록은 중요하지 않다. 다만 예수께서는 인간 고뇌에 짓눌린 자의 간구와 믿음을 보시고 즉시 그 상황에 가장 적절한 방법으로 치유하셨다. 당시나 오늘에 있어서나 비범한 신유 행위는 항상 호기심을 불러일으키는 구경거리이다. 그러나 예수님의 이적에는 어디에서나 호기심을 만족시키기 위한 과시가 없는 것이 특징이다. 부연하면 예수님은 한 번도 신유 이적을 표제로 선전하는 집회 (healing campaigns)를 행하신 일이 없다. 설교와 교훈을 주시는 그 자리에서 예고 없이 당면하게 된 핍절한 인간의 고뇌를 즉시 이적으로 해결하신 것이다. 어떤 경우에서는 의도적으로 이목의 집중을 피하신 일도 있다(예: 막 5:37, 7:33, 8:23). 예수의 사역은 떠들썩한 순회공연 (a travelling circus)이 아니다. 영적인 범주나 신체적인 범주를 막론하고 마귀와 싸우신 경이적인 권능을 소유하신 예수의 행적인 것이다.

예수께서 행하신 권능의 역사에는 축마사역(逐魔使役)이 포함된다. 예수의 이적을 회의로 대하는 사람은 이 악마와 귀신을 이기신 사역을 더 수용하기 곤란해 할 것이다. 오늘에 와서는 귀신이니 악령이니 하는 실체의 경험을 전적으로 부인하는 사람도 있을 것이다. 그러나 그러한 결정론적 입장에 있는 사람이라고 해도 오늘의 초물질과학의 성취와 함께 되살아나고 있는 악령에 대한 현대인의 관심을 도외시할 수는 없다.

마가복음 1장 34절에 나오는 예수의 초기 갈릴리 사역의 요약절에 보면, "예수께서 각색 병든 많은 사람을 고치시며 많은 귀신을 내어 쫓으시되 귀신이 자기를 알므로 그 말하는 것을 허락지 아니하시니라" 하였다.

그리고 같은 맥락의 요약절인 39절에는 "이에 온 갈릴리에 다니시며 저희 여러 회당에서 전도하시고 또 귀신들을 내어쫓으시더라"라고 하였다. 요는 예수의 공중사역의 규범에서 귀신을 내어쫓으신 역사는 지극히 정상적인 사역의 일부였다.

예수의 치유 역사 중에서 이 축마행적(逐魔行蹟)에 있어서는 다른 일반 치유와는 엄격하게 구별되는 조치를 주목해야 한다. 축마사역에 관한 복음서의 기록에는 결코 예수께서 그 대상인물을 손으로 만지시거나 안수와 같은 치유 행위 일반의 방법을 피하셨다고 하는 사실이다. 다시 말하여 귀신을 쫓아내신 경우에는 언제나 명령의 말씀으로만 내어쫓으셨다고 하는 점이다.

마태복음 8장 16절에 보면, "저물매 사람들이 귀신 들린 자를 많이 데리고 예수께 오거늘 예수께서 말씀으로 귀신들을 쫓아내시고 병든 자를 다 고치시니"라고 확실하게 구별하여 언급한다. 이는 귀신 들린 자를 사이에 둔 예수와 악령과의 대결이기 때문이다. 엄격하게 관찰하면 귀신들린 본인의 신앙의 표시나 또는 지금 치유가 행해진 사실 자체도 의식이 없는 희생자의 상태보다는 귀신 들린 자의 아버지나 가족의 믿음을 보시고 예수께서 귀신을 내어 쫓으셨다.

당시의 유대인 랍비들의 축마행위는 분향과 제물이 따르는 복잡한 진행의 절차가 상례였다. 그러나 예수님의 경우는 지극히 크신 권능의 행사로서 간결한 책망과 명령으로 귀신을 이기신 축마치유이다. 마가복음 1장 27절에 나오는 "다 놀라 서로 물어 가로되 이는 어찜이뇨 권세 있는 새 교훈이로다 더러운 귀신들을 명한즉 순종하는도다 하더라" 라는 저자 마가의 설명을 주목해야 한다.

2. 자연이적 (Nature Miracles)

예수의 이적은 치유와 축마이적 이외에도 8회에 걸친 다른 이적을 언급한다. 가령 음식물 공급과 관련된 이적에 관한 기록이 5회 나온다. 2회는 큰 무리들 가운데 한 사람 소용의 점심으로 전체가 포식하고도 남았다고 하는 떡의 이적, 그물 가득하게 물고기가 잡힌 이적이 2회, 그리고 가나의 혼인집에서 물이 변하여 포도주가 되게 하신 이적이 1회이다(떡의 이적은 막 6:35~44, 8:1~9, 물고기의 이적은 눅 5:4~11, 요 21:1~11, 포도주의 이적은 요 2:1~11). 자연현상에 개입하신 이적은 갈릴리바다의 풍랑을 명령으로 잔잔하게 하신 이적(막 4:37~41, 마 8:23~27, 눅 8:22~25)과 물 위를 걸어오신 이적(막 6:48~51, 마 14:25, 요 6:19~21)과 끝으로 열매 없는 무화과 나무가 죽게 하심으로 주신 교훈이다(막 11:12~14, 20~25, 마 21:18~22).

예수께서 보여 주신 자연범주에 속한 이적 역시 대체적으로는 어려운 상황에 대한 극복이 직접적인 원인이었으며, 어떤 것도 자신의 권능을 입증하기 위하여 고의로 그런 놀라운 이적을 보인 것은 아니었다. 무화과 나무의 고사는 예수의 사역이 종결될 무렵 열매 없는 이스라엘에 내리실 심판에 관한 교훈을 주실 필요가 있어서 보이신 것이며 다만 물 위를 걸어오신 자연이적만이 순수히 예수의 절대적 권능의 표증(表證)이었다고 하는 단서가 붙는다.

3. 이적의 의미 (The Meaning of the Miracles)

열린 마음과 건실한 신앙의 자세로 복음서 안에 기록된 여러 이적을 그대로 수용하는 경우, 그 다음의 중요한 질문은 이러한 이적이 예수의 전체 사역과 관련하여 어떠한 의미를 제시하는가 하는 것과, 우리의 예수 지식(知識)과 관련하여 어떤 의미를 일러 주는가 하는 물음인 것이다.

예수의 사역 전체의 맥락에서 우선 명확히 해 두어야 할 것은, 약간의 예외가 없는 것은 아니나(막 2:10~12, 눅 7:20~23) 예수께서는 무엇을 증명하기 위한 충격 효과로 이적을 행하신 것이 아니라고 하는 사실이다. 예수의 주장의 정당성을 입증하기 위한 표적을 요구하는 종교 지도자들에게 예수께서는 단연 그러한 요구를 거부하셨다(막 8:11~13, 마 16:1~4). 그러므로 대체적으로 이적의 발생은 실제적인 요구나 난사가 그의 앞을 가로막는 경우, 그러니까 그에게서 도움을 요구하는 그런 실제적인 조건에서 극복의 양태로 예수는 이적의 능력을 행사하였다.

예수께서 자주 고침 받은 자들에게 타언(他言)을 금하신 일이나, 그런 호기심으로 모여드는 군중을 예수는 자주 기피하신 점이 모두 이러한 맥락과 일치한다(예: 막 1:44, 5:43, 7:36).

그러나 사역 초기부터 예수께서 행하신 가시적인 권능의 이적은 그 자체가 매우 중요한 의미가 있는 것이었으므로 요한복음의 저자는 그것들을 '표적(signs)'이라는 독특한 규범으로 해석하였다.

물론 당시 유대의 랍비들에게도 역시 치병의 이적이나 귀신을 추방하는 능력의 행사는 있었다. 예수께서도 그들의 이적을 알고 계셨다(참조 마 10:8). 그러나 복음서의 저자들은 질병의 치유와 축마이적과 자연의 재난과 공급의 부족을 넉넉히 충족시켜 주신 이적으로 분류되는 예수의 이적에는 다른 유추로 비교되지 않는 무엇인가 매우 특유한 불가항력의 권세가 있음을 일러준다. 그것은 무슨 이적인가(what) 하는 것만이 아닌 어떻게(how) 그 이적을 행하셨는가가 매우 독특하였다.

예루살렘의 당국자들이 예수에게 바알세불이 지펴 그 힘으로 사귀(邪鬼)들을 추방한다고 고의적으로 중상하여 언급한 것 말고는 일반은 예수의 권능이 하나님께로 온 것이라고 받아들였다. 예수께서도 친히, "내가 만일 하나님의 손을 힘입어 귀신을 쫓아내는 것이면 하나님의 나라가 이미 너희에게 임하였느니라(눅 11:20~22, 참조 10:9)" 말씀하심으로 예수의 이적이 사단의 왕국을 허물어뜨리는 하나님의 권능임을 인지하였다.

마가복음에 보면 추방당한 악령이 "나사렛 예수여 우리가 당신과 무슨 상관이 있나이까 우리를 멸하러 왔나이까 나는 당신이 누구인 줄 아노니 하나님의 거룩한 자니이다(막 1:24, 참조 5:7, 눅 4:41)"라고 하여 이 사실을 인지한다.

그러면 이 모든 사실을 하나로 묶어 정리한다면, 예수의 사역과 관련하여 이적은 무엇을 의미하는 것인가? 하나님의 승리의 날이 바로 지금인 것을 의미한다. 슬피 곡하는 나인성 과부의 젊은 아들의 행여가 성문에서 나오는 것과 마주치자 그 행여를 멈추게 하신 주님은 말씀으로 명령하여 그 젊은이를 다시 살리시니 그 곳의 주민들이 간증하여 "큰 선지자가 우리 가운데 일어나셨다", "하나님이 자기 백성을 돌보셨다 (God has visited His people!)"라고 감탄하였다(눅 7:16, 참조 9:43).

이러한 이적 현상들과 이러한 권능의 표시는 예수께서 메시아이심을 증명하여 준다는 결론은 그리 먼 거리의 것이 아니다. 사실 마태복음 11장 2~6절에 보면 옥중에 있는 세례 요한이 의혹이 일 때에 그에게 주신 예수의 답변은 일련의 치유 이적과 죽은 자의 살리심과 그리고 가난한 자에게 주신 복음이었다. 사실 예수께서 귀신을 추방하신 이적을 목도한 군중은 "이는 다윗의 자손이 아니냐"라고 흥분하였다

(마 12:23, 참조 요 7:31, 11:45~48).

예수께서 갈릴리의 풍랑을 명령으로 잠잠하게 하시니 제자들이 심히 두려워하여 서로 말하되 "저가 뉘기에 바람과 바다라도 순종하는고(막 4:41)" 하였다. 마태복음 14장 33절에 보면 심지어 배 안에 있는 사람들이 예수께 절하며 "진실로 하나님의 아들로소이다" 하였다. 현장에서 예수의 권세를 경험한 그들의 반응이 이것이었다.

숙달된 오랜 경험을 가지고도 무위로 한밤을 지샌 어부들에게 이미 밝은 낮에, 상식을 벗어난 깊은 곳에 그물을 던지라고 하신 명령으로 그물이 찢어질 정도로 고기가 잡힌 이적을 보고 베드로는 두려움이 앞서 "주여 나를 떠나소서 나는 죄인이로소이다(눅 5:4~8)" 하였다.

예수께서 통상 이적을 행하신 이유가 정체론적으로 자기가 누구인가를 증명하기 위함이 유일한 목적은 아니었다고 해도 군중들의 주목을 환기시키기 위한 것이라고 하는 이유는 부인할 수 없으며, 군중들의 주목을 환기시킨 연후에 정당한 결론으로 이끌기 위함이었다고 할 수 있는 것이다. 가령 예를 들어 마태복음 11장 20~21절에 보면 예수께서 많은 권능을 행하신 성읍들이 회개하지 않으므로 정죄하신 예수의 말씀이 나오거니와 이러한 일들을 "두로와 시돈에서 행하였다면 저희가 벌써 베옷을 입고 재에 앉아 회개하였으리라" 하며 탄식하셨다.

이러한 예수의 의지가 요한복음의 맥락에 다시 나올 때는, "내가 행하거든 나를 믿지 아니할지라도 그 일은 믿어라(요 10:32~38, 참조 5:36)" 말씀하신 예수의 말씀을 저자 요한은 기억한 바 있다. 예수의 교훈과 설교를 수용하기가 어려우면 그의 권능의 이적을 보고라도 그가 하나님이 보내신 자임을 균형감각으로 수용하라고 하신 권고였다.

그러므로 명백한 것은 신약의 복음서들이 예수의 이적이 의미하는 바 그 자체에 관하여 매우 심중하고도 균형 있는 자세를 제시하고 있다고 하는 점이다 (So the gospels suggest a cautiously balanced attitude to the significance of Jesus' miracles). 예수의 이적은 하나님의 승리의 날이 도래하였음을 의미하며, 예수 자신이 메시아로 오셨다고 하는 예수의 특별한 위치를 변증하는 증명이 된다. 이러한 이적에 접한 정당한 자세는 예수의 권위의 수용이어야 한다. 그러나 이적 자체만이 예수가 누구인가에 관한 증명이거나 또한 그러한 증명을 목적으로 한 최우선의 변증은 아니라고 하는 것을 유념하여야 한다. 다시 말하면 예수 이적은 예수의 권세와 권위를 이해하기 위하여 함께 고려되어야 하는 다른 전체의 일부일 뿐이며, 예수의 사역의 핵심적 국면은 아닌 것이다 (Indeed they are far from being at the centre of Jesus' mission).

이적만을 근거한 예수 신앙은 너무 옅은 근거이다. 요한복음의 주제는 독자에게 그 사실을 반복적으로 일러준다 (요 2:23~25, 4:48, 6:26~29, 20:29). 그러한 이유 때문에 당시 예수님은 이적의 소문이 과도하게 확산되는 것을 경계하셨다. 예수님이 하나님의 아들로 역사 속에 오신 것은 경이적(驚異的)인 이적사(異蹟師)라고 하는 것 이상의 구속주(救贖主)로서 그리고 구속론적(救贖論的)인 목적이 있기 때문이다.

Jesus-26
예수의 사회관(社會觀)

당시 예루살렘 성전에는 나팔 모양으로 입을 열고 서 있는 13개의 헌금통이 놓여 있었다. 성전에 찾아오는 유대인들은 성전의 운영 유지와 그리고 사회의 어려운 일을 도와 주기 위해서 자의로 그것에 헌금을 넣도록 권장되었다. 그러한 헌금의 액수가 지극히 거액이어서 헌금액을 낮추도록 계율의 부칙이 통과된 정도였다.[1]

헌금을 넣는 사람들은 자연 주변의 주목을 끌었다. 다액(多額)의 헌금을 넣는 사람은 알려지게 되었고, 그런 소문을 구태여 비밀로 할 이유도 없고 보니 점차로 남에게 알려지는 소문은 더 많은 액수의 헌금을 과시하는 자극이 되었다. 예수께서 마침 여인의 뜰에서 목격한 헌금하는 두 사람의 경우는 그러한 사정에서 일어난 일이다.

헌금을 넣기 위해 줄 서 있는 사람 중에 초라한 과부 한 사람이 서 있다가 헌금을 넣었다. 다른 넉넉한 사람들의 줄에 부자연스럽게 끼여든 그 여인은 어쩔 수 없이 사람의 눈에 띌 수밖에 없는 분위기였다. 그녀가 몸에 지닌 엽전 두 닢은 계율로 정한 최하의 액수이다.

그러나 예수께서 말씀하시기를 "내가 참으로 너희에게 말하노니 이 가난한 과부가 모든 사람보다 많이 넣었도다 저들은 그 풍족한 중에서 헌금을 넣었거니와 이 과부는 그 구차한 중에서 자기의 있는 바

---

1) R.T.France, *Jesus the Radical*, p.95.

생활비 전부를 넣었느니라(눅 21:3~4)" 하셨다. 사회를 바라보는 예수의 안목은 이러한 사례가 그의 일상적인 일이었다. 말하자면 일반 사회가 세운 표준을 항상 뒤엎는 판단의 안목이었다.

예수께서 즐겨 말씀한 사회에 대한 기준은 "먼저 된 자가 나중 되고 나중 된 자가 먼저 된다"는 것이었다. 그는 그의 짧은 공사역의 기간에 어느 사회 특권층의 비위를 맞추는 일을 염두에 둘 시간이 없다고 하는 직선적이고도 명쾌한 태도로 일관하였다. 말하자면 예수는 시종 사회 저변층을 위한 챔피온격이었다.

빈부(貧富)의 차이, 귀족과 서민과 천민을 엄격히 구별하는 사회계급, 추가하여 보수와 진보의 종교 이해가 정결(淨潔)과 부정(不淨)으로 날카로운 단절을 요구하는 그런 유대주의의 사회, 감히 그 철저한 질서의 벽을 깨는 자가 나올 수 없는 사회구조였다.

그러므로 예수께서 보이신 고정의식에 대한 직선적인 도전은 고향인들에게까지 반발이 일게 하였고, 적대자들에게는 격렬한 적개심, 제자들에게는 당혹과 불안을 주는 요인이 되었다.

서로 큰 자가 되려고 하는 경쟁심리가 지배하는 제자들 사이에서는 예수가 자주 언급하신 "하나님의 나라에서는 어린이 같이 겸손한 자가 가장 큰 자이다"라고 하는 교훈이 달갑지 않았다(마 18:1~4).

특히 예수의 쿡! 쏘는 풍자적인 비유 중 성전에서 기도하는 바리새인과 세리를 대치시킨 이야기를 들 수 있다. 그 바리새인이 지극히 도덕적인 자격과 실제적인 경건의 생활을 보임에도 많은 실수와 느슨한 도덕생활을 해 온 세리보다 결과적으로 더 나을 것이 없는 까닭은 그 바리새인의 교만 때문이라는 판단을 내렸을 때 현장에서 그의 말을 듣고 있던 무리 중에서 바리새인이 갖게 되는 반발과 불쾌함은 상상하기 어렵지 않다. 결국 예수의 교훈은 기존 질서의 전복이었다. 그러니 얼마 안 되어 그의 주변에서는 그에게서 현상적인 질서의 위기를 느낀 적대자들의 분노가 불길같이 확산되고 있었음을 용이하게 짐작할 수 있다.

그러나 예수의 사역이 많은 저항을 받게 된 이유는 예수의 교훈이 그러한 과격한 내용이라고 하는 것만이 아니라 그는 그렇게 실천하는 생활을 하였기 때문이다 (But it was not only His teaching which gave offence. He practiced what he preached).

예수에 대한 유대사회의 쌓인 분노와 불만은 계속적으로 예수가 세리들과 섞인다고 하는 것 때문이었다. 당시의 세리들은 외세와 결탁한 자라고 하여 유대인 애국자들에게 경멸을 받았다. 보수적 종교인들에게는 그들이 이방인들과 섞인다고 하는 이유로 거부를 당한다. 그리고 일반에게는 과중한 중세와 토색(討索) 때문에 미움의 대상이었다. 그러므로 세리라고 하면 집중적으로 그에게 투석(投石)을 하기 위해 상술한 여러 계층의 사람들이 쉽게 한 마음이 되는 증오의 대상이었다. 그러한 사회의 분위기는 자연 세리들과 다른 불법자들과 의기투합되는 이면 사회층을 형성하였고, 누구라도 교사와 같은 존경을 받는 자가 그들과 섞이면 그는 존경을 상실하게 되었다.

그러나 뜻밖에 예수는 그러한 부류들에게서 따뜻한 환영을 받았다. 그들은 예수의 교훈에 감격하였다. 심지어 그러한 저변(底邊)의 한 사람이 그의 열두 제자 중 한 사람이 될 정도였다. 예수는 여러 번 그러한 사람들과 함께 식사를 하신다. 당시에는 같은 사회계급, 같은 의식의 사람들끼리만 식사를 하였다. 이러한 사람들과 지나치게 허물없는 행위로 "먹기를 탐하고 술을 즐기는 세리와 불법자의 친구"라는 별명이 생겨날 정도였다(눅 7:34).

한번은 바리새인의 집에서 식사를 하고 있을 때에 부정한 직업의 한 여인이 예수에게 향유를 부었으며, 예수는 그에게 칭찬을 아끼지 않아 그를 초대한 바리새인을 경악하게 만들었다(눅 7:36~50).

예수의 행위에는 주저함이 없었다. 예수의 안목에 비친 이들 저변 부류의 사람들은 하나님의 사죄가 필요한 사람들이었고 그들은 그러한 필요를 잘 아는 사람들이었다. 사실 상층 유대인들의 문제는 바로 그들에게 회개가 없다고 하는 점이었다. 예수님의 사역은 회개하는 자들에게야말로 전하여 줄 기쁜 소식이 있는 사역이다.

"건강한 사람들에게는 의사가 필요하지 않다. 인자는 귀한 신분의 사람을 위하여 온 것이 아니라 쫓겨난 사람들을 위하여 온 사람이다 (막 2:17)."

예수께서 주신 세 가지의 유명한 상실의 회복, 즉 잃은 양, 잃은 은전, 집을 나간 아들의 비유는 위와 같은 맥락에서 바리새인들의 비난을 받으신 후 주신 비유들이다. 예수께서는 잃은 자의 회복은 하늘의 기쁨이라고 말씀하신다(눅 15:1~32).

그러나 종교 지도자들은 예수의 행위와 이러한 분별 없는 교훈을 좋게 여기지 않았다. 그러므로 예수님은 마태복음 21장 31, 32절과 같은 경고를 말씀하신다.

"……저희에게 이르시되 내가 진실로 너희에게 이르노니 세리들과 창기들이 너희보다 먼저 하나님의 나라에 들어가리라"

상류층에 속하는 유대인들에게 예수의 평은 지극히 부정적이었다. 그러한 맥락은 오늘의 우리가 이해하는 데 별로 어렵지 않다. 예수의 안목에 비친 그들의 근본문제는 그들에게 전혀 회개의 기미가 없다고 하는 교만이었고 이것은 그들의 본질의 문제였다(마 21:32).

심지어 예수의 제자들까지도 예수께서 전혀 무분별하게 사람들과 쉽게 사귀는 일을 당혹스럽게 여겼다. 복음서에 선정된 한 이야기에 의하면 한번은 어머니들이 자녀들을 데리고 축복을 원하여 접근하자 그런 접근을 저지하려고 한 일이 있었다. 예수님은 그들의 행위를 불쾌하게 여기셨다 (막 10:13~16).

이방인들과의 교제

유대인과 이방인과의 장벽은 사회계층이나 남녀의 구별이나 보수와 자유주의보다 철저하고 가혹한 것이었다. 유대인들의 편견은 하나님이 모든 이방인들을 지옥불을 지피기 위하여 만드셨다고 할 정도였다. 예수는 당신이 유대인의 잃은 양들을 위하여 오셨다고 하신 일이 있고 예수께서 국경을 넘어 멀리 여행을 가신 경우는 자연 한정되나, 그러나 어느 곳에서나 이방인이 병낫기를 구하였을 때에 거부하신 일이 없었다. 이방인 군인 백부장을 만나신 예수께서 언급하신 다음과 같은 말씀, "내가 진실로 너희에게 이르노니 이스라엘 중 아무에게서도 이만한 믿음을 만나 보지 못하였노라 또 너희에게 이르노니 동서로부터 많은 사람이 이르러 아브라함과 이삭과 야곱과 함께 천국에 앉으려니와 나라의 본 자손들은 바깥 어두운 데 쫓겨나 거기서 울며 이를 갊이 있으리라(마 8:10~12)"는 지극히 충격적인 말씀이 아닐 수 없었다. 예수님의 관점은 명백하다. 그에게 있어서 사회계급이나 민족의 우월감 같은 것은 도시 관심사가 아니었다.

예수가 주목하며 깊은 관심을 쏟으시는 초점은 사람이다. 그것도 어려움을 겪는 사람들이다. 그리고 사람들이 하나님께 어떻게 응답하여야 하는가의 문제뿐이었다 (It was people that mattered, people in need, people and their response to God). 하나님의 선민이라고 하는 것은 하나님의 은총을 입었다는 것이지 특유한 자격이 있어서 된 당연한 귀추는 아니었다.

사마리아 사람 (Samaritans)

예수와 이방인과의 경계선은 갈릴리와 유다의 중간 위치에 사마리아가 놓여 있는 것만큼이나 모호하였다. 사마리아 사람들은 유대인의 정서와 의식과 종교와 언어까지 비슷하면서도 과거 몇백 년간 유대인들과 상종을 끊었었다. 양쪽 어느 편이 더하다고 할 것 없이 서로 상대에 향한 증오심의 높은 벽을 쌓아온 생활이었다.

요한복음 4장 9절에 보면 "사마리아 여자가 가로되 당신은 유대인으로서 어찌하여 사마리아 여자 나에게 물을 달라 하나이까 하니 이는 유대인이 사마리아인과 상종치 아니함이러라" 하였다.

먼 과거 아직 예수가 소년이었을 때, 사마리아 사람들이 유월절에 올라와 예루살렘 성전에 사람의 뼈를 뿌려 놓은 사건이 있었다.[2] 갈릴리에서 예루살렘으로 성전순례를 떠난 사람들이 이 사마리아로 들어서면 그 천대가 혹심하였다. 이런 액재(厄災)를 피하기 위하여 요단강 너머 이방인 지경으로 우회하여 남하하는 것이 보통이었다.

예수께서 사마리아 여인과 우물에서 대화를 하신 정황이 위와 같은 맥락에서 일어났다. 예수의 제자들이 당혹한 것은 이해가 된다. 그러나 결과적으로 많은 믿는 자들이 그 곳에서 나왔으며 예수와 일행이 며칠간 묵어 가기를 청하는 일이 생겼고 예수님이 그 곳에 제자들과 투숙한 것은 말할 필요가 없다(요 4:3~42).

예수께서 이 사마리아 지경을 지나간 것이 위의 한 번만이 아니다. 야곱과 요한이 사마리아 동네의 푸대접에 노하여 하늘에서 불을 내려야 한다고 하였을 때 예수님은 그들을 책망하셨다. 훗날에 열 명의 문둥이가 치유받았을 때 감사하던 한 사람은 사마리아인이라고 하였다(눅 17:11~19).

그러나 당시의 사회구조와 유대 지도자들의 편견에 대한 가장 노골적이고 정면적인 도전은 예수의 선한 사마리아 사람의 비유에서

---

2) Josephus, *Ant. viii*, 2.2(29, 30).

발견된다(눅 10:29~37).

물론 오늘의 교회는 이 선한 사마리아 사람의 비유를 예수께서 어떤 맥락에서 말씀하셨는가와 정당한 해석을 위한 최초의 접촉점(接觸点)을 망각한 채 "의외의 사람이 보여 준 관용과 봉사"로만 생각을 한다. 예수님에게 있어서 종족의 우월감과 차별의식은 아무런 의미가 없다. 예수님에게는 사람이 중요 문제이다 (Race is irrelavant. It is people that matters).

선한 사마리아 사람의 사랑의 비유는 예수께서 어떠한 사회관을 가지셨는가를 가장 잘 언급하는 대표적인 상징이며 근거이다. 예수님의 자세는 항상 어려움 속에 놓인 사람들의 문제를, 영적인 문제이건 세속적인 생활의 문제이든 그 속에 개입함으로써 종족간의 갈등 문제에 개입하는 결과가 되든 상관 없이 사람을 도와 주시는 긍휼과 은혜의 행위로 관여하시는 그런 자세였다.

예수의 긍휼 (Compassion)

유대인 사회와 전통에 대한 예수의 도전적 자세를 무엇이라고 해석해야 하는가? 무조건 즐겨 규범과 규례(規例)를 거부하는 (enjoys being unconventional) 그런 과격 성격의 소유자라고 해야 하는가? 생래적으로 고정관념의 파괴를 유쾌하게 생각하는 (a natural nonconformist) 그런 인격으로 생각해야 하는가? 예수의 저항 속에 갈릴리 사람이라고 하는 지역감정인 열등의식이 있었는가? 아니면 그 사회의 제형적 구조(梯型的 構造)를 의도적으로 파괴하려고 한 만인 평등의 이상주의자이거나 원시공산주의자(原始共産主義者)였는가?

예수의 공생애를 조심스럽게 음미하면 예수의 사역은 그 사회구조와 계급 그 자체를 파괴하려고 한 의도가 없었다. 단지 그러한 기득권자가 자기의 특권을 내세우거나 주장하는 경우 예수는 무관심했다고 하는 사실뿐이다.

예수가 공격하신 것은 사회조직이 아니었다. 그런 사회조직을 이용하여 이기주의를 조장하는 오용과 잘못을 지적하신 것이다 (It was not the system which He attacked, but its abuse by those who ues it to boost their own ego). 예수의 정죄는 사회조직이 아니라 생활자세였다 (It was not social structures, but attitudes, which Jesus condemned). 예수님은 인간의 끝없는 탐욕과 독점욕을 비난하신 것이다.

예수의 관심사는 사람들 자신이었다 (Jesus was interested in people, as people). 부자이든 가난한 자이든, 사회가 그 사람을 용납하든 말든, 남자이든 여자이든, 유대인이나 이방인이나 사마리아인이나, 종족의 구별이 중요하지 않았다. 어느 누구이든 도움을 요청하면 즉각 그 도움을 제공하였으며, 하나님의 용서를 요구하면 예수는 그것을 주셨다. 예수의 교훈에 대한 가장 열렬한 호응(呼應)이 저변 사회층에서 왔다고 하여 놀라시지 않았다. 예수를 수용하는 자가 부자이건 특권층의 사람이든 서슴지 않고 그 집에 들어가셨다. 심지어 산헤드린의 회원 중에도 예수의 친구는 있었다.

예수를 영접하는 자가 어떤 사람이든 그들은 예수의 참으로 참신한 교훈에 접할 수 있었다. 고귀한 자라고 하여 지나친 겸허를 가지신 일도 없으며, 낮은 자라고 하여 비하하신 일도 없다. 모든 사람을 인격적으로 대하는 데 차별이 없었다.

이와 같은 예수의 자세는 기독교의 고전어(古典語)인 긍휼(矜恤, compassion)이라고 하는 표현이 가장 적절하다. 이 감정을 표현한 헬라어의 동사는 '심장'이라고 하는 명사에서 유래한다. 그러니까 나병환자에 대한 예수의 긍휼은 "마음에 민망히 여긴다 (churned up inside)"는 의미이다. 과부의 슬픔을 대하실 때, 목자 없는 양과 같은 무리를 보시고, 주린 군중을 보신 예수의 심정이 이것이었다 (막 1:41, 눅 7:13, 막 6:34, 8:1, 2).

예수는 따뜻한 감정의 사람이었다. 그러나 예수는 감정으로 느낀 바를 즉시 행동으로 옮기신 분이었다. 예수의 마음에 민망함이 있으면 즉시 그 대상을 도와 주실 행동이 뒤따랐다 (Jesus was a emotional person. But His emotion was translated into action). 예수의 유명한 비유 '선한 사마리아 사람'의 경우에 그 불한당을 만난 불행한 희생자를 길에서 본 사마리아 사람이 느낀 것이 바로 그 동사(動詞)였다. 그리고 그 사마리아 사람은 행동에 옮긴다.

집을 나간 둘째 아들이 걸인이 되어 돌아왔을 때 그의 아버지의 감정이 바로 그것이었다. 진정한 긍휼은 조건이나 계급이나 수속이나 절차를 요구하지 않는다. 예수는 긍휼이 많은 사람이었다. 그러니 그에게서 인간이 만들어 낸 사회의 계급이나 조건은 물러가야 한다 (Jesus was a man of compassion, and so the barriers gave way).

Jesus-27
하나님의 나라
The Kingdom of God

한번은 군중들이 열렬하게 예수를 왕으로 옹립하려고 시도한 일이 있었다. 그러나 예수는 재빠르게 현장에서 도피하였다. 이러한 사건은 예수 연구에 있어서 언제나 중요한 배경으로 깔려 있는 질문, 결국 예수의 나라는 무엇인가에 관한 쟁점 앞에 서게 한다.

예수께서 공중사역에 있어서 당신의 사역을 하나님의 요구에 대한 충실한 순종으로 이해하셨다고 수용하는 일은 별로 어려운 일이 아니다. 그러나 예수가 간간이 언급한 '나라(the kingdom)'란 무엇을 의미하는 것일까? 어떤 나라를 의미하는가? 군중이 열렬하게 그에게 씌우려고 한 왕관을 왜 마다하였을까? 이러한 지극히 복잡하고 민감한 문제를 해결하지 않으면 결국 예수의 사역과 정체론적인 문제가 모호해지고 만다. 예수의 '나라'는 무엇이며, 그러한 맥락에서 예수는 누구인가?

예수, 그리고 유대인의 해방 (Jesus and Jewish Liberation)

저자 마가의 증언에 의하면 예수의 공중사역의 신호는 다음 같은 선언으로 집약된다. "가라사대 때가 찼고 하나님 나라가 가까왔으니 회개하고 복음을 믿으라 하시더라(막 1:15)" 로마의 굴레에서 벗어나기를 원하는 일반의 격한 감정을 전제로 할 때, 예수의 이 한 마디의 선언은 드디어 다윗의 자손으로 오실 구원자 메시아가 왔구나 하는 격한 감정의 폭발을 점화시킬 만한 뇌관과 같은 작용을 했을 터였다.

정녕 다윗의 후손이 메시아로 출현하여 정복자들을 물리친다고 하는 간절한 소망을 간직한 유대인들에게 상술한 예수의 한 마디는 모든 이의 고막을 울렸을 것이다. 열심당을 동정하는 그 사회에 '하나님의 나라' 만큼이나 매력 있는 자극은 또 있을 수가 없다.

사실 결과적으로 빌라도의 재판에 인도된 예수에 대한 고발도 바로 그것이었다. "우리가 이 사람을 보매 우리 백성을 미혹하고 가이사에게 세 바치는 것을 금하며 자칭 왕 그리스도라 하더이다 (눅 23:2)" 예수를 처형한 십자가의 머리 위에 부착된 사형의 죄목은 풍자적으로 표시한 "유대인의 왕"이었다. 현대의 신학자 중에 예수의 처형의 이유를 이런 맥락에서 젤롯당의 기수(旗手)로 당한 처형이었다고 결론짓는 학자도 있다.

예수의 사역 초기, 갈릴리 동향인들로부터 열렬한 환영을 받은 이유 역시 이러한 정치적 해방과 주권 회복의 염원이 일부 작용한 것이라고 해석된다. 그리고 예수의 제자 중 한 사람이 또한 젤롯당의 한 사람이었다는 것이 주목을 끈다. 물론 과격한 한 젤롯이 세리 마태와 같은 자격으로 무리를 형성한다고 하면 정치적인 동기 이상의 다른 이유가 그에게 있었다고 보아야 하지만, 예수가 자기 주변에 많은 제자들을 불러 모이게 한 포괄적인 이유 속에는 정치적인 동기와 해석이 아주 배제된 것은 아니었다.

사실 예수의 제자들이 외세의 굴레를 벗고 주권의 회복을 소망하는 집념을 끝내 포기하게 된 시기는 예수의 죽음이 움직일 수 없는 것으로 확정되었을 때였다(눅 24:21). 그럼에도 훨씬 뒤에 가서 예수가 부활 현현한 시점에서도 내원적인 제자들이 "이스라엘을 회복하심이 이

때니이까" 하는 질문을 아직도 집요하게 하고 있는 것이다(행 1:6).

현재의 복음서 이야기의 줄거리에서는 예수의 공중사역의 전환점이 광야의 무리들에게 이적으로 떡을 먹이신 때에 찾아온다. 당시의 예수는 그 얼마 전부터 격무에 시달려 온 터이므로 한적한 곳으로 예수와 일행만을 위한 퇴수(退修)의 기회가 필요한 때였다. 갈릴리에서 너무 많은 군중들이 밀고 밀리는 사태를 경험한 예수는 열두 제자들만 데리고 갈릴리를 건너 광야로 들어갈 생각이었다. 그 곳에는 조용한 퇴수를 위한 적당한 지역이 있었다.

그러나 예수의 심중에 있는 계획이 새어나갔다. 예수와 일행의 행방을 추적한 수천 명의 장정을 중심 한 무리들이 갈릴리 호반의 주변을 달려 예수의 도착지점에 먼저 와서 대기중이었고, 취식(取食)과 숙박의 가능성이 전혀 없는 광야인데도 해산을 거부하는 의기로 집결하였다. 그리하여 이미 식사를 결한 채 석양(夕陽)이 가까워진 시간이 되었다.

이러한 많은 군중의 집요한 의지가 무엇을 의미하는가? (Why this extraordinary persistence?) 그들이 예수의 설교만을 듣기 위한 목적이었다면 갈릴리의 어디에서도 그런 기회는 얼마든지 있었다. 예수의 휴식이라도 거부하는 그들의 성급하고도 집요한 동기와 의욕이 무엇이었는가? 뒤에 이어진 사태를 분석하면 그들의 갈구는 단순한 종교적 설교에 대한 갈망 이상의 요구였다 (But the sequel suggests that their motive was more than a hunger for sermons).

마가복음은 그러한 정황을 설명하여 그들이 마치 목자 없는 양과 같다고 하였다. 이 마가의 설명을 구약의 맥락으로 수용하면 장군이 없는 군대와 같다고 하는 의미이다 (왕상 22:17, 참조 수 27:7).[1]

---

[1] R.T.France, *Jesus the Radical*, p.129.

요한복음은 이 집회가 정치적인 색채가 농후한 것이었음을 언급한다. 놀라운 이적으로 포식하고 열두 광주리의 부스러기가 남은 이 넉넉한 잔치를 현장으로 목격한 이 광야의 군중들은 틀림없이 예수가 약속대로 출현한 구원자 모세, 즉 제2의 모세라고 기대하는 해석을 하게 되었다. 이러한 오랜 약속과 기대에 일치하는 예수의 능력은 "진실로 이 사람이 오신다고 하는 예언자가 아닌가" 하는 판단과 함께 이번만은 틀림이 없다고 하는 열망의 소용돌이가 되게 하였고 즉각 행동을 일으키게 하였다.

그들이 당초 자기 집을 떠나 사람 사는 마을이 없는 이 광야에 집결한 이유는 예수를 광야 사단의 장군으로 옹립하려고 한 배면동기(背面動機)가 있었기 때문이었다(요 6:14, 15, They had not left home for a sermon, but to launch a popular uprising, with Jesus as Commander in Chief).

사도 요한의 증언에 의하면 예수는 그런 권력 지향의 군중지원을 원하지 않았다. 그는 다시 홀로 기도하러 산지로 물러가신다(요 6:15). 이 맥락에 관한 저자 마가의 상황 설명은 매우 사실적인 것으로서, "예수께서 즉시 제자들을 재촉하사 자기가 무리를 보내는 동안에 배 타고 앞서 건너편 벳새다로 가게 하시고 무리를 작별하신 후에 기도하러 산으로 가시다(막 6:45~52)" 하였다. 이와 같이 예수께서 성급한 조처로 제자들을 군중과 격리시킬 필요가 있다고 판단하신 이유는 아마 제자들 역시 이러한 군중들의 정치적인 열망으로 동화되는 사태를 직시하신 까닭에 시간을 다투어 신속하게 군중과 제자들을 차단하려고 하셨다는 학자들의 해석을 주목할 필요가 있다.[2]

---

[2] 요한복음 6장 15절에 나오는 "anakoreo(산으로, 떠나간다)"는 요한복음 안에 1회가 나올 뿐이고 신약 전체에 14회 나오는 단어로서 기독교 후기에 이런 도주를 의미하는 부정적인 동사를 사용하지 않는다고 하는 시각으로 생각하면 이 문절이 지극히 원초적인 텍스트임을 알게 된다.

이후부터 예수는 공중사역을 지양하시고 군중을 피하신다. 다시는 그러한 시행착오를 반복하실 의사가 아니었다. 저자 요한은 이 무렵의 사태를 심층적으로 증언한다. 당초부터 정치적인 기대로 따라온 많은 군중은 뒤로 물러선다. 자연 예수를 따르는 무리가 적어진다. 이제는 전적으로 생애를 건 제자들만이 남는다.

그러나 군중들의 기대가 완전히 잠재워지지 않은 흔적은 아직도 남아 있다. 그러므로 예수께서 예루살렘으로 입성하시기로 결행을 하신 때에 다시 "주의 이름으로 오는 다윗의 자손을 찬양하며" 수많은 무리들의 환호가 앞뒤를 옹위(擁衛)하는 사태가 다시 벌어진다. 그리고 종교적 이유에서 예수와 적수가 된 지도자들의 예상대로 그 주간이 다 지나기 전에 예수를 환호한 군중은 왕되기를 완고하게 거부하는 예수를 역으로 처형하라 하는 폭도의 히스테리로 조성되고 만다.

정치, 인간적이냐 하나님의 것이냐?
(Politics : Human and Divine)

예수가 정치적인 이유에서 처형되었다고 하는 시각은 그의 예루살렘 입성과 함께 그럴 만한 근거를 갖는다. 그러나 총독 빌라도에게는 그런 고발의 시각으로는 예수가 사형이 될 만한 혐의가 없다고 하는 것이 시종 그의 생각이었고, 다만 유대인 군중과 종교 지도자들의 압력에 굴복하여 사형에 동의하고 만다. 신약의 복음서는 모두 그러한 증언을 한다.

얼마 전, 예수에게 난제를 제기한 자가 "로마 지배자에게 세금을 바치는 것이 정당한 일인가?" 하였을 때(막 12:13~17), 이 질문은 지극히 의도적인 덫이었다. 왜냐하면 25년쯤 전에 갈릴리의 유다가 민족항쟁을 일으켰을 때, 그들에게 세금을 바치는 행위는 노예보다 못한 굴욕이며 참 이스라엘의 왕이신 하나님께 대한 반역이라는 구호를 내건 일이 있었기 때문이다. 젤롯당이 일반의 호응을 얻어 봉기한 동기도 바로 이것이었다. 그러므로 이 난제는 예수가 젤롯의 이념을 동조하는가 여부를 판단하게 하는 계기였다고 할 수 있다.[3]

이 때에 예수는 참으로 명답을 주신다. "가이사의 것은 가이사에게 하나님의 것은 하나님에게……"라고 하는 언질은 오늘 우리가 쉽게 생각하는 것처럼 문제의 핵심을 회피하려고 한 의도가 아닌 것이다. 이 답변을 하시기 전에 "데나리온 하나를 가지고 와 내게 보여라" 하신 요구가 전제된다(막 12:15). 이 데나리온 은화는 로마 제국이 만든 주화이다. 그리고 세금은 반드시 이 은화로만 납부해야 한다. 그 은화 표면에는 로마 황제의 반흉상(半胸像)이 조각되어 있다. 그러나 유대인들이 종교적인 이유로 우상을 극도로 기피하기 때문에 유대인 사회에서 용이하게 통용되도록 아무런 상이 없는 동주화(銅鑄貨)를 같이 통용케 하였다. 그러므로 엄격한 유대인은 상이 있는 은화 대신에 동주화로 사용하면 되는 일이었다. 질문자를 포함하여 그들 지도자들은 로마인 은화를 사용하고 있는 자이므로 세금 바치는 일을 거부할 필요가 없다.

이 답변으로 명시된 예수의 의도는 이것이라고 생각된다. 과격한 민족주의자는 결코 "가이사의 것은 가이사에게 그리고 하나님의 것은 하나님에게"라고 하는 타협적인 해결을 좋아하지 않는다. 그들의 결단은 전적인 거부이거나 전적인 순복이라고 하는 양단간의 결정인 것이다. 예수의 입장은 전적인 예속이 아니며 또한 그렇다고 하여 젤롯의 입장도 아니라고 하는 의사의 표시인 것이다.

---

3) R.T.France, *Jesus The Radical*, p.132.

그러나 여전 예수를 왕으로 옹립하기를 원하는 지지자가 있었다. 일반 지지자의 기대대로 '왕'이거나 아니면 예수 자신의 천명대로의 '메시아'이거나 그 양자가 모두 정치적인 배면적(背面的) 의미, 그리고 암시와 무관하지 않았다. 그러므로 예수는 자신이 '메시아'라고 하는 주장을 공적으로 명시하는 대신에 오히려 '인자 (the Son of Man)'라고 하는 불확실한 지칭을 더 사용하기를 원하였다. 이러한 의도는 자신의 공사역(公事役)이 할 수만 있으면 정치적 의도의 것이 아님을 드러내기를 원하셨다는 이야기가 된다(막 8:29~33, 또한 막 14:61~62). 더욱이 예수는 자기가 '다윗의 자손'이라는 왕통임을 표시하는 일을 원하시지 않았다(막 12:35~37).

한번은 젤롯의 전형적인 폭력수단과 흡사한 실력행사를 하신 일이 있었다. 그러나 상대는 로마인 관헌이 아니라 성전의 뜰에서 상행위(商行爲)로 이익을 탐닉하는 세속적인 유대 종교를 겨냥한 실력행사였다(막 11:15~17). 예수는 통상 폭력의 사용에 심중하여 회피적이었다. 마태복음 11장 12절에 나오는 다음과 같은 예수의 말씀, "세례 요한의 때부터 지금까지 천국은 침노를 당하나니 침노하는 자는 빼앗느니라"에 나오는 "침노하는 자"라고 한 폭력을 사용한 인물의 언어(biastai)는 신약에서 여기에만 나오는[4] 단절된 언어로 맥락적인 해석을 하기가 어려운 것이 사실이지만, 왕국회복을 의도한 젤롯의 폭력사용에 대한 비정치적인 하나님의 나라에의 응용이라고 해석해야 정당할 것이다.

예수의 교훈에 나오는 "누구든지 네 오른편 뺨을 치거든 왼편도 돌려 대며"의 유명한 문절을 알고 있으나 같은 맥락에 나오는 "누구든지 너로 억지로 오 리를 가게 하거든 그 사람과 십 리를 동행하고(마

---

4) Sakae Kubo, *A Reader's Greek-English Lexicon of the New Testament*, p.10.

5:41)"라고 교훈하신 말씀을 동시에 머리에 떠올리지 않는다. 여기에 사용된 희랍어 'aggapeuo'는 주인이 종에게 짐을 지우거나 힘든 물건을 대신 들고 따라가야 하는 강제권의 행사라고 하는 의미의 언어로 본래 페르시아의 급사(急使)가 말을 자유로이 교체하면서 갈아타고 달려가는 행동에서 유래되었다. 그러므로 예수의 비폭력(非暴力)의 범위는 우연히 당하게 된 지배자의 강권적 명령이라도 순응하라고 하는 무조건에 가까운 성격의 것이었다. 이러한 예수의 비폭력은 예수를 체포하려는 최후의 순간에 베드로가 폭력으로 저지하려고 한 것을 책망하신 일로 명백해진다(마 26:51, 52).

예수는 '나라'에 대한 언급을 하시지만 그러나 젤롯당의 자유투사와 같은 폭력주의의 야망 (nothing to do with chauvinistic ambitions of the Jewish freedom fighters)과는 아무런 상관이 없는 것이다. 사마리아 사람이나 이방인과 허물없이 자유롭게 이야기를 하며 세리들과 같은 자리에서 취식을 하는 자세뿐만 아니라, 유대인들이 하나님의 나라에서 용납되지 않을 것이다 라고 경고하거나 예루살렘이 폐허가 될 것이다 라고 하는 등의 언질은 결코 젤롯당의 사람들이 감히 입에 담지 못하는 이야기이다.

그러므로 복음서가 제시하는 예수의 이야기를 전적으로 수용한다면 결코 예수는 정치적으로 야망이나 숨은 동기가 있는 이가 아니었음이 확실하며, 이러한 이유에서 초기의 많은 추종자들이 그의 곁을 이탈하였음은 이해하기 어렵지 않다.

어떤 기정 형식에도 매이지 않는 사람
(The Man Who Fits No Formula)

예수 자신은 자신의 사역과 사명에 관하여 어떤 이해와 인식을 하였을까? 이러한 질문에 대한 포괄적이면서 적절한 논고가 제시된 정확한 답변은 참으로 어려운 것으로서, 우선 예수가 어떤 기존 질서에도 규정받는 인물이 아님을 결론내리게 된다. 이것은 불가피한 답변이다. 이와 같은 생각이 이미 Eduard Schweizer의 명저 『Jesus』의 제2장의 장명(章名)으로 나와 있음은 이 질문이 난제인 것을 그도 이미 인지하고 있었음을 수긍하게 한다.[5)]

예수께서 성취하시려고 세상에 오신 사명은 당시의 여하한 메시아 칭호로도 적절하게 표현되지 않는다. 그리고 오늘의 우리의 어떠한 현대적인 규범(가령, 자유투사, 사회개혁자, 전위신학자, 비현실적 이상주의자 등등)도 그를 적절하게 묶을 수 없다고 해야 할 것이다. 상술한 규범의 내용 일부가 해당은 되나 그러나 어느 것도 적절하지 않은 그는 유일무이한 존재이다.

예수 자신은 '인자'라는 칭호를 사용하였으나 당시의 그를 만난 사람들은 그 '인자' 역시 메시아의 성격을 내용으로 한 불확실한 칭호였다고 답변할 것이다. 그러한 증거로서 다른 사람이 예수에게 '인자' 칭호를 사용하게 허용한 사례는 결코 나오지 않기 때문이다.[6)]

결국은 예수가 과연 누구인가에 대한 유일한 정답은 예수가 규범적으로 경직된 어느 형식에도 꼭 들어맞지 않으며 각기 자기의 신앙고백으로 수용하는 길만이 열려 있음을 알게 되는 것이다.

메시아 (The Messiah)

"기약이 찾고……"는 갈릴리에서 사역을 시작하실 때 선언하신 선

---

5) Eduard Schweizer, *Jesus*, (first English translation 1971).
6) R.T.France, *Jesus, the Radical*, p.131.

포형식 (the manifestation on which Jesus launched His Galilean ministry)이었다. 지금까지 오래 기다려 온 구약의 약속의 성취라고 하는 것이 예수의 사역과 메시지의 요약이다.

세례 요한이 한 번은 예수에게 사람을 보내어 당신이 우리 모두가 기다려 온 "그 오신다고 되어 있는 그 이 (the coming One)"인가 하는 질문을 한 일이 있다. 예수의 답변은 구약의 중요 약속이 어떻게 그의 사역 안에서 성취되었는가를 상기시키는 것이 요점인 답변이었다(마 11:3~5).[7] 그의 구약의 인유는 대체적으로 명백한 메시아 사상의 맥락이거나 동일 맥락에서 약간 불확실한 구약의 본문말씀이다. 요는 예수의 모든 공중사역에서의 말씀의 요약은 당신의 사역으로 구약의 모든 약속이 드디어 성취된 것이라고 하는 맥락이다.

이러한 구약의 배경적인 이해를 그에게서 거듭 듣게 된 제자들은 조만간에 예수께서 메시아이시다 라는 귀결에 이르게 되었을 것이다. 심지어 예수의 제자가 아닌 밖의 사람들도 예수를 관심 있게 경청한 사람들은 그가 선지자가 아니냐 하는 생각을 가졌다. 당시는 이미 오랫동안 유대인의 선지자의 전통이 끝난 때이므로 여기에서 다시 언급되는 '선지자'란 유대인과 사마리아 사람들이 공히 기대한 '주의 날(the Day of the Lord)'을 시작한 모세 같은 선지자를 의미하는 것이다.[8]

그러나 제자들의 의식 속에 오랫동안 예수가 메시아이시다 라고 하는 자각이 머물러 있었고, 그러한 자각이 밖으로 공적으로 나타나

---

7) 예수의 답변은 이사야 35:5, 6과 61:1에서 인유된 것이다. 그리고 이사야 26:19과 이사야 29:18, 19의 말씀이 함께 포함될 수 있다.
8) 이러한 사상은 구약의 신명기 18장 15~18절에 근거한 해석이었다. 이러한 유형의 해석은 요한복음 6장 14절과 마태복음 21장 11절과 누가복음 7장 16절에도 나온다. 마가복음 6장 4절, 누가복음 13장 33절에 보면 가끔은 예수께서도 자신을 '선지자'라고 비교하신 일이 있다.

기 시작한 것은 군중들이 예수를 왕으로 옹립하려는 시도를 예수께서 거부하신 이후에 제자들과 두로와 시돈 지경으로 건너가 그 곳에서 "사람들이 나를 누구라고 하느냐" 하시는 질문에 베드로가 단순하게 "당신은 메시아이십니다" 하였을 어간에 일어난 일이었을 것으로 생각된다.

예수는 베드로의 고백을 부정하시지 않았다. 만일 부정했다고 하면 그가 지금까지 구약의 모든 약속의 성취라고 하신 언급들이 이상하게 차질 있는 것으로 혼란을 주었을 것이다. 그러나 마가복음에 의하면 즉시 예수님은 그 사실을 타언(他言)해서는 안 된다고 비밀을 명령하신다. 더욱이 중요한 사실은 예수 자신이 즉시적으로 그 메시아 칭호를 유보하시고 대신에 '인자'라는 칭호만을 사용하시기 시작하였다고 하는 급선회(急旋回)이다. 그리고 인자가 이스라엘 지도자들에게 거부당하고 끝내는 죽임을 당하실 일을 예고하신다. 그리하여 방금 전에 메시아 고백을 함으로써 장차 영광의 메시아의 오른팔과 같은 중요 인물이 될 것을 기대한 베드로는 이 의외적인 예고를 강력하게 항변한다(막 8:31~33). 베드로는 즉시 타협이 용납될 수 없는 예수의 책망을 듣게 된다. 그의 메시아 사상이 일반 유대인이 바라는 정복자이며 처형이 될 실패자가 아닌 승리자여야 할 유형의 메시아 소망이었고, 그런 정치적 메시아는 예수의 사역과 정면 충돌하는 이탈이었기 때문이다.

베드로의 항변으로 표시된 유형의 메시아 소망에 대하여 예수께서 그와 같이 격렬하게 시정을 해야 했던 이유가 무엇인가?

십자가의 죽음으로 고조되는 절정으로 접근하시는 행보에서 십자가의 죽음이 자기 백성의 거부라고 하는 원인과, 그리고 타협을 거부하는 자기의 입장이 빚은 후회스러운 불행이 아니라 그 십자가의 죽음이 처음부터 예수의 메시아 사역의 핵심이었음이 점차로 명백해진다 (It gradually becomes clear as the story evolves towards its climax at the Cross that His ultimate suffering and death was not for Jesus the regrettable by product of His refusal to compromise, but was itself the very heart of His mission).

예수께서는 자기의 목숨을 버리기 위하여 왔노라 분명히 말씀하셨다. 그리하여 자기의 사역이 종결에 가까워졌음을 인지하시는 무렵부터 일반 유대인이라면 누구나가 소망하는 그런 정치적 승리라고 하는 너무나 용이한 선택으로 기울어지지 않도록 이 점에 집중되는 교훈을 계속 반복하실 수밖에 없었다. 그러므로 일견 순수해 보이는 베드로의 만류에 대한 예수의 즉각적인 반응은 격렬한 언어가 동원된 사정이었으며 예수의 격렬한 책망은 이러한 맥락으로 해석되어야 한다.

죽음과 영광 (Death and Glory)

가이사랴 빌립보에서 있었던 결정적인 자기 계시 이후부터 마가복음은 예수의 고난과 죽음에 관하여 직설적으로 세 번에 걸쳐 언급하신 예수의 말씀을 기록한다 (막 8:31, 9:31, 10:32~34).

그러나 그 3회의 언급만을 단독적으로 음미하면 예수께서 기회가 있을 때마다 어느 때는 우연한 계제에, 어느 때는 그러한 명백한 전제에서 여러 번 반복적으로 자기의 구속론적인 고난과 죽음에 대하여 교훈하시려고 하신 그의 일관성 있는 집념을 놓치기 쉽다.[9]

---

9) 다음과 같은 본문의 연관적인 연구는 이 고난과 죽음이 얼마나 예수의 시종 일관된 내면적인 결의였는가를 이해할 수 있게 한다. 막 2:20, 9:12, 10:38, 45, 12:6~8, 14:8, 21~25, 49, 마 26:54, 눅 9:31, 12:50, 13:32, 33, 17:25, 22:37, 요 7:19, 33, 34, 10:11~15, 12:23~25 등.

예수는 그런 고난과 죽음이 올 것이라고 인지하신 것만이 아니라, 성경말씀에 기록된 대로 반드시 그렇게 되어야 한다 (He must suffer) 는 당위성을 언급하였다. 다시 말하면 그러한 고난과 죽음이 메시아의 기본 역할이어야 한다는 명백한 언급은 없으나 그의 모든 권고를 종합하면 그러한 당위성에 가까운 언급이었다고 이해하게 되는 것이다.

그러한 예수의 확신은 구약의 이사야 53장이 그의 의중에 있었음을 확실히 보여 준다. 그 성경말씀의 맥락은 하나님의 백성을 위하여 고난당하며 죽임을 당하는 하나님의 종이 묘사되어 나온다.

"그는 실로 우리의 질고를 지고 우리의 슬픔을 당하였거늘 우리는 생각하기를 그는 징벌을 받아서 하나님에게 맞으며 고난을 당한다 하였노라 (사 53:4)"

이 말씀 자체는 보수주의 유대인들에게 당혹스러운 언급이다. 메시아가 정복과 승리자가 아닌 다른 어떤 사상이나 묘사로 주장되는 것을 용납할 수 없기 때문이다.

모든 다른 일반 유대인들의 이해와 전통적인 해석으로 볼 때 참으로 당혹스러운 전제였던 이 맥락이 예수 자신에게는 인자가 겪어야 하는 최종 구속론적인 고난과 죽음이었음을 확신하게 한 무엇보다 확실한 구약의 본문이었다. 예수의 죽음은 순교로 얻어지는 정치적 해방이 결코 아니다. 죄 없는 하나님의 종이 대신 죽음으로써 성취되는 죄인들의 영적인 놓임인 것이다. (This is not a question of political freedom achieved by martyrdom, but of spiritual release of the sinner, accomplished by the death in his or her place of the sinless Servant of the Lord.)

그러나 예수님의 확신은 십자가의 죽음이 종결이 아니었다. 가이사랴 빌립보에서 있었던 베드로의 고백 이후 직접적으로 제자들에게 일러주시기 시작한 고난과 죽음의 예고에는 하나님 아버지의 변증이 필연의 것으로 (the certainty of vindication) 결부된다. 그리하여 마가복음의 유명한 3회의 고난 예고는 반드시 "다시 살아나리라"라고 하는 하나님의 변증의 귀결이다.

이러한 하나님의 변증의 구약적인 배경은 이사야 53장과 함께 예수께서 즐겨 인용하신 구약의 말씀 다니엘 7장 13~14절에 나오는 "인자 같은 이가 영원한 나라를 다스리리라"의 환상이었으며 그 맥락에서 자신을 지칭하여 '인자(the Son of Man)'라고 하셨다. 예수의 의중에 상술한 구약의 두 맥락이 하나로 종합된 해석이 있었으며, 예수의 메시아 역할은 그 맥락에 서 있는 이해와 철저한 실천의지였다. 그의 속량의 죽음과 하나님의 승리이신 변증으로서의 부활이었다.

예수께서 예루살렘으로 올라가시기로 그의 최후의 행보를 정하셨을 때 예수의 결심은 이것이었다. 그는 자기의 죽음이 기다리고 있음을 정확하게 아셨다.

그러므로 풍자적으로 선지자가 예루살렘 밖에서는 죽는 법이 없다라고 자기의 의중을 피력하신다(눅 13:33). 이러한 예수의 결의는 결코 착각이 아니었으며, 제자들에게도 어떤 착각도 결코 용납하시지 않으셨다.

그가 예루살렘을 향해 결의가 있는 표정으로 선두를 걸어가시는 모습에는 제자들이 일찍이 본 일이 없는 위엄이 있었다. 뒤를 따라가는 제자는 오직 놀라움이었으며 다시 그 뒤를 따르는 많은 군중들은 다만 두려움만이 있었다.

이러한 사정을 기술한 마가는 "예루살렘으로 올라가는 길에 예수께서 제자들 앞에 서서 가시는데 저희가 놀라고 쫓는 자들은 두려워하더라 (And they were on the road, going up to Jerusalem, and Jesus was walking ahead to them; and they were amased, and those who followed were afraid)." 예수는 사명의식이 있는 사람이며 그

결행을 관철하신다 (He was a man with a mission and he was determined to get on with it. 눅 12:50).

화해와 용서 (Reconciliation and Forgiveness)

예수는 죽임을 당하기 위하여 걸어가신다. 그러나 무엇을 성취하기 원하신 것일까? 확실히 예수의 의도에 없는 것은 정치적 해방이었다. 사회개혁이나 혁명이 아니었다. 그간의 예수의 교훈 속에는 윤리적인 의도가 있었다. 그러나 그런 윤리적 의도가 그의 죽음을 충분하게 설명할 수는 없다. 그러면 예수의 의도는 무엇인가? 그러한 처절한 극형의 죽음을 감당하시기로 자기 희생을 결행해야만 한 의도가 무엇이었는가? 요약적으로 말하여 그는 하나님께 백성을 화해시키기 위해서였다. 요즘에 와서 우리에게는, '죄', '죄짐', '범죄' 등의 언어가 그 의미가 명확하지 않은 것이 사실이다.

그러나 구약이 형성되던 시대, 그리고 예수 시대에는 인간존재의 근본이 하나님께 순종이며 이러한 하나님과 인간의 관계가 가장 중요한 일반의식으로 존재하며 죄로 말미암아 하나님을 떠나서는 안된다고 하는 때였다. 성서의 '죄'의 개념은 이것이었다. 세례 요한이 하나님의 심판이 닥쳐오기 전 죄의 용서를 얻기 위하여 회개의 세례운동을 일으키고 백성들에게 하나님께로 돌아오라고 강권하는 설교를 행한 이유가 이것이었다. 예수께서 이사야 53장의 영감으로 감동하여 해결하시려고 한 문제 역시 같은 문제였다.

이상적으로 그의 노력이 결실하였다고 하면 자기 백성이 하나님께로 다시 돌아오는 일의 성취와 완성이다. 그러나 기존 종교의 지도자들은 회개란 이방인과 죄인들에게만 해당되는 사항이며 그들은 회개가 필요하지 않다는 고정관념이 굳어 있었다.

그러한 흑백이 명확하게 구분된 맥락에서 예수는 자연 당신의 설교를 수용하는 사람들에게로 친근한 관계가 형성된다. 그러므로 당시 누구나 기피하는 삭개오와 같은 세리의 집에 찾아가신다. 예수님은 그들의 회개를 기뻐하신다. "인자의 온 것은 잃어버린 자를 찾아 구원하려 함이니라(눅 19:10)." 이러한 예수의 자세는 기왕의 그리고 오늘의 사회운동가나 개혁자들처럼 이유 여하를 막론하고 어느 한 편에 선결적으로 가담하고 다른 사회측면과 무조건 투쟁을 일삼는 그런 행위와 구별된다. 그의 동기와 목적과 의도는 누구든지 자기의 잘못과 부족을 알고 회개하여 하나님께로 돌아와 새로운 관계를 회복하는 것이었다.

그리하여 서서히 새로운 공동체가 형성되었다. 말하자면 "용서받은 자들의 공동체 (a community of the forgiven)"이다. 이 공동체의 구성은 사회의 여러 계층에서 온 자들이다. 시간이 가면서 유대인들만이 아니라 이방인들도 참여한다. 기존적인 인간사회의 계급의식과 전통적인 경계선과 벽이 아무런 의미가 없다.

진정한 이스라엘 (The true Israel)

그러나 결코 예수는 하나님의 백성 이스라엘의 구원을 망각하신 일이 없다. 할 수만 있으면 이스라엘 민족 전체가 하나님께로 돌아와 진정한 하나님의 백성이 되게 하는 것이 소원이었다. 그러나 그것이 가능한 일이 아님이 즉시 명백해졌다. 지금의 이스라엘 백성은 구원이 아니라 멸망을 향해 달려가고 있는 형편이었다. 그러한 정확한 판단은 성전을 바라보시면서 "……돌 하나도 돌 위에 남지 않고 다 무너뜨리우리라(눅 21:6)" 하신 예수의 예언의 말씀에 확실히 나타난다. 예수는 하나님께 순종하는 진정한 백성의 성취로서 앞으로 형성이 될 추종자들의 공동체를 내다보신 것이다.

기존 유대인 사회는 예수의 메시지를 거부함으로써 하나님의 백성의 신분(its status)을 스스로 포기하였다. 주님은 진정한 순종의 백성이 지금은 제한적인 소수이지만 미래에 존재할 "확대될 용서받은 자의 공동체 (potentially far wider, community of the forgiven)"의 실체를 내다보셨다.

물론 예수께서 그러한 미래의 공동체를 '이스라엘' 이라고 명명한 일은 없었다. 그러나 맥락적으로 예수의 의중에 명확한 바는 하나님께 순종하는 그러한 새로운 공동체의 실체였다.[10]

예수님은 또한 이 세상의 사방으로부터 지극히 먼 거리에 있는 종족들이 이스라엘 족장들의 반열에 참여하게 되나 "나라의 후손들"은 밖으로 추방당한다고 언급하신다 (마 8:11, 12). 하나님의 나라에 들어갈 백성은 단일 종족으로 옛 이스라엘이 아니라 회개하여 다시 태어난 여러 종족의 백성들로 구성된다.[11]

예수가 중심이다 (The Centrality of Jesus)

엄격히 말하면 예수는 새로운 공동체의 출현을 언급한 예언자가 아니다. 예수는 그 공동체의 창건자이며 그 이상이다. 그 공동체 전체가 그의 인격 안에 거하여야 할 생명체이다. 예수는 사람을 불러 그 공동체에 속하라고 하는 부름만이 아니라 하나님과의 새로운 관계로 부르셨으며 자기의 고난과 죽음이 그 관계의 열쇠임을 아셨다.

---

10) 누가복음 22장 30에 나오는 "너희로 내 나라에 있어 내 상에서 먹고 마시며 또는 보좌에 앉아 이스라엘 열두 지파를 다스리게 하려 하노라" 와 유사한 문절들에 나오는 예수의 의중은 우선 문자적 의미가 다르게 해석이 될 수 없다 (R.T.France, *Jesus, the Radical*, p.143,n.).

11) C.H .Dodd, *The Founder of Christianity*의 5장에 보면 이 시각으로 해석한 예수의 사역에 관한 균형이 있는 연구 내용이 나온다.

'주의 종 (The Servant of the Lord)'으로서 "자기 영혼을 버려 죽음에 내어주며", "범죄자 중 하나로 헤아렸으며", "그들의 죄를 담당하여 그들이 의인이라고 인정이 되게" 하신 이였다(참조 사 53:11, 12). 구약의 종교는 구약의 희생제도와 체계로 하나님과 단절된 죄의 결과를 치유하며 원상회복이 된다고 믿었다. 그러한 기조에서 "많은 죄인들이 속량이 되게 하시는" 예수의 의로우신 희생은 이 문제의 완전하고도 영원한 해결이 되신다. 예수의 속량의 희생이 없이 "용서받은 자들의 공동체"는 존재하지 않는다.

중요한 사실은 이 새 공동체가 이스라엘에 대한 구약적인 이상적 표현이며, 예수의 지으신 바이면서 그것만이 아니라 자신의 연장이라고 하는 것이다 (not only Jesus' creation, it was an extension of himself).

다시 말하면 예수 자신이 진정한 이스라엘이며, 그 안에 과거에 마땅히 그러해야 했지만 그렇지 못했던 것을 모두 교정하고 치유하여 회복이 된 이스라엘이 거한다고 하는 것이다. 이사야 53장에 나오는 "여호와의 종"이라고 하는 표상과 다니엘 7장에 나오는 "인자 같은 이 (the one like a Son of Man)"의 표상은 원래 개인이면서 이상적인 하나님의 백성을 의미하였다. 예수의 자기 사역과 직능적 이해는 이러한 이중적인 것의 충족이었다. 그러므로 세례를 받으신 후 광야에서 사단의 시험과 대결하실 때 광야에서 유랑한 이스라엘의 실패라고 하는 사상적 기초에서 사단을 이긴 것만이 아니라 이스라엘이 하나님의 아들이라고 하는 직분에서 실패한 것을 자기 한 사람의 인격으로 승리하여 진정한 하나님의 아들이심을 증거하신 것이다.[12]

개인의 기본권리와 그 보장이 모든 사회생활의 기본이라고 하는 현대인의 의식구조로는 이러한 전제가 쉽게 이해되는 것이 아니다.

---

12) R.T.France, p.144.

그러나 가장이 그 가족을 대신하며 왕이 그 나라를, 한 장군이 그의 군대 전부를 대신할 수 있다고 하는 고전 동양사회의 의식이 일반화된 맥락에서, 그리고 한 개인이 전체 안에 존재하며 역으로 전체가 한 개인의 결정과 운명에 동참한다고 하는 기본 골격이 존재하는 유대인의 종교의식의 맥락에서 예수의 완전한 순종으로 성취된 완전한 이스라엘의 인격화는 지극히 당연하다.

그러므로 예수 자신은 이스라엘이며, 그 안에서 구약에 주신 이스라엘의 모든 약속과 소망은 성취된 것이다 (So Jesus himself was Israel, and in him the hopes and promises of Old Testament Israel found their fulfilment). 제자들의 신분이 진정한 하나님의 백성이라고 하는 것은 결코 그들의 어떤 위대성 때문이 아니라, 그 제자들이 예수의 소유이기 때문이다. 예수께서 하나님과 구원받은 백성과의 새로운 관계의 열쇠이다. 예수께서 그 용서받은 공동체를 부르셨기 때문이다. 예수는 그 일을 위하여 오셨다.

하나님의 나라 (The Kingdom of God)

신약신학의 맥락에서 하나님의 나라의 도래(到來)가 예수의 선포로 이미 현실이라고 하는 시각은 하나님의 나라를 '공간적인' 개념 이상으로 생각하는, 그리스도의 인격과 그의 직능적 사역의 성격에 기초한 기독론적인 해석이라고 하는 중요한 신학사상인 것이다.

그러면 하나님의 나라에 관한 예수의 이해는 무엇인가? 이 문제는 매우 중요하다. 다시 말하면, 예수께서 하나님의 나라[13]를 언급하시

---

13) 기본적으로 "하나님의 나라"와 "하늘 나라"와의 사이에 사상적 차이는 없다. 다만 마태는 "하늘 나라"라는 표현을 선택하였고 다른 신약의 저자들은 "하나님의 나라"를 선택한 것이라고 해서 큰 문제가 되는 것은 아니다.

면서 의도하신 바가 무엇인가 하는 질문이 된다.

'나라(Kingdom)'는 불필요한 많은 오해를 불러들인다. 우리가 우선 염두에 두려고 하는 것은 판도와 영토의 개념으로서의 장소이고, 소수의 정예로 구성되거나 소수의 대표가 주권선언을 한 후 역사적인 차원과 세계사회의 공인을 얻어내는 공인사회여야 한다. 그러한 나라는 단일 종족이 시작되는 자연발생적인 국가나 이상을 같이하는 다양한 종족이 집합하여 계약 사회가 합성되는 합중국과 같은 예이다. 그러나 신약의 나라는 하나님이 왕적 지배를 행사하는 사건 (a state of affairs)이거나 하나님이 왕으로서 다스리시는 상태를 의미한다. 그리하여 언어학적으로 적절하게 표현하면, 'rule', 'sovereignty'라고 하는 것이 더욱 가까운 개념이 될 것이다.

'나라' 하면 정치적 권력적 개념어이다. 그러나 예수님의 공생애에서는 정치적 의도나 관심이 전혀 없었음이 명백하다. '하나님의 나라'는 새로운 조직의 정부가 아니다. 하나님의 지배와 통치가 있고, 하나님께 순종하는 곳은 어디나 하나님께서 왕권으로 임재하신다. 하나님께 순종하며 하나님께서 지배하시면 그 곳에 본질적으로 하나님의 나라는 그에게 임하였다. 그것이 예수의 언어였다.

그러므로 예수께서 하나님의 나라를 교훈하신 경우 의도하는 바는 언제나 인간과 하나님 관계의 회복이었다. 예수께서 부으시고 세우신 그 '용서받은 자의 공동체' 안에서 하나님의 나라는 이미 임하였다. 물론 이러한 하나님의 나라의 도래는 하나님의 왕권이 온 창조에 편만하여지는 완성이 미래적인 차원으로 남아 있다. 그런 의미에서 하나님의 나라는 아직 오고 있는 것이다. 그런 의미에서 우리는 "하나님의 뜻이 하늘에서 이루어 진 것같이 땅에서도 이루어지이다"라고 기도하는 것이다. 예수께서 영광 중에 다시 오실 때, 그 인자에게 "권세와 영광과 나라를 주고……그 권세는 영원한 권세(단 7:14)"이다.

그러나 하나님 나라의 지극히 크신 완성의 사상은 이미 주의 백성으로 그 나라가 지금 여기 임하여 있음과 더불어 악한 세력이 이미 패주하며 하나님과의 관계가 회복된 중요한 오늘과 지금의 나라를 도외시해서는 안 된다. 예수의 왕권은 협소한 유대인의 민족주의적 회복이 아니다. 용서받은 자들이 구름같이 모여 이룬 더욱 광의적(廣義的)인 공동체가 각처에서 누구나 참여한 하나님의 왕권의 인지 (which will only be fully established when everyone everywhere gladly acknowledges the sovereignty of God)와 순종으로 존재한다. 그리고 그 나라의 존재는 이미 와 있다.

참고도서

1. 이상훈, 『신약성서 이해의 요점』 (1999, 종로서적)
2. 이상훈, 『신약의 열두 제자와 그 밖의 열두 사람』 (1999, 종로서적)
3. 이상훈, 『신약개설』 (1984, 종로서적)
4. 이상훈, 『해석학적 성서이해』 (1992, 기독교서회)
5. 이상훈, 『요한복음 주석』 (1993, 기독교서회)
6. R.T. France, *Jesus, the Radical* (1989, IVP)
7. N.T. Wright, *Following Jesus* (1994, SPCK)
8. Ethelbert Stauffer, *Jesus and His Story* (1960, Alfred A. Kenopf)
9. Eduard Schweizer, *Jesus* (1968, Munich)
10. Vincent Taylor, *The Life and Ministry of Jesus* (1951, Abingdon)
11. Everett F. Harrison, *a Short Life of Christ* (1979, Eerdmans)
12. John Dominic Crossan, *Who is Jesus* (1989)
13. Gresham Machen, *The Virgin Birth of Christ* (1930)
14. John Peter Lange, *The Life of the Lord Jesus Christ*. vol. 1~4 (1958)
15. F.F. Bruce, *The Real Jesus* (1985)
16. Raymond E. Brown, *the Birth of the Messiah* (1993)
17. ----- , *the Death of the Messiah*, vol. 1, 2, (1993)
18. *Dictionary of Jesus and the Gospels* (1992, IVP)